아동상담

윤석주 김운삼 모아라 이정미 장기덕 조중현 공저

CHILD COUNSELING

양 성 원

머리말

급속한 사회변화에 따라 가족구조의 변화, 양육환경의 변화가 일어나고 있다. 특히 우리나라의 경우는 그 변화의 정도가 심한 듯하다. 현재의 아이들은 부모님 세대 등은 겪지 못했던 다른 상황과 환경 속에서 자라고 있다. 전반적으로 예전과는 비교할 수 없는 경제적 보살핌 속에 양육 여건이 좋아지고 어린이집, 유치원 등 아동기의 적절한 학습도 보편화되는 등 개선된 점이 많은 것은 사실이나, 부모와 함께 있는 시간이 절대적으로 부족함에 따른 애정결핍, 증가하는 이혼으로 인한 불안과 외로움, 아동기부터 시작되는 부모님의 많은 학습욕심과 높은 기대수준에 따른 스트레스 등으로 힘들어 하는 아이들이 증가하는 것 또한 우리 사회의 현실이다. 더 큰 문제는 이런 아이의 상황을 이해하지 못하거나, 문제 삼지 않는 부모의 무관심으로 인하여 아이들의 상황이 점점 악화되고, 그 중 일부는 부적응, 행동장애 등 심각한 문제로까지 발전하고 있다는 점이다.

오늘날 핵가족 시대로의 변화와 여성의 경제적 활동 증가에 따라 맞벌이 가정, 한부모 가정, 동거가정, 주말부부 가정 등의 출현으로 전통적인 가족의 돌봄 기능과 정서적 기능이 약화되어 가고 있다. 또한 비약적으로 발전하고 있는 정보통신 환경은 아동에게 현실과 가상세계의 구분을 모호하게 하고 상호작용의 경험을 오히려 축소시키고 있다. 이러한 문화는 전통적으로 지지되어 왔던 문화를 왜곡시키고 있으며 폭력적이거나 선정적인 장면을 자주 노출하면서 인내력과 자기통제 능력, 긴장과 불안, 무기력감을 유발하고 있다. '아이 하나를 키우는데 온 마을이 필요하다'고 한 아프리카의 지혜처럼 한 아이를 키우는데 필요한 가정과 지역사회의 역할은 새로운 시대의 네트워크라고 할 수 있다. 도움을 필요로 하는 아동에게 아동 문제의 예방과 해결뿐만 아니라 아동의 잠재된 건전한 성장과 발달을 도모하기 위해서는 조기에 적절한 아동상담을 통한 개입이 이루어져야 할 것이다. 적절한 조기치료와 개입이 이루어지지 않을 시 성인기의 사회적응과 성격발달에도 지속적인 영향을 미치기 때문이다.

아동상담은 아동의 발달적 특징이 성인과 다르다는 점 때문에 아동의 문제를 이해하기 위해서는 아동의 선천적 능력, 발달단계상의 특성, 부모의 양육태도뿐만 아니라 부모와 자녀 간 상호작용의 질, 생태학적 조망능력을 갖추고 상담 사례를 다루는 것이 필수적이다. 이에 본서는 아동의 부적응 문제를 이해하고 상담으로 완화시키기 위해서 알아야 할 기본적인 이론과 접근방식에 대하여 소개하였고, 실제 접목시킬 수 있도록 효과적으로 제시하였다. 아동상담에 영향을 주는 요인을 고려하여 저자들은 집필회의를 거듭하며 전체적인 내용을 함께 의논하면서 세부적인 부분까지 다듬으면서 집필하였다.

앞으로 이 책이 아동상담 및 심리치료 전공자, 대학원 진학을 위한 입문서로서 또한 현장 진출을 앞둔 전공자 및 상담센터의 실무활용 지침서로 활용되기를 기대하면서 앞으로 더 훌륭한 임상현장을 바탕으로 한 지침서, 현장 중심의 아동상담 기법 관련 서적이 출간되기를 바랍니다.

끝으로 저자들의 많은 사정을 넓은 관용으로 수용하시고 책을 출판해 주신 양성원 대표님과 편집부 직원들에게 감사를 표한다.

2019년 8월

저자 일동

| Contents |

| Contents |

2부 아동상담이론과 기법

| Contents |

제 1 부

아동상담의 기초

01_ 아동상담의 이해

02_ 아동의 발달 및 아동문제의 특성과 원인

03_ 아동상담자의 자질과 역할

제 01 장

아동상담의 이해

1 아동상담의 개념

아동상담은 아동들이 성장하면서 겪게 되는 '보통'의 문제가 더 심각하게 되거나 비행이나 정서장애로 되는 것을 예방하는 수단이다. 또한 아동들이 성장하고 발달하면서 받는 긴장과 갈등에 잘 대처하도록 돕기 위하여 건전한 환경을 조성하는 한 방법이다. 그리고 평가, 부모, 교사 자문, 환경의 변화를 통해 어려움에 처해 있는 아동들을 돕는 중요한 치료책이다.

아동상담은 내담자인 아동의 행동, 태도, 가치관 및 자기 이해를 수정하도록 돕고 아동이 사회에 보다 잘 적응하며, 부딪히게 되는 위기에 긍정적으로 대처해 나가고 스스로 문제해결의 방도를 찾아갈 수 있도록 돕는 것에 그 의의가 있다. 아동상담은 부적응 행동의 수정이나 치료도 하지만 보다 더 적극적인 목표는 아동의 건강한 정신발달을 촉진하는데 있는 것으로 그 의의가 매우 크다. 따라서 아동 자신이 주위환경에 보다 잘 대처해 나갈 수 있도록 능력을 길러주고, 정서적 안정감을 느끼고 주변 환경에 보다 잘 적응할 수 있도록 정서적 지지를 제공해야 한다.

상담(counseling)과 주로 동일하게 사용되는 말로써 심리치료(psychotherapy)를 들 수 있다. 어떤 사람들은 이들 용어의 구별은 인위적인 것이기 때문에 서로 구별 없이 사용되어야 한다고 하고, 어떤 사람들은 적어도 준비과정이 다르기 때문에 이들은 구별되어야 한다고 한다. 최근에는 상담과 심리치료를 동일하게 사용하는 일도 많아지고 있지만, 양자를 엄밀하게 구별하고 있는 전문가들도 적지 않다.

아동을 위한 상담이란 성장에 지장을 주는 심리적인 어려움을 극복하도록 도와

줌으로써 성장·발달해 가면서 받는 긴장과 갈등에 스스로 잘 대처해 나갈 수 있도록 돕는 과정으로 정의내릴 수 있다. 그리고 아동을 위한 심리치료란 정신병을 갖고 있는 아동으로 하여금 임상환경 속에서 아동이 다시금 문제를 일으킬 수 있는 상황을 격감시키기 위해 아동이 지니고 있는 전반적인 성격의 변화를 일으켜 자아기능을 재정비하는 데 그 목적을 두고 있다고 정의할 수 있다. 그러나 상담과 심리치료를 구별한다고 하더라도 명확히 선을 긋기는 어렵다.

많은 학자들이 구별해 놓은 개념을 쉐처와 스톤(Shertzer & Stone, 1981)은 다음과 같이 정리하고 있다.

첫째, 생활지도(guidance)는 학생들로 하여금 적절한 계획을 수립하고 실천해서 생활에서 만족할 만한 적응을 할 수 있도록 조력하는 데 목적이 있는 학교 전체의 활동과 봉사 프로그램을 의미한다. 상담(counseling)은 생활지도의 일부로 여겨진다. 즉, 생활지도와 동의어로 사용되는 것이 아니고 생활지도에 포함되는 것이다.

둘째, 심리치료(psychotherapy)는 일반적으로 개인의 성격에 더 깊게 관여되고 좀 더 심각한 행동의 교정에 관심을 두고 있다. 전체 생활지도 프로그램과 마찬가지로 상담은 합리적인 계획과 문제해결 및 상황적인 압력에 대한 지지 등을 강조한다. 상담관계는 치료관계에서 발견되는 것보다 정서적인 표현이 덜 강하다.

셋째, 상담의 대상자는 비정상적이나 극단적인 적응문제를 보이는 사람보다는 정상적인 사람들이다. 심리치료는 심리적인 장애를 가진 사람을 대상으로 한다. 상담은 본질적으로 발달을 저해하는 욕구불만과 다른 장애적 요인을 제거하도록 정상인을 돕는 반면에, 심리치료는 성격장애를 다룬다.

넷째, 상담은 주로 현재의 의식적인 자료에 기초를 두고 있는 데 반해, 심리치료는 재현이나 무의식적 과정에 주로 의존하게 되는 역사적 그리고 상징적인 자료를 더 중시하는 경향이 있다.

다섯째, 상담은 주로 학교·대학·지역봉사기관·교회 등에서 실시되고, 심리치료는 병원이나 진료기관과 같은 곳에서 주로 실시된다.

여섯째, 상담자는 주로 개인의 긍정적인 측면을 강조해서 개인적·사회적 상황에서 사용하도록 하지만, 심리치료는 진단과 치료를 강조한다.

일곱째, 상담은 개인으로 하여금 명확한 정체감을 갖도록 하는 조력으로 이해되고, 심리치료는 개인의 내재적인 갈등을 다룬다.

상담(counseling)에는 조언·추천·상담 등의 의미가 포함되어 있다. 상담이란 라틴어의 'Consulere'에서 유래한 것으로 '고려하다'(to consider), '반성하다'(to reflect), '조언을 받다'(to take counsel), '상담하다'(to consult) 등의 의미를 가진다.

상담이란 용어는 1939년 학교상담의 창시자라고 불리는 윌리엄슨(Williamson)에 의해서 "훈련과 기술 및 신용으로써 상담자가 내담자의 적응문제를 해결하는 면대면의 관계"라고 정의(Williamson & Floey, 1949)되면서 교육계에서 널리 쓰이게 되었다.

상담에 대한 정의는 학자에 따라 차이가 많이 있지만 대표적인 몇몇 학자들의 정의를 살펴보면, 카두신은 아동상담을 "가정에서 부모가 생존하고 부모와 아동이 그들의 역할을 효과적으로 수행할 의지와 능력이 있으나 부모·자녀관계의 갈등과 부부갈등 및 형제간의 갈등으로 난관에 부딪쳤을 때 가족성원의 사회적 기능을 개선하여 가족붕괴의 위험을 방지하도록 직접·간접적으로 돕는 원조의 한 방식"이라고 하였다(Kadushin, 1980).

佐治守夫(1988)은 "상담이란 정서적 문제를 갖고 있는 사람들, 기본적으로 자신의 삶의 방식에 문제의식을 갖고 있는 사람들(의식적·의도적이든 또는 무의식적·무의도적이든)에 대해 심리적 커뮤니케이션을 통해 도움을 주는 인간의 노력이다"라고 정의하고 있다.

상담이란 자기 혼자서는 잘 대처할 수 없는 문제로 '고민하고 있는 아동에 대하여 전문적인 지식과 경험을 갖춘 사람이 문제해결이 가능하도록 원조하는 것'이다. 이와 같이 아동이 '해결하고 싶다' 또는 '어떻게든 하고 싶다' 등의 만족하지 못하는 기분(고민)이 있을 때, 보다 적절한 방법으로 만족할 수 있도록 전문가가 여러 가지 원조를 하는 과정을 상담이라 정의할 수 있다.

상담에 대한 정의는 인간관계나 인간의 본성에 대한 이해가 이론이나 학자마다 다르기 때문에 서로 차이가 나타난다. 상담에 대한 여러 학자의 공통점을 정리해 보면, 상담은 자신의 마음의 고민에 대하여 상담하는 사람과 그 상담을 받는 전문가의 두 사람이 있어 성립하는 것이다. 그러므로 상담을 통해 궁극적으로 기대할 수 있는 것은 아동의 성장발달의 촉진이라고 볼 수 있다.

2 아동상담의 목표

상담의 목표는 심리적인 문제나 고민에 관해서 전문적인 원조를 하는 것이다. 아동상담자가 되기 전에 아동상담의 본질과 목표를 이해하는 것은 매우 중요하다. 목표의 달성은 상담자가 사용하는 매체와 상담방식뿐만 아니라 아동·상담자관계에 따라서도 달라질 수 있다. 아울러 아동이 겪는 어려움은 환경과의 상호작용에 의해 큰 영향을 받기 때문에 아동뿐만 아니라 아동에게 영향을 미치는 부모나 학교의 협조가 필요하다.

아동상담의 목표는 크게 두 가지로 나눌 수 있다.

첫째, 아동 자신이 주위환경에 보다 잘 대처해 나갈 수 있도록 능력을 길러 주는 일이다.

둘째, 아동이 주위환경을 스스로 통제할 수 없는 연령이므로 아동의 행동변화를 촉진시켜 수행할 수 있도록 주위환경을 지원함으로써 아동의 변화 및 성장을 촉진하도록 돕는 일이다.

그러므로 아동상담은 성인의 상담이나 심리치료와는 달리 아동뿐만 아니라 가족이나 주위환경에도 관심을 두어야 한다. 아동상담에는 모든 아동상담에 적용되는 일반적인 기본목표가 있고, 상담과정에서 부모 혹은 주변 인물들에 의해 제기되는 목표, 상담자에 의해 선정된 목표, 아동 스스로 설정한 목표가 있다.

1) 아동상담의 기본적 목표

다음은 모든 아동들에게 일반적으로 적용할 수 있는 아동상담의 기본목표이다.

- 아동이 고통스러운 정서문제를 다룰 수 있게 한다.
- 아동의 사고·정서·행동들이 어느 정도의 일치를 할 수 있게 한다.
- 아동이 자신의 한계와 장점을 받아들이고 그것들에 대해 긍정적으로 느낄 수 있게 한다.
- 아동이 부정적 결과를 가져 오는 행동을 변화시킬 수 있게 한다.
- 아동이 환경(ex. 집이나 학교에서) 안에서 편안하게 행동할 수 있게 한다.
- 아동의 발달단계에 맞게 성장하도록 기회를 최대화 한다.
- 아동으로 하여금 긍정적 자아개발을 형성하도록 한다.

2) 부모의 목표

부모에 의해 제기되는 것이 일반적이다. 부모의 목표에는 아동의 현재 행동에 영향을 줄 수 있는 부모의 역할과 태도를 변화시키는 것이 포함된다. 예를 들어 아동이 부적절한 방법으로 관심을 끌기 위해 아침에 학교를 갈 때마다 느리게 행동한다면, 부모의 목표는 이 행동의 소거를 위해 아동의 행동에 대해 지금까지와 다른 태도를 취한다.

3) 상담자에 의해 설정된 목표

아동이 왜 특별한 방법으로 행동을 하는지에 대한 상담자의 가설을 토대로 수립된다. 상담자는 상담사례의 경험과 아동의 행동에 대한 이론적 지식 및 최근 연구에서 얻은 정보를 토대로 가설을 설정해야 한다. 예를 들어 아이의 유분증의 증상(변을 지리는 행동)이 정서적 문제의 결과라는 가설을 세웠다면, 상담자의 목표는 아동이 고통스런 정서적 문제를 이야기하면서 극복하게 하는 것이 될 수 있다.

4) 아동의 목표

아동은 자신을 언어적으로 표현하지 못한다. 따라서 아동의 목표는 아동이 상담회기 동안에 매체를 통해 나타내는 내용과 의미에 기초해서 설정될 수 있다. 예를 들어 아버지를 교통사고로 잃은 아동이 죽음과 관련된 놀이를 반복한다면, 상담자는 아동이 아버지의 죽음을 충분히 슬퍼하게 하는 애도과정을 겪게 해야 한다. 상담자가 미리 정한 목표를 고수하는 것은 위험하다. 상담과정 동안 나타나는 아동의 욕구와 아동의 생활경험에 맞추어 상담의 목표가 점검되고 수정되어야 한다. 상담자가 아동의 실제적인 욕구를 발견하기 위해 필요한 기술을 발달시키는 것은 다양한 상담사례의 경험을 통해 가능하다.

3 아동상담의 유형

1) 아동의 욕구에 따른 아동상담 유형

아동의 욕구를 확인하고 이러한 욕구를 만족시킬 전략과 상담유형을 결정하는 것이 중요하며 욕구에 따라 발달과 성장상담, 문제해결상담을 할 것인지를 결정해야 한다.

2) 아동의 문제내용에 따른 아동상담 유형

아동이 보여주는 문제 유형은 수 없이 많기 때문에 내용에 따라 치료방향을 결정하고 상담 유형을 결정하는 것이 중요하다. 즉, 정신건강상담, 진로상담, 성장상담, 비행상담, 가족문제상담 등으로 구분할 수 있다.

3) 상담에 참여하는 구성 인원수에 따른 아동상담 유형

아동이 갖는 특성과 참여하는 구성 아동의 욕구와 문제 형태에 따라 개인상담과 집단상담으로 구분하고 각각의 상담 유형이 갖는 장·단점을 고려해야 한다.

4) 치료적 매체에 따른 아동상담 유형

아동을 조력하기 위해 사용되는 주요한 도구나 수단이 무엇인가에 따라 다양한 방식으로 진행할 수 있다. 일반상담, 놀이치료, 미술치료, 독서치료 등 다양한 형태로 구분된다

4 아동상담의 필요성

아동기의 건강한 발달은 청소년기나 성인기의 건강한 사회적 적응과 성격발달에 중요한 지표가 되는데 급격하게 변화하는 현대사회에서는 다양한 사회문제와 병리현상 등 아동기발달에 악영향을 미치는 많은 요소들이 증가하고 있다.

1) 가족구조의 변화로 인한 문제

핵가족 시대로의 변화, 이혼으로 인한 저소득 한부모 가정의 증가, 맞벌이부부의 증가로 인한 자녀양육의 어려움, 다문화 가정의 자녀양육 문제, 가족구조의 변화의 문제 등은 가족기능의 약화, 올바른 가치관 습득 및 규범적 통제기능의 약화, 아동의 사회화 기능의 약화로 연결되어 아동의 안전의 욕구, 심리·정서적인 욕구를 충족시키지 못하는 결과를 낳을 수 있다. 따라서 약화된 가족기능을 지원하는 측면에서 아동과 가족을 위한 아동상담서비스가 제공되어야 할 필요성이 있다.

2) 아동의 부적응 문제

아동은 자기 스스로 발달단계에 이르기 전에 다음 발달단계로 나아가도록 외부로부터 재촉받기도 한다. 과잉기대와 과도한 경쟁적인 분위기는 아동의 스트레스를 유발시키고 아동이 성장을 재촉받았을 때 초래될 수 있는 부정적인 결과가 다양한 부적응현상으로 나타난다. 이러한 문제를 예방하고 치료하는 차원에서 아동상담의 필요성이 있다.

3) 자기발견 및 자아정체감 형성

유아기 및 아동기는 인지적, 심리적, 정서적 차원에서 자신의 의사를 독립적으로 표현하는 시기이다. 이 시기에 원만한 자기인식과 성장에 도움을 주는 것은 청소년기에 올바른 자아정체감을 형성하는데 기초를 만들어 주므로 아동상담을 통한 지도가 필요하다

4) 학교폭력 및 학교 왕따 문제

학교폭력과 왕따현상은 아동의 부적응 문제를 야기하는 중요한 환경적 요인으로 작용하여 아동기의 문제가 사회적 문제로 이어질 수 있다. 이러한 측면에서 사회적 문제를 해결하기 위한 방법으로 아동상담의 역할이 필요하다.

5) 인터넷 문화의 영향

인터넷 문화가 점점 어린 연령대로 그 영향을 넓혀가고 있으며 이러한 현상은 빠르게는 유아기에서부터 아동기, 청소년기에 이르기까지 다양한 부적응 문제를 유발하는 원인으로 작용하며 인터넷 중독, 우울, 자살 등 심각한 병리현상의 원인이 되기도 한다. 이러한 문제를 예방하고 치료하는 차원에서 아동상담의 필요성과 중요성이 있다.

현대사회에서는 가족관계 속에서 해결하기 어려운 문제점들이 많이 있다. 그리고 아동들의 심리적 문제를 새로운 시각으로 받아들이게 되고, 중요한 문제로 여기면서 조기에 적절한 상담을 통해 치료해야 된다는 필요성이 강조되어지고 있다. 이에 따라 아동은 심리적 문제로 인한 부적응의 문제를 해결해 나갈 수 있도록 하기 위한 전문적 도움을 받을 필요가 있다. 또한 이러한 아동의 부적응의 문제와 문제행동 그리고 이를 도울 수 있는 아동상담과 심리치료의 접근방법은 학습과 사회적 행동문제를 가지고 있는 아동이 더 심각해지지 않고, 비행과 정서적 혼란으로 가지 않도록 예방하기 위해서도 필수적이다. 그에 따라 아동상담의 유용성과 중요성에 대한 인식이 새로워지면서 이에 대한 사회적 요구 및 아동상담과 관련된 전문직에 대한 선호도가 계속 증가하고 있다.

제 02 장

아동의 발달 및 아동문제의 특성과 원인

1 아동발달의 이해

1) 발달의 개념

발달이란 인간의 전 생애에 걸쳐, 그리고 인간의 각 특성에 걸쳐 일어나는 양적 변화와 질적 변화를 뜻한다. 즉, 발달의 개념은 크기 등 양적 증가는 물론 어떠한 행동양식의 출현이나 감소 또는 기능적 효율성의 증가 및 감소 등 질적인 변화도 포함된다.

원래 발달의 개념은 출생에서부터 영아기, 유아기, 아동기, 청년기에 이르는 변화에 초점을 맞추어 좁은 의미로 사용되어 왔으나, 근래에는 전 생애적인 관점(life span view)에서, 수태의 순간부터 죽음에 이르기까지의 전 생애 동안 일어나는 연속적인 변화과정으로 인식되고 있다. 따라서 전 생애에 걸친 발달과정 중에 일어나는 양적인 증가나 기능적인 효율성의 증가 등 긍정적인 변화는 물론, 성인기 이후에 주로 나타날 수 있는 양적인 감소나 효율성의 감소 등 부정적인 변화 역시 발달이라고 할 수 있다.

아동발달이란 연령의 증가에 따라 아동이 양적으로 더 많은 능력을 나타냄과 동시에 사고와 행동방식이 새롭게 조직되고 보다 효율적으로 되어가는 일련의 과정이라고 할 수 있다. 이러한 양적 또는 질적 변화 양상은 신체·운동적, 인지적, 정서적 및 사회적 측면 등 아동의 모든 발달측면에서 일어난다.

2) 발달과정

아동발달 내용은 신체·운동적 발달과 인지적 발달, 정서 및 사회적 발달측면으로 나누어지며 각 발달에서의 변화과정을 각각 생물학적 과정, 인지적 과정, 정서·사회적 과정으로 일컫는다. 생물학적인 과정은 신체적 성장이나 두뇌의 발달, 호르몬의 변화 및 운동기술의 변화가 포함되며 인지적 과정은 지각, 학습, 기억, 언어, 사고력에서의 변화에 관한 것이다. 한편 정서·사회적 과정은 정서적, 사회적 행동이나 인성에서의 변화와 관련된다.

일반적으로 아동의 발달을 설명할 때 아동의 연령단계에 따라 신체적, 인지적, 정서적, 사회적 발달 등 각 측면의 발달과정을 다루게 된다. 그러나 사실상 각 측면의 발달과정은 서로 영향을 주고받는 복합적인 관계에 있다. 즉, 두뇌나 호르몬 등 생물학적인 발달은 신체적 성장이나 감각능력 및 운동기술에서의 변화와 관련되며, 이러한 변화는 인지적인 발달은 물론 인성적인 발달에도 상당한 영향을 미친다. 같은 맥락에서 아동의 인지적인 발달은 정서발달에 영향을 주고 정서적인 발달은 지적 발달이나 사회성 발달, 나아가서는 신체·운동발달에 영향을 미친다. 따라서 각 발달측면은 서로 분리하여 생각할 수 없다.

3) 발달단계

연령에 따라 발달적인 특징이나 사회적인 관계의 특성이 다르기 때문에 학자들은 아동의 발달을 몇 개의 단계로 나누고 있다. 발달단계나 연령기준은 학자들 간에 다소 차이가 있으나, 대체로 아동발달학에서는 태내기, 영아기, 유아기, 아동기 및 청소년기의 다섯 단계로 나누고 있다.

영아기의 경우는 학자에 따라 출생에서부터 생후 1년 반까지의 시기, 또는 생후 2년까지의 시기를 뜻하기도 하고, 때로는 더 넓은 연령범위로 출생 시에서 36개월 미만까지의 시기를 일컫기도 한다(Snow, 1998). 특히 생후 18~36개월 미만의 시기에 대해서는 이견이 많다.

전통적 관점에서는 영아기, 유아기, 아동기로 구분함으로써 18~36개월은 유아기에 포함시키고 있다. 그러나 이 시기를 영아기(0~36개월)의 후반부로 보는 견해, 또는 영아기(출생~2세)와 유아기(2~6세)에 걸쳐진 전이시기로 보는 견해도 있다. 또한, 18~36개월에는 독특한 발달특성이 나타나고 이 시기와 관련된 연구도 점차 많아지고 있기 때문에 최근에는 독립된 한 발달단계인 걸음마기로 보는 견해도 있다(Edward & Lui, 2002). 한편, 이 시기를 영아기에 포함시킬 것인지 유아기에 포함시킬 것인지가 쟁점이 되고 있다.

(1) 태내기(임신~출생)

태내기는 임신에서 출생까지의 38주간(266일)의 기간으로 신체적인 성장이 일생 중 가장 급속하게 일어나는 시기이다. 단일세포인 수정란으로 시작된 유기체는 이 기간 동안 약 100조 개의 세포로 구성된 한 개체로 성장한다. 특히 태아기 초기 3개월 동안은 신체의 구조와 기관이 형성되는 시기로서 태내 환경의 영향을 크게 받기 때문에 발달상 극히 취약한 시기라고 할 수 있다.

(2) 영아기와 걸음마기(출생~36개월)

출생에서 생후 1년까지를 영아기로 보기도 하나, 대체로 생후 18개월까지를 영아기로 본다. 출생과 더불어 모든 것을 모체에 의존하던 영아는 점차 독립적이 되어간다. 특히 태어나서 첫 1개월간은 태내 생활로부터 독립하여 외부세계에 적응을 하기 시작하는 전환적 시기로 신생아기라고 일컫는다.

영아는 생후 1년 반경까지 체중이나 신장의 급속한 성장은 물론, 뒤집고, 기고, 앉고, 서고, 걷는 능력을 발달시킨다. 두뇌세포 및 운동능력의 급속한 성장발달은 여러 가지 탐색활동을 가능하게 하며 지적능력의 발달을 가져온다. 또한 이 시기에는 양육자와 애착을 형성하는 한편, 초보적인 언어능력이 발달하고, 여러 가지 정서가 분화되면서 사회적인 개체로서의 기본적인 능력이 형성된다.

한편, 걸음마기인 18개월부터는 신체운동 발달이 점점 더 정교화되고 언어능력을 비롯하여 지적능력이 더욱 발달한다. 걸음마기 영아는 점차 다른 아동에 대한 관심을 갖게 되지만 아직까지는 주로 가족 내에서 여러 가지 활동이 이루어진다. 걸음마기 영아는 자아인식과 더불어 독립적이 되고 싶어하고 여러 가지 자기주장적인 행동이 나타나기 시작하여 점차 다루기가 어려워진다. 따라서 우리나라에서는 이 시기를 '미운 세 살'이라고 부르고, 미국에서는 'terrible two(몹시 힘든 두 살)'라는 표현을 쓰기도 한다.

(3) 유아기(3세~6세)

아동초기 또는 학령전기로도 일컬어지며 이때의 특징적인 발달은 기본적인 생활습관을 형성하여 스스로 일상사를 처리할 수 있고 의사소통능력이 급속하게 이루어진다는 것이다. 이와 더불어 개인차는 있지만 자기의 요구나 감정을 조절할 수 있는 자아통제가 가능해진다. 또한 다른 아동이나 가족 외의 환경에 대한 이해와 관심이 증가하며 상상력과 창의력이 두드러지는 시기이다.

(4) 아동기(7세~11세)

아동중기 또는 학동기로도 일컬어지며, 이 시기에 아동들은 논리적으로 사고할 수 있는 능력이 증가하며 또래집단이 더욱더 중요한 위치를 차지하게 된다. 그러나 여전히 가족의 영향력이 크게 작용하는 한편, 아동이 속한 사회 또는 문화에 따라 아동의 일상생활은 달라진다.

(5) 청소년기(12세~20세)

신체적인 성장발달의 제2급등기가 나타난다. 또한 지적인 변화가 나타나 추상적인 사고가 가능해지며, 독립의 욕구가 증대함에 따라 부모와의 관계보다는 친구와의 관계가 중요해지고 친구의 영향을 크게 받게 된다. 청년기의 주요한 사회심리적인 발달은 자신의 정체성을 찾는데 몰두하는 일이며, 이 시기에 심각한 심리적인 갈등을 경험한다.

4) 아동발달의 원리

개인에 따라 또는 문화에 따라 예외가 있기는 하지만 대개의 경우 모든 아동은 보편적이고 일반적인 발달원리에 따라 발달한다. 이러한 발달의 보편적 원리를 알아두는 것은 아동의 발달과 행동을 이해하기 위한 기본적인 사항이다.

(1) 발달은 순서적이고 누적적이다.

발달이 순서적(sequential)이라 함은 모든 발달은 논리적이고 질서정연한 일정한 순서를 거쳐 변화가 일어난다는 것으로, 다음 단계에서 나타나는 행동적 변화는 그 이전에 이루어졌던 내용에 기초하여 이루어진다는 것을 시사한다. 한편, 누적적(cumulative)이라 함은 어떤 한 단계는 그 이전의 단계에서 이루어진 행동 내용과 함께 또 다른 새로운 어떤 내용을 포함한다는 뜻이다.

이러한 원리는 신체적, 지적, 사회·정서적 측면 등 모든 발달영역에 적용되지만 여기서는 영아가 말을 배우는 과정을 예로 들어보기로 하자. 영아는 6주 정도에는 모음만으로 이루어진 목울림(cooing)소리를 내고, 6개월경에는 자음을 덧붙여 옹알이(babbling)를 한 후 1년경에는 한 단어를 사용하기 시작한다. 그리고 18개월에는 두 단어로 이루어진 문장을 사용하고, 3세가 지나면 복수형이나 과거 시제를 사용할 만큼 언어능력이 발달한다.

즉, 언어발달은 일정한 순서를 거치고 기존의 발달에 새로운 내용이 덧붙여지면서, 동시에 보다 새로운 형태로 나아간다는 것을 알 수 있다.

(2) 발달은 일정한 방향에 따라 발생한다.

어린 아기가 발달해 가는 모습을 보면 일정한 방향이 있다. 그 방향은 상부에서 하부로의 발달(top-to-bottom 또는 cephalo-caudal development), 중심에서 말초로의 발달(inner-to-outer또는 proximo-distal development), 단순한 것에서 복잡한 것으로의 발달(simple-to-complex development)의 세 가지 원리에 따라 나타난다. 특히 상부에서 하부로의 발달(또는 머리에서 꼬리)과 중심에서 말초(또는 내부에서 외부)로의 발달모습은 신체발달 및 운동발달에서 볼 수 있다. 즉, 아기는 목을 가눌 수 있어야 엎드린 상태에서 가슴을 들 수 있으며, 앉을 수 있게 된 후에야 걸을 수 있다는 것은 상부에서 하부로의 발달을 나타내는 좋은 예라고 할 수 있다. 또한 태내기 동안의 발달 중 태아의 심장부분이 먼저 발달하고 손가락이나 발가락은 나중에 생기는 것은 중심에서 말초로의 발달을 나타낸다.

발달은 단순한 것에서 보다 복잡하고 복합적인 것으로 나아간다는 원리는 신체·운동기술 발달뿐 아니라 지적, 사회·정서적 발달 등 모든 발달영역에 적용된다. 그 예로 낙서하듯 선을 긋던 영아가 점차 섬세하고 정교한 그림을 그리거나 글씨를 쓰게 되는 것, 모든 네 발 달린 동물을 '멍멍이'라고 부르던 아기가 개와 고양이를 구별하게 되는 것, 쾌와 불쾌의 막연한 정서표현에서 수치심이나 질투 등 보다 분화된 정서를 나타내게 되는 것 등을 들 수 있다. 결국 아동은 연령증가 및 경험을 통해 모든 발달영역에서 분화와 통합의 과정을 거치면서 복잡한 수준의 발달을 이루게 된다.

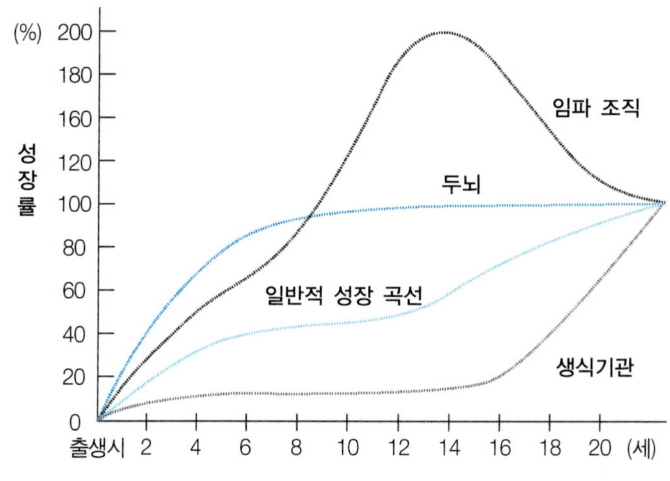

[그림 2-1] 성장속도의 비교

(3) 발달의 속도는 발달내용이나 발달시기에 따라 다르다.

발달의 속도는 발달영역(또는 내용)이나 발달시기 즉, 연령에 따라 다르다. 예를 들어 두뇌의 발달은 태내기와 출생 후 첫 2년 동안에 가장 급속한 발달을 이루고, 언어의 발달은 신체능력이 발달한 후 급속해지는 등 발달영역이나 발달시기에 따라 성장속도는 다르다.

또한 신장이나 체중 등 일반적인 성장은 생후 초기와 사춘기에 상당히 급속한 발달을 보이는 한편, 면역력 또는 체내 영양분 흡수와 관련된 기능을 하는 임파조직은 출생과 더불어 사춘기에 이르기까지 꾸준하고 급격한 상승곡선을 그리게 된다.

(4) 발달의 각 측면들은 서로 밀접한 관련이 있다.

일반적으로 발달을 설명할 때 편의상 아동의 연령단계에 따른 신체적, 지적, 정서적, 사회적 발달 등 발달의 각 영역별로 다루게 된다. 그러나 앞서도 지적하였듯이 발달의 각 영역은 서로 영향을 주고받는 복합적인 관계에 있다. 즉, 신경계의 발달은 감각능력 및 신체적 움직임 운동기술의 변화와 관련되며 이러한 변화는 지적인 발달이나 인성발달에 영향을 미친다.

같은 맥락에서 어머니로부터 애정적인 보살핌을 못 받고 자란 아기들은 때로 성장장애를 일으키고, 산만하거나 정서적으로 불안한 유아들이 정서적으로 안정된 다른 아이들보다 지적능력이 뒤떨어지는 것은 발달의 각 측면이 유기적인 관련을 맺고 있음을 반영해 준다.

(5) 발달에는 개인차가 있다.

발달은 보편적인 순서에 따라 일어나지만 발달속도나 행동방식 및 발달적인 결과는 개인마다 상당한 차이가 있다. 즉, 9개월에 걷기 시작하는 아기가 있는가 하면 15개월에도 걷지 못하는 아기도 있으며, 생후 30개월이 가까워도 한두 단어 정도밖에 말하지 않는 아기도 있다. 또한 낯가림을 아주 심하게 하는 아기가 있는 반면 낯가림을 거의 하지 않는 아기도 있다. 이러한 개인차는 당연한 것임에도 불구하고, 다른 또래 아기보다 발달이 뒤쳐져 있다고 생각하는 많은 부모들은 지나치게 아기에 대해 염려하는 경우가 있다. 그러나 일반적으로 어떤 행동이 나타나는 보편적인 시기에 대해 말할 때 50%의 아동이 도달한 평균적인 연령을 표준으로 하고 있으며, 이러한 표준에서 상당히 벗어났을 경우만 예외적인 발달로 간주한다.

한편 이러한 개인차는 타고난 것일 수도 있지만 경험에 의한 것일 수도 있다. 따라서 같은 환경에서 자라도 각 아동이 도달하게 된 발달적인 결과는 유전적 요인 및 환경적 요인의 복합적인 상호작용에 따라 상당히 다를 수 있다.

(6) 아동은 다른 사람의 반응에 영향을 미침으로써 능동적으로 자신의 발달을 형성해 간다.

아동은 다른 사람의 반응에 영향을 미침으로써 환경을 만들어가고, 그 환경에 반응함으로써 발달을 이루어간다. 예를 들어, 잘 웃고 옹알이를 잘하는 아기는 어머니의 관심을 이끌어내어 아기에게 미소 짓거나 말하게 하며, 아기는 그에 또 반응하여 점점 더 많은 옹알이를 하게 된다.

(7) 초기경험은 중요하지만 아동의 발달은 상당한 탄력성을 지닌다. 또한 아동기의 발달은 전 생애발달에 영향을 미치지만 이후의 경험에 의해 변화될 수도 있다.

어렸을 때의 열악한 환경조건으로 인지적, 정서적 발달에 손상을 입을 수 있으나 그러한 손상은 이후의 여러 가지 환경적 경험을 통해 극복될 수 있다. 즉, 각인 현상으로 널리 알려진 바와 같이 동물의 경우는 애착의 결정적인 시기가 있고, 인간의 태아도 태내기 동안 기형발생인자에 의해 신체적 발달에 치명적인 영향을 입는 결정적 시기가 있다. 그러나 심리적 발달은 탄력성을 지녀서 어려운 환경에서 자란 아동일지라도 이후 좋은 환경을 경험하면 인지적, 정서적 발달에 변화를 보이는 경우가 적지 않다.

(8) 역사적, 문화적 맥락은 아동의 발달에 영향을 준다.

아동의 발달은 태어나서 자란 시대 및 문화나 환경에 의해 영향을 받는다. 예를 들어 한국과 미국에서 자라는 아동의 경험내용은 다를 것이며, 정보화 시대에 살고 있는 아동의 경험은 활자나 책에 의존하여 생활하던 아동과 다르기 때문에 사고력이나 사회적 행동에서 차이가 난다.

2 아동문제의 특성과 원인

1) 아동문제의 개념

전통적으로 아동은 종족이나 부족 중심의 사회로 형성되었던 고대사회에서는 종족의 보존이나 보호 또는 생산수단으로 간주되었다. 로마에서도 영아 살해, 유기, 낙태, 아동매매가 여러 지역에 걸쳐 자행된 흔적이 나타나며 당시의 세네카(Seneca)와 같은 사람도 아동의 입장이 아닌 성인의 입장에서 영아 살해, 유기, 낙태, 아동매매 등을 인정하기도 하였다. 또한 아기의 기준에 미달한 허약한 아동이나 장애아동, 영아 살해가 공공연히 성행하였고 그릇된 사회관습이나 미신에 의해 희생의 제물이 되는 등 생존의 위협을 받는 무력한 존재였다. 아동은 엄격한 봉건사회에서 군사력의 확보수단으로서의 의미를 부여받았으며 상하질서의 계층사회에서 신분에 따라 아동의 권리는 차별화되었다.

현대에 와서도 전반적인 인권의 발달과 함께 아동의 인권도 발달하였으나 아동은 성인에 비해 권리의 확보와 복지의 증진에서 상대적으로 불리한 위치에 있다. 분명 아동은 성인과 다른 하나의 인격체이며, 성인과 다르게 취급받아야 하는 독립체임에도 과거에나 현대에 이르기까지 아동은 성인의 부속물로 여겨지고 있는 것이 현실이다. 민주주의의 근간을 이루고 권리주장의 상당한 영향력인 투표권의 행사가 연령으로 인하여 제한을 받고 또한 정신적, 지적 발달의 미성숙으로 인하여 스스로 자신의 권리에 대한 주장과 확보에 제한이 따르기 때문이다. 더욱이 우리나라는 오랜 세월 동안 가부장적 문화와 장유유서라는 연령의 서열화문화가 뿌리깊어 다른 나라에 비해 우리나라 아동은 상대적으로 더 열악한 상황에 처해 있고 이로 인한 많은 문제들이 사회에 노출되었다.

아동문제를 논의하기에 앞서 아동에 대한 개념이 다양하게 사용되고 있어 개념규정이 필요하다. 아동, 소년, 청소년 등 아동과 관련한 개념이 많아 누가 아동인가 하는 문제를 분명히 해야 한다. 아동에 대해 심리학, 사회학, 법학 등에서 그 개념규정을 달리하고 있고, 우리나라의 법규정들도 각기 다르게 규정하고 있어 혼선이 있는 게 사실이나 아동복지법에 따르면 아동은 18세 미만의 인구층을 의미한다. 그러나 이 연령층은 청소년과 중첩되고 있어 일반적으로 청소년은 주로 중·고등학생대의 연령을 중심으로 설정되며 아동은 초등학교 이하의 연령층을 그 대상으로 한다. 아동의 개념을 간추려 보면 정신적으로나 육체적으로 미성숙한 인간을 말하며 보통 12~14세 이하의 연령대를 보는 것이 타당할 것이다(강문희 외, 2004).

2) 아동문제의 특성

급격한 사회변화로 핵가족화 및 가족계획의 지속적인 추진, 자녀에 대한 부부의 가치관 변화 등으로 전체 아동의 수는 감소하는 추세다. 이혼율의 증가로 요보호 아동은 계속 증가하고 있으며 일반 아동을 대상으로 하는 가족복지서비스의 요구도 점차 증가하고 있다(김익균, 2003).

- 정보의 홍수로 아동에게 노출될 잘못된 정보에 대한 순환작업이 요구된다.
- 가정의 기능 축소 및 상실로 아동문제는 새로운 지역사회의 역할과 기능이 요구된다.
- 지역사회의 역할과 기능이 중요시 되고 있다.
- 유해한 지역사회 환경의 정화와 선도는 조직을 통하여 유관기관이나 시설과의 유기적인 관계 하에 효율적으로 운영하도록 노력해야 한다.
- 아동을 주체적으로 파악하여 아동의 전반적인 발전과 관련된 지역사회의 조건 정비 및 보장에 관심을 가져야 한다.

3) 아동문제의 원인

아동문제의 요인으로는 매우 다양하지만 아동 내부와 외부(환경) 요인이 있다.

(1) 가족구조의 변화

농경사회에서 산업사회로 변화가 되면서 점차적으로 사회가 변화하고 있다. 가족의 구성과 확대가족구조에서 핵가족구조로 변화하고, 핵가족화는 가족 상호 간 영향력을 감소하고 있다. 그리고 자녀양육과 안녕에 크게 영향을 주고, 부부불화에 대한 제어장치가 없어 이혼율의 증가 원인이 되고 있다. 또한 가족구조의 변화가 아동과 청소년에게 일탈의 기회를 제공하고, 아동과 청소년들의 자아정체감 확립을 불안하게 하는 요인이다.

(2) 가족기능의 변화

성과 애정, 자녀출산과 양육, 경제, 교육, 보호, 휴식 및 오락, 종교의 기능이 상당부분 상실되었고, 사회기관이 대신하는 형태로 외부화 되었다. 가족은 아동에게 규범과 가치를 전수하는 최초의 준거집단(김미영, 2004)으로 사회의 규범과 가치에 대한 학습이 이루어지는 곳이다. 가족의 이러한 부분이 대부분 상실되어 이로 인해 다양한 문제가 발생하고 있다.

(3) 가정불화

가정불화를 경험하고 성장한 아동은 탈선의 가능성이 크다. 피난처로 약물, 술, 마약, 본드 등 향정신성 약물에 빠질 위험이 매우 높다.

(4) 여성취업의 증가

여성들의 자아실현욕구와 가계의 경제력 약화에 대한 보충으로 주부들의 취업이 많아지고 있다. 여성 노동력의 필요 요인은 고령화로 인한 국가 생산력 감소와 기혼여성의 맞벌이로 아동문제의 근원, 방과후 학원, 일탈적 경향, 탈선의 기회가 많아지고 있다. 그로 인하여 아동들은 방치 및 유기로 위험한 상황을 극복 못하고 생명을 잃게 되는 경우도 있다.

(5) 극심한 경제불황

나라의 경제불황은 가계에 영향을 주고 이에 따른 가정의 경제난은 가족구성원

간의 대립 및 갈등에 영향을 미친다. 부부갈등, 가정파탄, 결손가정의 양상을 보이며 자살에 이르기도 한다.

(6) 학벌 만능주의적 사회풍토

부모가 자녀로 하여금 오직 높은 성적을 얻어 일류대학에 진학하고 상류층이 될 수 있는 직장을 얻게 하려는 사고에서 비롯되고 있다. 인간관계의 중요성 차단, 결과중심의 가치관 형성은 사회문제를 일으키는 요인이다.

3 아동상담의 문제영역

유아기의 발달 특성상 유아의 행동을 정상적 혹은 비정상적으로 절대적 구별을 하는 것은 불가능하다. 그러나 일반적으로 문제행동은 사회 또는 문화적으로 받아들여지지 않는 일탈행동이나 부적응행동을 의미한다. 부적응이란 개체의 행동이나 욕구, 감정, 사상 등이 사회규범이나 사회적 요구에서 벗어나는 행동양식을 말한다.

문제행동은 일반적인 규범에서 벗어난 부적절한 행동으로서 자신과 타인을 괴롭히는 행동이며 부모나 교사가 적절하게 지도하지 않고 내버려두면 유아의 성장과 발달에 지장을 초래하여 타인과의 사회생활에서 어려움을 겪게 되는 행동이라고 할 수 있다. 이에 상담에 있어서 대상이 되는 문제(고민)와 상담의 효과에 대하여 살펴보고자 한다.

1) 아동상담에서 다루는 문제

(1) 대인관계의 문제

우리들이 태어나서 죽을 때까지 여러 가지 일이 일어난다. 예를 들면, 진학이나 취직이란 진로문제에서 친구관계 등의 대인관계에 이르기까지 고민을 가지고 있지 않은 사람은 없을 것이다.

이와 같은 고민은 부모·또래친구 등의 가까운 사람에게 상담하는 등의 일상적인 상호작용 중에서 해소되어 가는 것도 있지만, 시간의 경과와 함께 희박해져 가는 것도 많다. 그러나 상담 상대가 가까이 있지 않거나, 또는 시간이 경과해도 고민이 희박해지지 않거나 하는 경우는 상담의 대상이 된다. 특히 고민이 지속적·만성적인 경우는 문제의 배경에 어떤 심적 갈등이 존재하는 경우가 많기 때문에 전문적인 상담이 필요할 것이다.

(2) 일상생활에서의 특별한 문제

대지진에 의해 피해를 입거나 범죄에 말려드는 등 일상생활에서 경험하지 못하는 특별한 문제를 경험한 아동들은 강한 스트레스를 느끼고 심적 외상(trauma)이라 불리는 깊은 마음의 상처를 짊어지게 된다. 심적 외상은 향후 아동의 생활에 커다란 장애를 초래하게 된다.

따라서 특별한 경험을 한 아동에 대해서는 마음의 상처를 최소화하고, 될 수 있는 한 빠른 시일 내에 본래의 생활로 돌아 갈 수 있는 적절한 구조적인 심리적 대응이 필요하다. 역시 전문가에 의한 상담이나 심리치료를 받는 것이 중요하다.

(3) 마음의 병에 대한 문제

고민을 가진 아동 중에는 노이로제라 하는 증상을 나타내는 아동도 존재한다. 예를 들면, 다른 사람과 접촉하는 것에 강한 공포감을 갖거나, 또는 주위의 것들이 불결하다고 생각하고 일상생활이 원활하지 못한 아동들이다. 이와 같은 증상은 일반적으로 신경증(neurosis)이라 하고, 본인은 자신의 증상에 대하여 강한 고민을 가지고 있는 경우가 많다.

이러한 증상이 나타나는 경우에는 증상에 대한 진단(판단)이나 대처에 대하여 전문적인 처치를 받는 것이 필요하다. 또한 정신병이나 인격장애 등의 증상을 나타내는 아동들도 당연히 상담이나 심리치료 대상이 된다.

2) 아동상담의 효과

상담이 어떠한 효과를 가져오는지에 대하여 살펴보면 다음과 같다.

(1) 정화

사람에게는 '반드시'라고 해도 좋을 정도로 다른 사람에게 말할 수 없는 것이나 말해도 알아주지 않는 것이 있다. 이와 같은 것이 많을수록 사람의 마음은 욕구불만의 상태가 되고 피로해져 간다.

그런 경우 자신이 말하는 것을 부정하지 않고 들어 주는 사람이 있다면, 많은 사람들은 기분이 상당히 좋아지게 된다. 왜냐하면 울적한 감정을 자유롭게 표현함으로써 마음의 긴장이 풀어지기 때문이다. 상담자가 내담자의 말에 경청함으로써 이 카타르시스(catharsis, 정화)효과가 나타나는 것이다.

(2) 심리 해명

많은 사람이 고민을 느끼는 경우, 거기에 무엇인가 불쾌한 감정이 존재할 것이다. 그러나 그 불쾌한 감정이 어떤 것인가 하는 것을 이해하는 것은 어렵다. 예를 들면, 시험에서 불합격된 경우, 그 사람이 느끼는 것은 '슬픔'인지 '후회'인지 알 수 없는 것이다. 또한 그 감정이 사실은 어떤 원인으로 생겼는지도 생각해 보면 어렵다. 그런 경우 상담의 감정을 명확히 하고, 감정이 생기는 이유를 찾아 가는 것이 상담사의 역할이다. 자신에게 있어서 애매한 것이 명확해지면, 그 사람의 욕구불만은 낮아지고 마음이 안정된다.

(3) 교육

대부분의 사람의 고민은 사회 또는 인간관계 안에서 어떻게 살아가면 좋은지, 자신이 인간답게 살아가기 위해서는 실제로 어떻게 행동하면 좋은지에 대해 자기 혼자 생각하는 것은 매우 힘들다.

상담에서는 사회에서 또는 인간관계 안에서의 살아가는 방법을 내담자에게 교육하고, 또한 그에 대하여 함께 생각해 간다. 그에 따라 내담자는 불안을 느끼지 않으며, 생산적으로 자신이 해야 하는 것에 대하여 생각해 갈 수 있는 것이다.

(4) 인격의 변화

자신의 뜻대로 잘 되지 않는다는 고민을 가졌을 때에, 그 중에는 자신을 바꾸고 싶다고 생각하는 사람도 있을 것이다. 예를 들면, 자신이 잃어버리고 있는 것을 되돌리고 싶다던가, 순수하지 않은 자신을 순수하게 하고 싶다는 것 등이다. 그와 같은 변화는 그 사람의 인격에 관계되는 문제이다. 상담은 그와 같은 변화를 바라는 내담자에 대하여 그 방향성을 찾아내고, 변화에의 노력을 지원하게 된다. 그러므로 사람은 서서히 자신의 인격을 보다 좋은 방향으로 변화시킬 수 있는 것이다.

4 유아기 문제행동의 원인 및 특징

1) 유아기

(1) 유아기 문제행동의 원인

① 부모 변인

유아의 문제행동은 환경과의 상호작용에서 비롯된다. 특히 유아의 문제행동에 크게 영향을 미치는 요인은 가정의 물질적인 것보다 인적인 환경이 더 크다. 인적인 환경 중에서도 부모는 유아에게 가장 중요한 영향을 미치는 요인으로 볼 수 있다(김문영, 2013).

부모의 양육태도는 유아의 발달뿐 아니라 문제행동의 형성에도 매우 큰 영향을 주는 요인이다. 따라서 유아의 문제행동을 다룰 때 부모는 자신의 행동 변화를 위한 지도와 함께 부모 자신도 양육태도를 변화시키는 노력이 필요하다. 양육태도 이외에도 유아 행동에 영향을 미치는 요인은 부모의 성격, 사회 경제적 수준, 어머니의 교육 수준 및 연령 등이 있다.

② 유아 변인

유아의 기질적인 요인이 문제행동에 영향을 미친다는 연구결과가 있다. 기질은 대체로 순한 기질, 까다로운 기질, 중간 기질의 3가지로 분류한다. 순한 기질은 어머니가 돌보기 쉬운 특성이고 까다로운 기질은 어머니가 돌보기가 어려운 특성이다. 중간 기질은 순한 기질이나 까다로운 기질을 제외한 특성이다.

유아의 기질만이 문제행동의 원인이 되는 것이 아니라 자녀의 까다로운 행동방식에 부모가 적대감, 조바심, 당혹감과 같은 표현을 함으로써 유아의 부정적인 표현을 더욱 강화시키고 적응을 어렵게 만들며, 그것이 누적됨으로써 행동 발달에 장애를 일으키게 된다. 따라서 유아의 기질에 대한 부모의 반응이 기질로 인한 문제행동발달에 촉진 역할을 한다고 볼 수 있다. 그러므로 부모가 유아의 문제행동을 다룰 때 유아의 기질을 고려한다면 유아를 이해하는데 도움이 될 것이다.

(2) 유아기 문제행동의 특징

① 자신의 나이에 비해 어리게 행동하거나 반대로 나이가 더 많은 아이들의 행동을 한다.

② 타인에게 심리적 고통이나 신체적 상해를 줄 수 있는 말이나 행동을 자주 한다.
③ 자신에게 고통을 주거나 자신의 신체에 상해를 입히게 되는 행동을 한다.
④ 사회적 규범이나 윤리에 어긋나는 말과 행동을 계속한다.
⑤ 부모, 교사, 친구들과 원만하고 만족한 관계를 맺지 못하거나 힘들어 한다.
⑥ 생각이나 감정과 다른 말이나 행동을 한다.
⑦ 공동생활을 싫어하고 억지로 하거나 소극적으로 한다.

2) 아동기

(1) 아동기 문제행동의 원인

① 보육환경과 아동문제행동

사회환경의 변화로 생후 초기부터 보육을 경험하는 아동이 증가하면서 많은 학자들은 생후 초기부터 시작되는 대리양육의 경험이 아동의 발달에 미치는 영향에 관심을 가졌다. 이러한 연구들에서는 보육 시작 시기가 다양한 영역의 발달에 중요한 요인으로 작용한다고 보고하고 있는데, 특히 유아기는 발달단계 중 신체, 인지, 사회·정서 등 모든 영역에서의 발달이 급속도로 이루어지는 시기이기 때문에 이 시기의 보육경험은 발달의 전반적 측면에 영향을 주게 된다.

보육 시작 시기와 유아의 문제행동에 관해 살펴보면, 보육을 이른 시기에 시작할수록 공격성과 같은 외현화 문제행동을 많이 보일 뿐 아니라 또래와 부정적인 상호작용을 하는 것으로 나타났으며, 사회적으로 위축된 행동이나 우울, 불안 등의 내면화 문제행동을 많이 보이는 것으로 보고되고 있다. 하지만 이와 반대로 보육을 일찍 시작한 영아가 가정에서 외형화 문제행동과 내면화 문제행동을 적게 보였으며, 이른 보육 시작 시기가 아동의 정서와 사회성에 긍정적으로 작용하였고, 생후 1년 이전에 보육을 경험한 아동이 그렇지 않은 아동에 비해 학령기에 접어들었을 때 학업성취도와 사회-정서적인 부분에서 더 긍정적인 평가를 받았다는 학자들의 견해도 보고되고 있다. 보육 시작 시기의 영향을 단독으로 살펴보기보다는 통합적인 관점에서 다양한 보육관련 변인들을 함께 포함하여 발달에 미치는 영향을 살펴볼 필요가 있음을 제안한다.

② 어머니 양육환경과 아동문제행동

어머니가 온정적이고, 일관적인 기준을 가지고 합리적인 설명을 제시하는 양육행동을 보일 경우 유아의 문제행동이 감소하고 긍정적 발달을 이루게 되지만, 유아의 행동에 지나치게 간섭하는 개입행동, 신체·언어적으로 처벌하는 강압적 양육행동, 그리고 자녀의 발달에 무관심한 방임하는 양육행동과 같은 부적절한 양육행동은 유아의 외현화 및 내면화 문제행동을 강화하거나 지속시키는 요인이 될 수 있다는 것을 알 수 있다. 부모가 자녀에게 제공하는 양육의 질은 아동의 건강한 성장과 발달을 위한 중요한 요소이기에, 어머니의 양육행동은 유아의 문제행동에 중요한 영향을 미치는 요인이 된다고 할 수 있다.

③ 유아교육기관과 아동문제행동

실제로 유아교육기관에서 유아는 교사와 다양한 관계를 맺고 있다. Sroufe(1983)는 이상적인 유아교사는 유아에게 언어적·인지적 학습환경을 제공할 뿐만 아니라 보호와 사회화 역할을 통해 유아가 가족원구성원 외의 성인과 신뢰감을 형성하고 또래와 긍정적인 상호작용을 하도록 돕는다고 하였다. 이처럼 유아기의 발달을 촉진하는 데 있어서 교사의 역할이 차지하는 비중이 매우 크며, 교사와 유아 간의 관계형성은 서로 간에 영향을 미치고 있기에 교육에서의 인간관계는 매우 중요하다.

교육의 시초라고 할 수 있는 유아교육에서의 교사-유아 간의 인간관계가 중요하다고 할 수 있다. 유아교육기관에서 갈등적이고 의존적인 교사-유아관계를 보인 유아는 긍정적인 교사-유아관계를 형성했던 유아보다 초등학생이 되었을 때, 부정적인 행동을 보이는 경향이 높았다. 즉, 교사와 긍정적인 관계를 형성한 유아는 부정적 관계를 맺었던 유아보다 초등학생이 되었을 때 문제행동이 적고 좌절에 대한 인내 및 사회적 기술이 높았다(여성부, 2002).

(2) 아동기 문제행동의 특징

정신지체와 유아자폐증과 같은 장애는 영·유아기에서부터 나타나며 정신분열증이나 기분장애 및 물질관련장애 등은 아동기와 성인기에서 시작될 수 있다.

① 학교거절증

무단결석으로 이것은 표면적 이유없이 학교는 안 가고 몰래 다른 곳에 가거나 친구와 함께 시간을 보내는 경우로 행동장애의 한 증상이라 할 수 있다. 신경증이나 인격장애 등의 일부 증상에 의해 사람과의 접촉을 피하고 학교를 거부하는 경우로서 전체적으로 대인관계에서 도피현상을 보인다.

학습장애로서 학습에서 과중한 부담에 따라 학교 공부에 따라가지 못하고 좌절에 빠지는 아동들이 학교가기를 꺼려하는 경우이다. 학교공포증으로 이것은 학교를 무서워하는 학교에 대한 공포증이 아니라 부모로부터의 격리를 무서워하는 상태이다.

② 적응장애

가정환경에 대해 민감한 반응을 보이며, 가정에서 일어나는 여러 가지 문제에 직접적으로 영향을 받게 된다. 부모의 불화, 이혼, 가족의 죽음, 이사 등의 문제들로 정신적, 사회적 스트레스를 받고 난 후 정서상 혹은 행동상의 장애를 보일 때 적응장애라고 할 수 있다.

③ 정동장애

일시적으로 있을 수 있는 정서의 불안이나 공포 외에도 일부 어린이들은 성인의 신경증적 장애와 같이 불안이나 공포, 강박, 우울을 나타낼 수 있다. 성인의 경우는 신경증석 장애가 여자에게 많은데 비해 아동에게 있어서는 남녀구별이 뚜렷하지 않으며, 증상의 종류와 강도는 나이에 따라 변화를 보인다.

④ 행동장애

행동장애는 어린이의 신경증적 갈등을 나타내는 행동으로서 반복적이며 지속적으로 다른 사람의 권리를 침해하고 사회적인 규범이나 규칙을 무시하고 남에게 해를 끼치는 행동을 되풀이 하는 것을 말한다.

3) 청소년기

(1) 청소년 문제행동의 원인

① 개인적 요인

문제행동을 하는 청소년은 자아존중감이 낮고, 냉담하며, 동정심이 부족하고, 자기통제능력과 문제해결능력이 낮은 반면, 공격성과 충동성이 높고, 실패를 추구하는 동기가 높다는 결과가 보편적이다.

특히, 공격성은 통제의 정도에 따라 보이는 문제행동 양상이 다르다고 본다. 과소통제형은 행동 억제의 힘이 약하고 충동성이 강한 사람으로 반사회적 경향성과 결부되면 반사회적 성격장애자가 될 수 있다. 과잉통제형은 지나치게 자제력이 강한 사람으로, 평소에는 폭력적으로 행동하는 것을 지나치게 억제하는 경향이 있으나, 만약 자신의 억제수준을 넘어서는 극단적인 촉발자극이 주어지면 매우 심한 극단적인 공격적 행동을 하게 될 수 있으며, 그 폭력적 대상이 자신인 경우, 자살까지 하게 될 수도 있다.

충동성 역시 문제행동과 매우 밀접한 요인이다. 대체로 문제행동을 하는 청소년은 행동을 금지하거나 자기통제를 하는 능력이 약하고, 문제해결 의지보다 자기규제적인 사고 없이 즉각적으로 문제를 해치움으로써 불안한 상태에서 벗어나려는 경향이 있다. 스트레스 상황 역시 통제불가능한 것으로 지각하는 경향이 높으며, 이로 인해 문제상황 자체보다 무력감이나 우울감, 분노 등 정서적인 괴로움의 문제를 더 크게 안게 되고, 직면하게 되는 문제에 초점을 맞추어 해결하기보다는 이를 무시하거나 회피하는 경향이 있다(유효순, 2007).

문제행동을 하는 청소년의 공통적인 특성 중 하나는 자아존중감이 낮다는 점이다. 부정적 자아상을 갖고, 열등감을 호소하거나 위장하기 위해 문제행동을 하는 경우가 많다. 이성적 자아보다 정서적 자아가 지배적이며, 어린 시절부터 정서적 단절을 많이 경험하고, 자신의 갈등이나 문제를 가족에 투사시키는 등 미성숙한 자아상을 보일 때, 잠재적 비행이 유발된다는 것이다. 자존심의 손상, 또는 수치심을 느낄 때, 격분에 의해 폭력을 동반하게 된다고 주장하는 경우도 있으며, 자아가 약한 사람들은 자신의 자아를 지지해 주는 불량또래집단을 통한 유대감과 소속감을 갖기 쉽고, 비행에 가담하게 되기 쉽다는 것이다.

② 가족적 요인

가족환경 중 가족의 사회경제적 지위, 결손여부 등 구조적 측면과 부모자녀 간의 심리적 거리, 양육태도, 의사소통 등 기능적 측면은 청소년 문제행동에 영향을 미치는 중요한 요인이다.

부모의 부적절한 훈육, 감독 소홀 등은 청소년들로 하여금 초기의 반사회적 또래와의 접촉 정도에도 영향을 미치며, 부모의 훈육이 지나치게 엄하거나 무관심할 때, 적대적, 거부적 태도를 보일 때, 합리적인 도덕적 차원에서 일관성이 없을 때, 부모의 언행과 훈육이 불일치할 때, 부모가 자녀를 편애할 때 문제행동을 유발한다고 한다. 부부간 불화, 가족 간 폭력이 자행되는 가족의 갈등적 분위기, 주거환경 및 경제적으로 불만족스러운 경우에 문제행동을 하게 되는 경향이 있다.

또한, 문제행동 유발상황 속에서 이를 억제할 수 있는 요인은 청소년 자녀가 부모 입장에 대해 이해하고, 부모의 자식사랑에 대해 인지하고, 내면화하는 경우, 부모와의 애착관계가 형성되어 있는 경우이다.

③ 또래관계

일반적으로 또래집단으로부터의 수용과 배척 여부는 문제행동 유발에 영향을 미치는 것으로 보고되고 있다. 이 외에도 또래집단의 성격, 또는 또래집단 중 비행친구의 수, 처벌을 받은 친구의 수, 비행 또는 문제행동에 대한 친구의 동의 정도 등은 청소년 문제행동을 설명하는 주요 지표가 된다.

비행 또래집단과 자주 어울리고, 친한 친구 중 비행을 저지르는 경우가 많으면, 비행 가치에 내면화되거나 동조적 성향을 보여 비행에 가담하기 쉽다고 본다. 특히, 관심과 사랑을 충분히 받지 못하는 청소년은 나름대로 자신의 자아를 지지해 줄 타인을 찾게 되고, 불량 청소년 집단을 통한 유내삼과 소속감이 비행 가치를 쉽게 받아들이게 되어 행위화시킨다고 본다.

④ 학교 및 사회환경

청소년 문제행동을 유발하는 사회환경 요인 중 일차적으로 중요한 것은 학교환경 요인이다. 윌슨과 하웰(Wilson & Howell)은 학업수행이 낮거나 학교규범을 어기는 청소년이 다양한 문제행동을 하는 경향이 많다고 지적했으며, 김준호는 교사에 대한 불신과 반항, 교사의 공부 압력, 학교 또는 학업생활에 대한 거부감 등을 청소년 문제행동을 유발하는 중요한 요인으로 보고 있다(김준호, 2010).

청소년 문제행동을 유발하고 있는 또 다른 대표적인 사회환경 요인으로는 유해환경의 노출과 매스미디어의 무분별한 정보 등을 들 수 있다. 유해업소의 퇴폐성, 선정성과 유해매체의 자극성, 폭력성, 유해약물에의 습관성 요인은 청소년들로 하여금 이와 관련된 문제행동을 하도록 유인하도록 하고 유해환경에 중독되어 가고 있다. 또한, 우리가 접하는 대중매체는 폭력 미화주의나 쾌락주의적 사고에 익숙하게 함으로써, 청소년 자신이 문제행동을 하는 것에 대해 합리화시키거나 때로는 무감각하게 하는 요인이 되고 있다.

(2) 청소년 문제행동의 특징

청소년에 관한 신문기사나 논문을 보면 모든 청소년이 문제청소년인 것 같은 느낌을 받는다. 폭력과 절도, 약물남용과 가출에 관한 기사에는 거의 빠짐없이 청소년이 등장하고, 청소년문화는 퇴폐와 향락주의, 감각주의로 일관되고, 미래와 목적 없이 물질을 추구하며 생을 즐기는 청소년의 생활문화가 그려지고 있어 청소년 모두가 파국의 길을 걷고 있는 것 같아 보인다.

미래를 짊어질 청소년 세대가 병들어 있기에 극약 처방을 하지 않으면, 우리의 미래는 암담할 수밖에 없는가? 이것은 간단히 논의될 수 없는 문제이다. 그렇지만, 청소년문제를 논하고 현실성 있는 문제해결책을 모색할 때, 우리가 기본적으로 고려해야 할 점이 있다.

첫째, 세상을 살아가면서 문제행동을 하지 않는 사람은 아무도 없다는 것이다. 어린이는 어린이대로, 성인은 성인대로, 노인은 노인대로 누구든 자신을 둘러싸고 있는 발달적, 가정적, 사회적 상황 때문에 크든 작든 간에 문제행동을 하게 된다. 청소년의 경우도 예외는 아니며, 어른이 정해 놓은 규준에 비추어 청소년의 행동이 이 규준에 일치하면 모범적 행동이고, 이를 벗어나면 탈선 행위라고 단순하게 규정지을 수 없다.

둘째, 청소년 문제행동은 시대 변화에 따라 변화한다는 것이다. 문제행동의 규정기준은 시대적 차이, 사회적 관습과 문화적 가치와 행위자의 나이나 성별에 따라 달라지기 때문에 문제행동 유형은 변화될 수밖에 없다. 예를 들면, 한 연령대에는 수용되는 행동이 다른 연령대에는 반사회적 경향의 지표가 될 수 있고, 남자에게는 별로 문제시되지 않으나 여자에게는 문제행동으로 규정되기도 하며, 1960년대의 문제행동이 2000년대에는 문제행동으로 간주되지 않을 수 있다.

셋째, 문제행동 여부를 가리기 위해서는 몇 가지 기준을 갖고 신중을 기할 필요가 있다. 즉, 어떤 행동이나 심리상태의 정상 여부 또는 문제의 심각성을 판단하기 위해서는 일상생활을 하고 자신의 목표를 추구해 나가는데 그 행동이 심각한 장애물이 되는지, 심리적 고통이 일상생활을 해 나가는데 지장이 있을 정도의 정신적 고통을 주고 있는가를 주의 깊게 관찰할 필요가 있다. 또한 비슷한 연령과 상황에 처한 다른 사람과 비교했을 때 평균에서 많이 일탈되어 있는가, 그 행동의 빈도가 주기적인가, 일시적인가를 고려하여 판단하는 것이 좋다.

넷째, 일부 비행청소년으로 인해, 다수의 건전하고 오히려 보수적인 청소년의 삶이 왜곡되어 기성세대에 비추어진다는 것이다. 그렇다고 해서 청소년문제가 심각하지 않으니 논의할 여지가 없다는 것은 아니다. 단지 청소년의 문제행동에 대해 과잉반응 내지는 과장되게 해석하지는 말자는 뜻이다.

다섯째, 청소년의 문제행동에 대한 대안이 별 변화없이 반복되기 때문에 청소년 문제행동이 일어나도 이에 대해 식상해질 수 있다는 점이다. 청소년 폭력, 자살, 금품갈취, 약물비행 및 성비행 등의 사건에 대해 문제제기만 무성하고, 일회성 대안 또는 비현실적 대안만을 제시한다. 그러므로 비슷한 유형의 문제행동이 재발해도 항시 처음부터 문제의 원인과 현상 파악에만 급급할 뿐, 우리가 취했던 이전의 대안을 돌이켜보고, 이 시점에서 어떻게 그 궤도를 수정해야 하는지에 대한 논의의 여지가 없는 실정으로 우려되는 바가 적지 않다.

여섯째, 일반인이나 매스컴은 청소년의 행동이 밖으로 드러나고 주변 사람이나 환경에 부정적 영향을 미치는 청소년 폭력, 금품갈취 등 반사회적 행동에 주된 관심을 두고 있다는 점이다. 과연 청소년 폭력이나 금품갈취만이 문제인가? 물론, 이러한 문제행동은 범죄에 속하고, 청소년 폭력집단이 조직화, 거대화됨에 따라 다수의 청소년과 성인을 위협하고 그 피해가 치명적이므로, 문제삼을 만하다. 그러나 이 외에도 비사회적인 행동, 즉 남과 어울리지 않고 자기만의 세계 속에서 공상하거나 불안해하며 자폐증, 무기력감, 등교거부 행동 등 역시 처음에는 주위의 눈에 띄지 않지만 심각한 상태가 될 수 있고, 유해업소 아르바이트나 약물오남용, 가출, 자살, 우울증, 입시병, 청소년의 충동구매와 다수의 청소년이 겪고 있는 표출되지 않는 문제행동도 심각하다는 점을 기억할 필요가 있다.

제 03 장

아동상담자의 자질과 역할

1 아동상담의 기본 조건

상담은 인간관계 중에서 가장 심층적이고 온정적이며 심리적인 지식을 필요로 하는 전문활동이기 때문에 상담자와의 관계가 상담효과에 중요한 요소이다.

내담자와 첫 만남을 어떻게 성공적으로 이끌 것인가? 상담에 있어서 첫 만남을 가장 효과적으로 이루기 위해서는 상담자와 내담자 간의 신뢰적 관계와 공감적 이해 및 수용적 태도의 세 가지 기본적인 태도가 요구되어진다. 상담자의 3가지 조건을 제시하면 다음과 같다.

1) 수용

수용이라는 것은 내담자의 있는 그대로를 받아들이는 태도를 의미한다. 즉, 아동을 한 인격체로 존중하여 그의 감정 · 생각 · 행동을 평가하거나 판단하지 않고 있는 그대로 받아들이는 것을 말한다. 이러한 태도는 '무조건적이고 긍정적인 것'이어야 한다. 아동에게 상담자가 찬성하는 것과 반대하는 것을 알려 주어서는 안된다. 아동의 말과 행동을 무비판적으로 수용해야 한다. 이것은 아동이 가지고 있는 문제를 무조건 용납하라는 것은 아니다. 다만 내담자로 하여금 자기의 말이 전달되고 있다는 것을 먼저 확인시켜 줄 필요가 있다는 것이다. 상담자(교사)가 이러한 태도를 마음과 행동으로 보여줄 때 아동은 자유롭게 자신의 생각과 감정을 표현할 수 있다.

2) 진실성

진실성(일치)이란 상담자가 자신의 내적인 경험(생각과 감정)을 알아차리고 상담관계에서 자신의 내면적 경험을 명백하게 할 수 있는 기본능력을 말한다. 즉, 상담자가 자신의 내적인 경험을 알아차리고 아동과의 관계에서 느낀 감정과 생각을 긍정적이든 또는 부정적이든 솔직하게 표현할 수 있어야 한다. 그러기 위해서 상담자는 자신의 내면적 감정의 변화에 민감해야 하고, 자신을 투명하게 드러낼 수 있으며, 있는 그대로의 자기 자신이어야 한다. 상담자는 내면적인 경험과 상담자가 자신의 부정적 감정을 표현할 뿐만 아니라 아동이 표현하는 부정적인 감정을 받아들일 수 있을 때 아동과의 솔직한 의사 및 감정의 교류가 가능해진다. 그래서 상담자에게는 경청능력뿐만 아니라 전달하는 능력과 풍부한 표현력이 필요하다.

3) 공감

공감은 내담자를 수용할 때에 그 마음까지 받아 주는 것을 의미한다. 즉, 내담자(아동)의 경험・감정・사고・신념 등을 상대방의 관점에서 듣고 이해하는 능력을 말한다. 상담자는 아동이 겉으로 드러난 행동 그 자체를 이해하는 수준을 넘어서 그의 주관적인 내면의 세계(지각・감정・동기・고민・갈등 등)를 이해하고, 그 이해한 바를 상대에게 전달해 주어야 한다. 상담자가 아동의 감정을 공감하고 있음을 전달하면, 아동은 자신이 이해받고 인정받는 심정이 되어 상담자를 신뢰하고 자유롭게 자신을 드러내고 싶은 심정이 된다. 그러나 아동의 마음과 전혀 다른 느낌을 가지고 대면하려 한다면 그 상담은 효과적일 수 없을 것이다. 이러한 세 가지 기본적 기술은 서로 밀접하게 연관되어 있음을 보게 된다. 수용 속에 공감이 포함되어 있으며, 공감 속에 신뢰가 포함되어 있다. 즉, 수용을 하게 되면 자연스럽게 공감적 이해가 이루어지며, 나아가 신뢰적 관계가 형성된다. 이 세 가지를 통해 내담자의 마음을 빼앗게 된다면 내담자는 스스로 평안함을 누리게 되며, 억압된 심리 속에서 참된 자아를 스스로 발견하게 될 것이다(박민숙, 2010).

상담은 언어를 통해서 이루어지는데, 좀 더 구체적으로 말해서 듣고 말하는 것으로 이루어진다. 그 중에서도 듣는 것은 매우 중요한 문제이다. 적극적(집중)으로 들어 주어야 한다. 이것은 곧 내담자로 하여금 말할 맛이 나게끔 하는 것으로, 이는 상담에 있어서 성공의 지름길이 된다.

2 아동상담자의 자질

상담자(counselor)의 특성은 상담에 대한 교육적 자격과 상담경험 및 훈련에 의해 달라질 수 있다. 상담자의 자질은 일반적으로 인간적 자질과 전문적 자질로 나눈다. 상담자의 성격이나 인간성은 내담자에게 상담전략이나 기법 이상으로 의미 있는 변화를 가져온다. 상담자의 인간적 자질로는 원만한 성품에 소신이 있고, 인간 문제에 대해 민감해야 하며, 모호한 것에 대한 인내심·감수성·이해력 및 내담자와의 의사소통능력이 포함된다.

1) 아동상담자의 인격적 자질

(1) 관심과 봉사의 정신

상담을 받는 아동들은 어떠한 아픔을 가지고 있다. 그것이 신체적인 아픔만이 아닌 정신적인 아픔일 때, 그 아픔을 이해하고 알아주고 같이 공유할 존재를 만난다면, 그 만남 자체만으로도 아동은 안도의 마음을 갖게 된다. 이러한 만남에서 우선 상담자 자신이 아동이 느끼는 고통에 깊은 관심을 가지고 진정으로 봉사하는 마음을 갖는다면, 아동에게 그러한 진실된 마음이 전달되고 그 아동에게 회복과 치유에 힘을 부여할 수 있게 되어, 결국 상담에 긍정적인 효과를 불러오게 된다.

(2) 편견을 버리는 경청

때로는 상담자로서 내담자 아동과 그 가족에게 어떠한 심각한 문제가 있을 것이라는 선입견이나 편견을 가진 채로 상담에 임하는 경우가 있다. 아동이 하는 말을 변명이나 거짓말로 예단하게 되는 실수를 범하는 경우 있다. 따라서, 민감한 아동들은 상담자와의 대화를 꺼리게 되고 소기의 상담의 목표를 달성하는 데에 어려움에 봉착하게 된다. 그러므로 아동상담자는 편견을 버리고 아동이 자신의 마음을 편안하게 풀어 놓을 수 있는 환경을 조성해 주어야 한다.

(3) 아동상담 상황에서의 상담자의 감정조절

상담자도 인성을 가지고 있기에 분위기에 따라 연민과 측은지심만을 가지고 상담을 진행하게 되는 경우에는 감정을 조절하지 못하는 경우도 생긴다. 따라서 아동과 상담자의 만남에서 감정조절과 냉철하고 순발력 있는 판단이 필요하다고 볼 수 있다.

2) 아동상담자의 전문적 자질

(1) 아동상담이론과 방법의 연구와 습득

사회 각 분야에서 전문 직업인으로 종사하는 사람에게는 자기가 맡은 각 분야에서 전문지식이 필요하듯 상담을 전문으로 하는 상담자는 상담의 이론과 방법에 관한 체계적인 교육을 받은 지식으로 무장되어야 하고, 교육을 받은 지식을 실습하는 과정이 필요하다. 실습을 통하여 내담자와 상담과정을 체계적으로 이해하게 되고, 다양한 상담에 임할 수 있는 능력을 배양하게 된다. 특히 아동상담사의 경우에는 성인과는 대비되는 아동만이 가지고 있는 특성들을 알 수 있는 아동 분야에 대한 지식이 필요하다.

(2) 아동상담과 관련된 다양한 다른 영역에 대한 지식의 습득과 활용

아동상담을 하다 보면 문제의 발생원인의 다양성을 찾아볼 수 있다. 여러 가지 이유로 인하여 생기는 갈등과 이를 해소하기 위한 방법을 찾다보면 여러 방면의 지식이 필요함을 절감하게 되는데, 성적 학대를 받은 아동을 상담하다 보면, 아동보호 차원에서의 법률적 문제에 대한 지식의 필요성을 느끼게 된다. 또한 학습장애 아동을 상담할 경우에는, 어떤 시점에 가서는 올바른 학습법에 대한 조언도 해야 할 경우도 생기며, 아동이 좋아하는 놀이나 운동에 대한 지식도 필요할 때가 있다. 따라서 아동과 관련된 다양한 영역에 대한 지식이 필요하다.

(3) 아동과의 시대적 이질성의 극복

상담자는 현재 상담을 하는 아동과는 여러 방면에서 동떨어진 아동기를 체험하며 성장하였다고 볼 수 있다. 예를 들어, 상담자의 어릴 적 희망하는 직업과 현재 아동들의 선호하는 직업의 종류만을 보더라도 너무나 차이가 많다는 것을 알 수 있다. 따라서 이러한 세대 차이에 의한 가치관의 차이나 사회적, 문화적 차이 등을 인식하고 현대 아동들에 맞는 감각을 갖춘 능력과 지혜가 필요하다.

(4) 철저한 비밀보장의 정신

아동상담 시에 내담자들이 가장 걱정하는 것은 상담과정에서 이루어진 내용이 외부로 노출되는 부분이다. 외국의 경우에 상담자가 이러한 부분에 대하여 등한시하거나 소홀히 하여 법적인 소송을 당하여 불이익을 받는 경우가 종종 있다. 이렇게 중요한 인권문제나 법률적인 문제까지 발생할 수 있는 사항이므로 상담자는 이에 대한 철저한 윤리의식의 확립이 필요하다고 볼 수 있다. 또한 아동 보호를 위한 법적인 조치와 연관하여 피치 못할 상황에서 아동이 공개를 허락한다 하더라도 어떠한 구체적인 방식으로 해야 아동의 수치심과 충격의 강도를 최소화할 수 있을 것인가에 대해서도 아동과 의논해야만 한다.

아동상담은 하나의 아동복지 관련 분야이므로 아동상담자는 복지와 상담 분야의 전문인의 일반 윤리강령을 고수해야 하며, 모든 인간에 대한 관심과 곤경에 있는 사람에 대해 도우려는 자세가 필요하다. 무엇보다도 내담자의 사생활권을 존중해주고 비밀 보장 유지에 주의해야 하며 내담자를 인격체인 한 사람으로서 우선적으로 보아야 한다. 또한 아동상담자는 상담에서의 동료들과 타 전문인을 향하여 성실함을 가지고 행동하며 조화로운 관계를 유지해야 한다. 모든 사람에게 겸손과 존중함으로 대할 때, 계속적으로 연계를 추구하며 멈추어서 듣는 시간을 가질 때, 모든 것과 모든 이로부터 배우려는 열림의 태도로서 열의 있는 아동상담자는 더 나은 전문 아동상담자로 거듭날 뿐 아니라, 더 나은 아동상담자로 가치 있는 통찰을 얻게 될 것이다.

3 아동상담의 윤리

아동상담은 여러 가지 측면에서 성인상담과는 차별화되어야 한다. 왜냐하면 아동에게 자신의 문제에 대하여 과연 어떠한 것이 어떻게 문제가 되는지에 대한 성찰이나 통찰이 어렵고 아동 스스로 자발적인 동기에 유발된 상담을 받는 경우가 드물기 때문이라 할 수 있다(김윤옥, 2012).

먼저 아동상담의 특성과 아동상담의 윤리에서는 아동중심 상담의 필요성과 아동의 비자발적인 상담 동기에 대한 충분한 고려와 실제적 배려, 발달과정 중의 아동, 부모 혹은 보호자와의 연결성, 가족상담의 필요성 5가지에 대해 살펴보겠다.

1) 아동중심 상담의 필요성

아동들은 자신들이 겪고 있는 고충이나 갈등상태를 스스로 의식하지 못한 채 혹은 회피한 상태로 언어적으로 충분히 표현하지 못하고 그 과정을 그냥 지나쳐가는 경우가 대부분이라 할 수 있다.

아동의 성장과 발달을 저해받는 악조건 속에 있는 아동의 진정한 회복과 행복한 삶, 건강한 삶을 위해서는 성인으로서의 상담자의 관점을 주지 주입시키는 우를 범하지 않고 아동중심의 더 나아가 아동 주도의 상담이 필요하다.

2) 충분한 고려와 실제적 배려

아동의 비자발적인 상담 동기에 대한 충분한 고려와 실제적 배려에 대해 살펴보면 상담실을 찾는 아동들은 부모, 교사, 혹은 또 다른 보호자 등에 이끌려 상담자를 만나게 되는데, 이때 아동들은 자기에게 어떤 일이 발생할지 몰라 성인 내담자들보다 더 불안해하고 당황스러워 한다.

이런 불안하고 당황스러운 아이들에게 가장 먼저 하여야 할 것은 상담에 들어가기 전에 우선 편안한 마음과 신뢰감으로 상담에 임할 수 있도록 상담을 받아야 하는 이유와 상담을 받음으로써 생기는 결과를 설명하고 성인상담 때와 마찬 가지로 아동에게도 동의를 받는 것을 우선으로 해야 한다.

동의를 받을 때 필요한 사항으로는 상담의 목적에 대한 설명, 진행될 절차에 대한 설명, 예측되는 상담기간 등에 대한 설명과 같은 사항들을 동의서에 서명하고 확인하도록 해야 한다.

3) 발달과정 중의 아동

아동은 정신적, 육체적, 지적으로 아직 성숙되지 않은 발달과정에 있는 관계로 아동 개개인의 특성뿐만 아니라 모든 아동이 성장과정에서 보일 수 있는 일반적인 문제까지 고려하여 상담을 해야 한다. 하나의 예로서, 상담자가 성인상담 시에 쓰는 전문적인 용어나 언어를 사용할 경우 아동들은 언어적 능력의 부족과 지적인 수준의 미숙으로 인하여 상담자의 의도를 이해하지 못하며 당혹감을 느낄 수가 있다. 이로 인해서 아동들은 상담에 흥미를 잃을 수도 있고 지루함을 느끼기도 하는데, 이런 점을 보완하기 위하여 아동상담 시에는 비언어적 의사소통 수단인 음악치료, 미술치료, 드라마 치료, 영화치료, 놀이치료 등 다양한 매체를 동원해야 한다.

4) 부모 혹은 보호자와의 연결성

아동상담을 하다 보면, 아동의 여러 문제가 부모와 관련되어 있거나 또 다른 보호자와의 관계에서 발생됨을 발견하게 된다. 부모들의 무관심이나 부모 자신의 심리적 문제로 인해 아동들이 고통을 받게 되는 경우 아동들은 그 원인을 스스로 제거할 수 없다. 과거에는 대가족 안에서 여러 가족구성원들과의 관계를 통하여 인간관계를 체험할 수 있었고 거기에서 인간관계의 경험이나 체험을 통하여 어느 정도 정신적으로 위안을 받기도 하고 대안을 통해 문제를 해결하는 지혜를 얻을 수도 있었다. 하지만 최근에는 맞벌이부부의 증가 및 한 자손 가정의 증가와 부모들의 활발한 사회활동 참여로 인하여 아동들의 사랑과 관심을 받고자 하는 욕구가 채워지지 못하고 있다. 또한 과거에는 관계가 적었던 다른 요인인 인터넷이나 TV 등 대중매체와의 접근성이 확대된 상황에서 아동들은 여러 가지 정서상의 혼돈과 가치관의 혼돈이 혼합된 상태에서 부모나 혹은 다른 보호자와의 관계에서 소외되고 의사소통의 문제가 발생하고 있다(김윤옥, 2012).

이런 점 때문에 아동들은 상담 중에 부모나 혹은 다른 보호자와의 문제가 노출되면 자기에게 어떠한 일이 발생할지 모른다는 막연한 불안이 잠재되므로 아동상담 시 아동에게 이러한 불안이 생기지 않도록 의사소통의 안전지대가 이루어질 수 있도록 하는 세심한 배려가 필요하다.

5) 가족상담의 필요성

아동의 경우에는 부모나 가족 혹은 다른 보호자와의 관계로 인한 문제로 상담을 받게 되는 경우가 많이 있다. 아동상담 시에는 아무리 만족을 느끼고 상담실을 나선다 하더라도 문제의 원인 제공자와의 관계가 원만히 되지 않는다면, 상담의 효과는 다시 물거품이 될 수밖에 없을 것이며 바로 이런 점 때문에 아동상담 시에는 아동문제의 원인 제공자와의 상담이 당연히 병행되어야 한다.

4 아동상담자의 윤리강령

1) 사회관계 면

(1) 사회 윤리 및 자기가 속한 지역사회의 도덕적 기준을 존중하며, 전문직의 바람직한 이익을 위하여 최선을 다한다.

(2) 상담자는 자기가 실제로 갖추고 있는 자격 및 경험의 수준을 벗어나는 인상을 타인에게 주어서는 안 되며 타인의 실제와 다른 인식을 가지고 있을 경우 이를 시정해줄 책임이 있다.

2) 전문적 태도

(1) 지속적인 노력을 통해 전문성을 발달시키도록 한다.

(2) 상담수혜자의 성장 촉진과 문제의 해결 및 예방을 위하여 최선을 다한다.

(3) 전문적 기준에 위배되는 활동을 하지 않는다라고 규정하고 있다.

3) 정보의 보호

(1) 개인 및 사회에 위험이 있다고 판단될 때에만, 적정한 전문인 혹은 사회 당국에 공개하도록 하여야 한다.

(2) 정보를 동료 상담자 혹은 슈퍼바이저에게 제공할 경우 사실적이고 객관적인 정보로 구성하며, 상담수혜자의 구체적 신분에 대해 파악할 수 없도록 할 책임이 있다고 명시하고 있다.

4) 상담수혜자의 복지

(1) 상담수혜자의 복지를 우선적으로 고려하고, 자신의 이익은 부차적인 것으로 간주한다.

(2) 상담수혜자에게 적절한 전문적인 도움을 주는 것이 어렵다고 판단되면 상담자는 상담관계를 시작하지 말아야 하며 이미 시작한 상담관계인 경우는 즉시 종결하여야 한다고 규정하고 있다.

5) 상담관계

(1) 친밀한 관계를 인식하고 존중감을 유지하며, 상담자 개인의 필요성을 충족하고자 하는 활동 및 행동을 해서는 안 된다.

(2) 상담자는 상담 전에 상담관계에 영향을 줄 수 있는 상담의 목표, 기술, 규칙, 한계 등에 관해서 상담수혜자에게 알려 주어야 한다.

(3) 상담자는 상담수혜자와 이중적 관계 및 성적인 친밀감과 같은 형태의 관계를 맺어서는 안 된다고 명시하고 있다.

6) 심리검사

(1) 목적에 적합한 심리검사를 선택한다.

(2) 표준화된 절차에 따라 실시한다.

(3) 검사대상자에게 심리검사 결과의 수치만 알리거나 제3자에게 알리는 등 검사결과가 잘못 해석되거나 통지되어 오용되지 않도록 해야 한다고 명시하고 있다.

7) 타 전문직과의 관계

(1) 타 전문인으로부터 도움을 받고 있는 상담수혜자를 대상으로 상담을 하지 않으며, 공동으로 도움을 줄 경우에는 타 전문인과의 관계와 조건에 관하여 분명히 할 필요가 있다.

(2) 자기가 아는 비전문인의 윤리적 행동에 관하여 중대한 의문을 발견했을 경우, 그러한 상황을 시정하는 노력을 할 책임이 있다고 명시하고 있다.

제 2 부

아동상담이론과 기법

제 04 장

정신분석적 상담모델

1 정신분석적 상담모델의 발달 배경

정신분석 상담이론은 프로이드에 의해서 연구된 이론으로 프로이드가 발견한 인간의 무의식 세계의 이해를 통하여 인간의 행동을 변화시킬 수 있다는 개념에서 시작한다. 따라서 모든 인간의 문제가 되는 생각과 행동들은 인간이 과거에 가진 경험에 의해서 형성된 자신만의 무의식 세계에서 발생하는 것이며, 그러한 무의식의 세계를 이해하고 받아들이는 것으로 문제를 해결할 수 있다는 것이 바로 정신분석 상담이론의 핵심이다. 따라서 정신분석 상담이론에서 매우 중요한 것은 내담자의 무의식의 세계를 의식의 세계로 끌어 올리는 것이며 이 과정에서 상담자의 역할이 매우 중요하다고 할 수 있다(장수한, 2018).

프로이드로부터 시작한 정신분석학은 무의식의 발견으로 시작된다. 프로이드는 인간의 생각과 행동의 문제가 모두 무의식에서 발생한다고 보았는데, 그의 이론에 따르면 인간의 무의식에는 마음 속 깊이 억압된 사고의 감정들이 의식되지 않은 상태로 저장되어 있다. 그리고 그러한 무의식의 세계는 우리가 직접적으로 인식할 수는 없지만 우리의 의식적인 세계에 영향을 주기 때문에 이러한 무의식의 세계를 이해하고 해석하는 것이 매우 중요하다고 생각하였다.

프로이드에 따르면 인간의 성격은 인간의 본능을 나타내는 원초아, 본능과 외부 현실세계를 중재하는 자아, 그리고 원초아의 충동을 억제하고 이상적 목표로 유도하는 초자아의 세 가지로 구분되어 있다. 그리고 그는 인간의 성격 형성에 있어서 생후 약 5년간의 경험을 매우 중요시 하였는데, 인간이 성인이 되기까지의 시기를

5단계로 나누고 그 단계에서 생후 5년까지의 세 단계의 시기를 매우 중요하게 생각하였다.

프로이드는 또한 이러한 무의식의 세계에 대해서 강조하면서 무의식에 의한 결정론적인 인간관을 가지고 있었는데 인간의 행동에 있어서 무의식에 의한 동기와 생물학적인 욕구에 의해서 인간의 행동이 결정된다고 보았다. 그리고 후에 프로이드의 이러한 결정론적인 인간관에 융(Jung)과 아들러(Adler) 등과 같은 신정신분석학파는 사회적 · 문화적 · 대인관계적 요인을 포함하여 정신분석학을 이끌었다.

2 인간관

프로이드의 인간관에는 기본적으로 인류를 동물로 보았던 다윈(C. Darwin)의 진화론적 관점이 내재되어 있다. 프로이드는 유전적인 인간 본성의 입장을 취하면서도, 한편으로는 초기 환경의 중요성을 인정한 입장을 보였다. 이는 약 5세경의 남근기 때 겪는 갈등을 어떻게 극복하느냐에 따라 인성이 결정적으로 영향을 받는다고 한 점에서 볼 때, 환경의 중요성을 인정하고 있다는 것을 알 수 있다. 그러나 인간행동의 원천인 본능은 인간이 출생할 때 지니고 태어난다고 본 점이나 그의 정신분석이론의 전체적인 측면을 보았을 때, 환경은 본능에 대해서 어디까지나 부수적인 입장을 취하고 있다.

1) 정신결정론(psychic determinism)

프로이드는 당연한 이치로부터 '원인이 멈추면 결과도 멈춘다'라는 명제를 발전시켜 나갔다. 이에 따르면, 사람들의 감정과 행동은 아무런 이유없이 나타나는 것이 아니라 어떤 원인이 작용했기 때문에 나타난 결과라는 것이다. 원인이 존재하는 한 결과 역시 계속 유지되며, 그 원인이 사라지게 되어야 결과 또한 사라지게 되는 것이다. 이런 의미에서 볼 때 인간의 겉으로 드러난 감정과 행동, 그리고 생각들은 어떤 원인에 의해 미리 결정되어진 것이다.

프로이드에 의하면, 아무런 원인도 없는 현상이 저절로 발생하는 일이란 없다고 생각했다. 그 어떤 힘이 작용했기 때문에 사람들은 기쁘고, 슬프고, 괴롭고, 분노하게 되는 희노애락을 느끼는 것이라고 생각했다. 그는 사람의 마음에 작용하는 것이 외부 환경적인 조건이라고 생각하는 행동치료이론의 견해와는 반대로 인간의 내적인 그 어떤 것이 존재하여 사람의 마음을 변화시킨다고 보았다. 이런 입장을 그의 정신결정론이라고 한다(박성연, 2006).

정신결정론은 우리의 정신활동은 우연히 생기는 것이 아니라 인과관계에 의해 나타난다고 보는 관점이다. 정신결정론의 관점에서 보면, 사람들이 겪는 심리적 문제는 사람 내부에 존재하는 어떤 정신적 원인이 작용한 결과이다. 그 원인이 멈추지 않는 한 결과는 멈추지 않으며, 그 원인이 멈출 때에야 비로소 사람들은 심리적 건강을 되찾을 수 있다고 생각했다. 인간에 대한 이러한 관점은 우리들로 하여금 주어진 어떤 현상을 있는 그대로 이해하는 것에서 한 걸음 더 나아가 이면의 그 무엇을 발견하려는 분석적인 태도를 유지하기를 바란다. 즉, 적절하고 타당한 이해를 얻게 될 때까지 '원인이 무엇인가?'라는 질문을 끊임없이 던지는 자세가 필요하다는 입장이다. 이런 입장에서 볼 때, 프로이드의 정신결정론은 원인이 제공된 내적인 이유를 찾아 결과를 올바른 방향으로 전향시킨다는 입장을 취하고 있다.

2) 무의식적 정신과정

프로이드는 인간 정신활동의 원동력은 무의식이라고 보았다. 인간의 정신세계를 살펴보면 언뜻 아무런 연관이 없는 것 같은 현상들이 의식의 밑바닥에 인과관계로 얽혀 있는데, 그런 세계가 바로 무의식의 세계이다. 이 입장은 사람들의 감정, 행동, 생각을 결정하는 정신적 원인의 실체는 무엇인가?에서 출발한다. 이를 제대로 이해하기 위해서는 먼저 사람의 마음을 '아는 것'과 '모르는 것'으로 구분해 보는 것이 필요하다. 이때 아는 것은 밖으로 드러난 것이고, 모르는 것은 속에 숨겨진 것을 말한다. 우리는 '빙산(氷山)의 일각(一角)'이라는 표현을 자주 사용한다. 바다에 떠있는 빙산은 전체의 일부분만 겉으로 드러나 있다는 의미에서 어떤 사물의 일부분에 지나지 않을 때 사용하는 말이다. 마치 밖에서 보기에는 그것이 떠 있는 전부인 것 같지만, 실제로 빙산의 대부분은 수면 밑에서 가라앉아 있다. 우리의 눈에는 밖으로 드러난 것만 보이고 속에 숨겨진 것은 마치 그것이 존재하지 않는 것처럼 보이지도 않고 숨겨진 것처럼 프로이드는 인간의 마음 또한 그러하다고 생각했다. 마음에 담겨져 있는 것들 중 사람들이 이미 알고 있는 것을 의식이라 하고, 존재하지만 스스로 깨닫지 못하고 인식하지 못하는 것을 무의식이라고 한다.

정신세계의 활동은 대부분 이런 무의식의 세계에서 일어나며, 의식세계로 나타나는 것은 물 위에 떠오른 극히 일부분에 지나지 않는다. 인간의 행동에는 반드시 원인이 있는데, 그 원인을 이루는 것이 바로 무의식적 동기이다. 무의식적 동기는 타고난 본능에 의해 진행된다. 가장 중요한 본능은 주로 성적 충동과 공격성으로 이루어져 있다. 이것들은 출생 때부터 나이가 들 때까지 계속 감각적 욕구의 만족을 추구하는 동력으로 작용한다.

본능은 실제세계에서 행동을 통해 표출된다. 인간은 물리적 및 사회적 환경들과의 상호작용에 의해 그들의 본능적 요구를 충족시킬 방법을 발견하고자 한다. 그러나 환경은 모든 유형의 행동을 수용할 수 없다. 왜냐하면 모든 사회는 본능이 표현되는 방식들을 허용하는 그 나름의 특정한 규칙과 관습을 유지하고 있기 때문이다. 이때 무의식적 동기와 의식 간의 끊임없는 갈등이 빚어지는데, 이 갈등이 인간의 정신세계를 지배하는 힘이 된다. 그러나 의식 속에서 금지된 본능은 결국 무의식으로 변한다. 이런 무의식은 한때는 생생하게 알고 있었지만 어떤 사유로 인해 망각해버린 것들이 쌓여진 기억의 저장고가 되어버린다. 문제는 이러한 무의식이 사람의 마음속에서 차라리 의식하지 않고 잊혀지는 것이 더 낫겠다고 결정된 기억이라는 점이다. 즉, 의식상태에서 붙잡아두기에는 너무 위협적이거나 고통스러운 경험들의 대부분이 이러한 무의식상태로 잠복한다. 극도로 창피하거나, 너무나도 괴로웠던 심리적 경험들은 계속해서 기억하기보다는 차라리 잊어버리는 것이 낫다고 마음속에서 결정되어 기억에서 없애버리는 것이다.

결국 우리의 모든 정신적 사건이나 활동은 내부적으로 밀접하게 관련되어 일어나게 된다. 정신결정론과 밀접하게 관련되어 있는 무의식적 정신과정도 인간행동의 원인이 되는 기본 요소이다. 즉, 개인과 모든 행동은 자신의 의지로 행하는 듯하지만, 전적으로 무의식적 과정의 지배를 받으므로 우리는 종종 자신의 감정이나 행동을 이해하지 못하게 된다. 따라서 인간본성을 설명하는 정신결정론과 무의식적 과정은 정신분석상담에서 가장 필요한 핵심이며, 이것을 기본으로 정신과 무의식 과정을 행동의 근거로 분석하는 입장을 취한다.

3 주요 개념

1) 본능(Id) : 모든 에너지의 원천

프로이드에 의하면 본능은 성격의 가장 깊숙한 핵심이다. 이는 모든 사람에게 있는 기본 본능을 포함하고 있는 정신기능이다. 본능은 인성의 기반이 되고 모든 체제의 에너지의 원천이며, 자아와 초자아가 후에 분화되는 토대이다.

본능은 인성의 가장 원초적인 부분으로 신생아가 지니고 있는 최초의 상태이다. 본능은 '선(善)'과 '악(惡)'을 구분하지 못하고, 실세계에서 실현가능한 것과 불가능한 것을 구분하지 못하며, 억제할 수도 없다. 즉, 본능은 사람이 태어날 때부터 지니고 있는 원시적이고 동물적인 욕망을 가리킨다. 그러므로 본능은 음식, 물, 배설, 보온, 그리고 가장 크게는, 성적 쾌락과 같은 기본적인 생리적 충동 모두를 담고 있는 무의식의 저장소라고 할 수 있다.

본능은 인간의 충동이 존재하는 곳이다. 인간은 출생시부터 긍정적이고 건설적인 힘의 토대가 되는 삶의 본능(Eros)과 어둡고 파괴적인 힘의 토대가 되는 죽음의 본능(Thanatos)을 가지고 있다. 삶의 본능은 개인과 종족의 생존을 유지하고 추구한다. 배고픔, 목마름과 성적 충동은 삶의 본능이 가지고 있는 특성들이다. 이런 본능들은 에너지를 가지고 있다. 사실상 본능의 정신적 에너지는 인간의 활동에 활력을 불어넣는다. 이러한 삶의 본능이 가지고 있는 에너지를 리비도(Libido)라고 한다. 이에 반해 죽음의 본능은 잔인성, 공격성, 자살, 살인 등에서 나타나는 것과 같이 파괴적인 것을 지배하는 힘을 말한다. 프로이드는 삶의 본능과 죽음의 본능에는 에너지가 있다고 보았으며, 인성이 변화하는 필요한 모든 에너지는 본능에 의해서 제공된다고 생각했다.

본능은 인간의 내적·외적 자극 때문에 개체의 조직에 생긴 흥분(에너지 또는 긴장)의 양을 줄이는 역할을 한다. 프로이드는 이러한 본능의 첫 번째 기능이 생명의 가장 원초적인 역할을 한다고 보았고 이를 쾌락 원리(pleasure principle)라고 불렀다. 이 쾌락 원리의 목표는 긴장을 제거하거나 만일 완전히 제거될 수 없을 경우에는 적절한 수준으로 낮추어서 일정한 평형상태를 이룬다. 생체 속에 긴장이 고조되면 고통 또는 불쾌감이 나타나고 긴장이 저하되면 쾌락 또는 만족감이 따르게 된다. 이 쾌락 원칙은 모든 생물체에서 발견되는 공통된 속성으로 내적 및 외적인 장애가 올 경우 어떤 평형상태를 이루기 위해 나타나는 현실의 원칙이라고 할 수 있다. 성적, 공격적 충동으로 구성되어 있는 본능은 논리적이며 현실적인 고려와는 관계없이 긴장해소를 통하여 직접적인 해소와 만족을 얻도록 추진하고 있다. 긴장완화를 위하여 본능은 바람직한 내적인 이미지(환상)를 창출하나 곧바로 이용할 수 있는 대상은 아니다.

가장 원시적인 형태로서 나타나는 것을 볼 때, 본능은 어떤 흥분이 감각기관을 통해 들어올 경우 운동신경을 통해 표출하는 일종의 반사 기제라고 할 수 있다. 그러나 인간의 긴장된 행동이 모두 반사 기제를 통해서 해결된다고 한다면, 원시적인 반사작용 이상의 어떤 심리적인 발달의 필요성도 발생하지 않겠지만, 인간의 생명현상은 이렇게만 되지는 않는다. 많은 긴장이 생겼을 경우 이를 모두 적절하게 처리할 수 없는 경우가 얼마든지 있기 때문이다. 예를 들어 젖먹이는 배가 고픈 경우에 자연히 위장이 수축될 것이다. 그러나 위가 수축되어 있다고 해서 바로 음식물이 뱃속에 들어오는 것은 아니다. 따라서 젖먹이는 안절부절못하고 울게 된다. 이렇게 해도 음식이 들어오지 않을 경우 긴장은 더욱 고조될 것이고 마침내 피로로 지쳐버리고 말 것이다. 그래도 음식물이 공급되지 않는다면 젖먹이는 마침내 굶어 죽게 될 것은 뻔한 이치이다.

이렇듯 어느 정도의 좌절감과 불쾌감을 경험하여 본능 속에 자리잡게 되는 새로운 발전을 일컬어 정신분석상담에서는 일차적 과정(primary process)이라고 한다. 즉, 일차적 과정이란 불편한 감정을 경감시켜 줄 대상이나 상황에 관해 정신적 이미지를 형성하는 것, 또는 비현실적 욕구 충족 방법을 말한다. 이는 본능이 기능상 외부 세계와 접촉이 불가능하여 현실을 고려하지 못하므로 공상과 같은 비현실적 수단으로 욕구를 충족시키려고 하기 때문이다.

2) 자아(Ego) : 마음의 관리자

갓 태어난 아기는 본능만을 가지고 있다. 그러나 본능이 추구하는 쾌락은 곧 현실이라는 거친 벽에 부딪치게 된다. 즉각적인 만족이 항상 가능하지는 않다는 것을 알게 된다. 즉, 일차적 과정은 적극적인 과정이지만 배고픔, 목마름, 성적 충동에 의해 일어난 긴장을 만족스럽게 방출할 수는 없다. 왜냐하면, 일차적 과정에서 형성된 이미지는 먹을 수도 마실 수도 없기 때문이다. 결국 참된 만족을 얻으려면 현실세계와 접촉해야 한다. 이 현실세계와의 접촉으로 인해서 인성의 두 번째 요소인 자아가 형성되는 것이다. 그러므로 자아는 본능과는 달리 현실 원리(reality principle)에 따르게 된다. 현실 원칙을 따른다는 것은 현실 원칙의 목표에 충족한다는 의미로서 현실 원칙의 목표는 욕망을 충족시킬 수 있는 실제 대상이 나타날 때까지 에너지를 표현하는 것을 제한하는 것을 의미한다.

자아는 주위 환경에 효율적으로 대처함으로써 본능의 긴장을 감소시키려고 한다. 본능이 가지고 있는 원래의 정신적 에너지의 일부는 자아가 작용하는데 소모된다. 이 자아의 기능은 본능의 에너지가 표현될 방법을 찾고, 또 적절한 표현수단을 찾을 때까지 본능의 추진력을 묶어두는 것이다. 그러므로 자아는 내적, 외적 환경에 따라 기본적인 본능적 충동을 표현하게 하거나 묶어두는 역할을 하는 인성의 통제기관이라고 할 수 있다.

본능적 충동이 곧장 배설되거나 행동화하려는 '카텍시스(cathexis)'가 있다. 이와는 다르게 본능적 충동을 저지하는 자아의 억압작용을 '항카텍시스(anticathexis, object-cathexis)'라고 한다. 자아의 기능은 부모나 다른 영향력 있는 사람들이 개인에 부과하는 요구사항에 의해 영향을 받게 된다. 부모나 교사가 매우 엄해서 아동의 본능적 에너지를 매우 제한된 특정의 방식으로만 표현하게 된다면, 자아의 발달은 지체된다. 따라서 결국 그 아동은 효과적이고 다양한 에너지 표현방법을 발달시키지 못한다. 즉, 그 아동은 본능의 에너지를 적절하게 승화할 수 없게 된다. 그 결과로 긴장과 불안이 생기게 되며 자아는 비효율적인 기능을 하게 된다.

3) 초자아(Superego) : 양심, 자아이상

인성의 세 번째 구성요소는 초자아인데, 이것은 도덕적 배심의 역할을 맡는다. 초자아는 현실보다는 이상세계를 대표한다고 할 수 있다. 현실적 성취나 쾌락보다는 하나의 완전함을 추구한다. 따라서 초자아는 인간의 내적 도덕률이라고 할 수 있다. 초자아는 자아에서 발달되어 나오는 것인데, 이는 부모가 보는 선(善), 덕(德) 또는 악(惡), 죄(罪) 등의 규정에 아이들이 동화되는 것, 즉 부모가 정한 표준을 받아들이고, 부모의 뜻을 닮는데서 나오는 것이다.

초자아는 두 개의 하위 계통으로 나누어질 수 있는 데 하나는 양심(conscience)이고, 또 다른 하나는 자아이상(ego-ideal)이다. 먼저 양심은 행동뿐만 아니라, 단순한 생각이나 의도에 대해서도 엄하고 타협의 여지가 없는 판단을 한다. 양심은 자아를 관찰하고 명령할 수 없으며, 죄책감과 같은 처벌을 통해 자아를 위협하기도 한다. 때로는 사람들이 부모나 타인의 압력이나 판단에서 일시적으로 도망가거나 회피할 수 있지만, 초자아는 인성의 통합적이고 영속적인 측면을 가지고 있다.

초자아 자체의 엄격함과 비합리적인 비판을 통해 부모나 다른 성인의 권위를 초월할 수도 있다. 다음으로 자아이상은 자아가 초자아와 일치하게끔 작용하여 강한 자존심과 자긍심을 얻게 되어 초자아의 기대에 맞도록 행동하는 것을 말한다. 즉, 바람직한 인간의 이상적인 내적 기준이 되는 초자아의 측면을 자아이상이라고 할 수 있다.

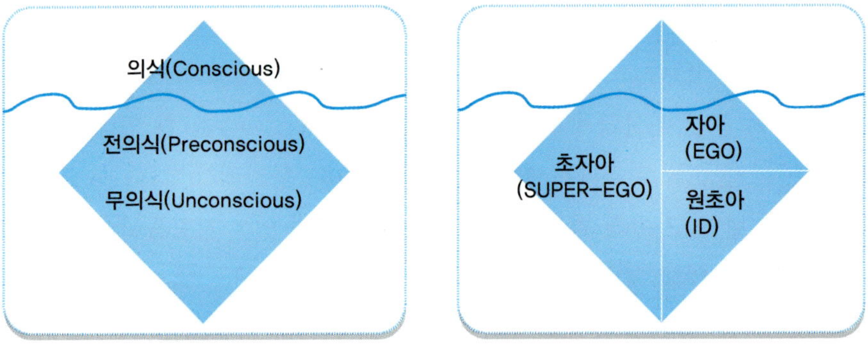

[그림 4-1] 프로이드의 무의식의 개념

4 성격의 구조와 발달

프로이드는 인간이 태어나 성인이 되기까지의 시기를 총 5단계로 구분하고 각 단계마다의 욕구의 특성에 따른 인간의 발달단계를 설명하였다(김미영, 2013).

1) 구강기

생후 1년간의 시기로 이 시기에는 인간의 욕구가 입 주위로 집중되어 입을 통해서 만족을 얻게 된다. 이 시기에 적절한 만족을 얻게 되면 유아는 외부세계에 대한 신뢰감을 갖게 되고 그렇지 못한 경우에는 외부세계에 대한 불신감을 갖게 된다고 한다.

2) 항문기

1세에서 3세까지의 시기로 이 시기의 욕구는 항문 주의로 집중되게 된다. 따라서 항문기에는 배변과정을 통한 욕구의 해소 여부에 따라서 성격이 형성되는데, 특히 이 시기의 부모가 유아의 배변활동에 따른 청결상태를 어떻게 관리해 주는가에 따라서 유아의 청결에 대한 성격의 특성이 결정되어진다.

3) 남근기

3세에서 5세까지는 인간의 욕구가 성기 주위로 집중되어 유아의 주요 관심의 대상이 되는데, 이때에 여성과 남성에 대한 성적인 특징에 대해서 인지하게 되고 자신의 성에 대해서 알게 된다. 특히 이 시기에는 자신의 성적인 특성들을 긍정적으로 받아들이는 것이 매우 중요하다.

4) 잠복기

5세에서 약 12세까지는 모든 욕구가 잠재되어 나타나지 않는 잠복기로 들어가는데, 이때에는 모든 성적 본능이 억압되고 학업과 같은 활동에 집중하게 된다.

5) 생식기

잠복기가 지나고 12세 이후 생식기가 되면 사춘기가 시작되는데, 이 시기에 아동은 성적인 것에 많은 관심이 생기며 이성에 대한 욕구가 증가하게 된다. 따라서 이 시기에 올바른 성에 대한 개념과 인식이 이루어지는 것이 매우 중요하다고 할 수 있다.

5 상담목표

정신분석상담의 목표는 아동의 자아를 강화시켜 줌으로써 자기이해와 자기지배를 용이하게 하는 것이다. 즉, 정신분석상담은 무의식을 의식화함으로써 개인의 성격구조를 수정하고 행동이 보다 현실적으로 되고 본능적 충동에 따르지 않도록 자아를 보다 강화시켜 주는 역할을 한다. 프로이드는 이를 '진정 사랑할 수 있고, 일할 수 있는 사람'이란 의미로 '잘 적응하는 개인'으로 정의하였다.

이와 같이 적응을 방해하는 요소는 무의식 속에서 동기로 작용하고 있는 억압된 충동들이다. 무의식의 내용을 상담을 통해 의식화 하는 과정에서 아동이 가지고 있는 현재 행동의 적절성과 부적절성을 탐색할 수 있고, 나아가서는 자신의 문제행동의 원인을 통찰하게 되어 새로운 행동을 할 수 있게 되는 것이다.

6 상담과정과 기법

1) 초기 단계

상담자와 내담자가 신뢰관계를 형성하고 자유연상과 꿈의 분석을 통해 내담자의 마음속에 억압된 자료를 상담자가 수집하고 해석하여 내담자의 통찰을 돕는다. 내담자의 심리문제의 얼개를 알게 되면 상담자는 내담자와 치료동맹을 맺는다. 이 과정에서 내담자는 한 인간으로서 이해받는 체험을 하고 상담자에게 의존하게 된다.

2) 전이 단계

내담자가 어렸을 때 사람과의 관계에서 가졌던 유아기적 욕구와 감정을 상담자와의 관계에서 반복한다. 이때 상담자는 내담자의 욕구에 대해 중립적 태도를 취하고 내담자의 연상이나 정신작용 가운데 명확하지 않은 부분을 상담자가 추리하여 내담자에게 설명해주는 해석 및 참여적 관찰자의 역할을 함으로써 그 욕구를 좌절시킨다.

3) 통찰 단계

내담자는 자신의 의존, 사랑 욕구가 좌절되면서 생기는 적개심을 상담자에게 표출하게 된다. 상담자는 이 속에서 내담자의 욕구 뒤에 숨은 동기를 파악한다.

4) 훈습 단계

원인을 통찰했다고 해서 문제가 해결되는 것은 아니다라는 것을 실제 생활로 옮겨가는 과정이 있다.

제 05 장

개인심리학적 상담모델

1 개인심리학적 상담모델의 발달 배경

Adler의 개인심리학은 무엇보다도 심층심리학이라고 말한다. 이는 개인심리학이 표면적인 현실을 넘어 그 밑에 흐르는 무의식적 동기를 충분히 설명하려는 역동적인 심리학의 한 부분이라는 의미이다. 하지만 Adler에게 있어 무의식은 분리된 영역이 아니라 단지 개인이 이해하지 못하는 자신의 노력의 일부이다.

Adler의 심리학과 Freud 심리학의 전반적인 이론의 차이는 Freud가 객관적인 시각을 가지고 있는 반면, Adler는 인간을 이해함에 있어 주관적인 입장을 취한다는 것이다. 성충동을 우월, 진정한 남자가 되고 싶다는 소망인 남성반항으로 대체했으며, 따라서 원인에 대한 생물학적, 외면적, 객관적인 설명을 심리학적, 내면적, 주관적인 설명으로 대체하였는데, 이러한 변화는 Freud와의 결별의 발단이 되었다(황인자, 2016).

의식은 물론 무의식은 사회적 경향을 가진, 그리고 결국 개인의 창조 속에 있는 주관적인 가치와 관심에 의해 결정된다. Adler의 결정요인은 생리학으로 귀결되는 것이 아니라, 오히려 인간본성 안에 있는 충동적 요소를 지배한다. 이러한 것들이 Adler를 주관적인 사회심리학자로 만든다. 하지만 Adler를 주관적인 심리학자로 분류한다고 해서, Adler가 객관적인 요소를 간과했다는 것은 아니다. 객관적인 요소들은 단지 개연성을 제공하는 역할, 융통성 있는 결정요인일 뿐, 궁극적인 결정은 자기 자신의 내부에서 나온다는 것을 의미한다. 다음은 Adler 이론의 기본 입장이다.

첫째, 인간의 모든 행동 뒤에는 기본적으로 역동적인 힘이 있는데, 마이너스로부터 플러스 상황, 열등감으로부터 우월감, 완전에의 추구가 바로 그것이다.

둘째, 이 추구는 개인의 독특한 목표나 자기 이상으로부터 특별한 방향을 얻게 되며, 신체적, 환경적 요인에 의해서 영향을 받는 개인의 목표나 자기 이상은 궁극적으로 개인의 창조물이다. 왜냐하면 이는 개념이며, 목표는 가상이기 때문이다.

셋째, 목표는 개인에 의해서 단지 희미하게 보여질 뿐이다. 이는 목표가 개인에게 알려지지 않으며, 이해되지 않는다는 의미이다. 이 목표의 잘 알려지지 않은 부분이 바로 무의식에 대한 Adler의 정의이다

2 인간관

아들러에 따르면, 인간은 생후 6년 무렵에 삶에 대한 접근을 결정하기 시작한다. 사람이 자신의 과거를 지각하는 방식과 어린 시절의 사상을 해석하는 방법이 지속적으로 사람에게 영향을 미친다. 많은 이론적 토대에서 아들러의 입장은 프로이드의 입장과 대립된다. 예를 들어 아들러는 인간은 성적 충동에 의해 동기화되는 것이 아니라 사회적 충동에 의해서 일차적으로 동기화된다고 했다. 행동은 의도적이며 목표지향적이다. 무의식이 아니라 의식이 심리상담/치료의 중심에 있다. 프로이드와는 달리, 아들러는 선택과 책임, 삶의 의미, 성공과 완벽함, 완전에 대한 추구를 강조했다(장수한, 2018).

아들러의 이론에서는 인간의 열등감이 강조되며, 아들러는 열등감을 모든 사람들이 경험하는 것으로 모든 인간 노력의 원천이라고 했다. 열등감이 약함이나 이상함의 징후가 아니라 창조성의 원천이라고 했다. 열등감으로 우리는 숙련 · 성공(우수) · 완전을 추구한다. 우리는 열등감을 극복하여 더 높은 수준으로의 발전이라는 방향으로 나아간다. 6세경이 되면 완벽하고 완전한 존재로서의 "자신에 대한 가상적 상"이 삶의 목표가 되기 시작한다. 현재에서 이 목표는 열등감을 극복하고자

하는 열망과 노력과 조화를 이룬다.

아들러학파는 정신분석적 입장과 달리 비결정론적이다. 아들러는 '우리가 무엇을 가지고 태어났는가'보다는 '가지고 있는 능력으로 무엇을 하느냐'가 더 중요하다고 한다. 그러나 아들러학파의 심리상담/치료자는 인간행동이 유전형질이나 환경만으로 결정되지는 않지만, 생물학적 조건과 환경조건이 선택하고 창조하는 우리의 능력을 제한한다는 것을 인식하고 있다(양명숙, 2013).

1) 총체적 존재

아들러 심리학의 가장 중요한 가설로서 인간이 통일되고 자아일치된 유기체라는 것이다. 프로이드가 환원론의 입장에서 인간을 의식과 무의식, 원초아, 자아, 초자아로 분류한데 반대하고 인간을 더 이상 분류하거나 분리, 분할할 수 없는 그 자체로서 완전한 전체로서 보았다. 아들러는 이러한 자아일치된 통합된 성격구조를 개인의 생활양식이라 부르고 있다.

(1) 합목적적이고 목표지향적인 행동

개인심리학은 모든 인간행동에는 목적하는 바가 있다고 가정한다. 인간은 자기 스스로 계획을 세우고, 행동은 그런 목표의 맥락 하에서 통합된다.

(2) 중대성과 우월성 추구

아들러는 완전성의 추구나 숙달을 통한 열등감의 극복은 선천적이며 인간은 원래의 열등감을 극복하고 우월을 추구하도록 되어 있다고 강조한다. 이러한 우월, 능력, 완전의 추구는 인간의 무력감을 해결해 주며, 능력추구의 고유한 형태는 개성으로 나타난다.

(3) 생활양식

삶에 대한 개인의 기본적 지향이나 성격을 말하며, 개인의 존재를 특징짓는 주제로 우리가 우리의 생활목표를 향해 나아가는 방식을 의미한다.

2) 사회적 관심

개인심리학은 우리의 행복과 성공은 주로 사회와 관련되어 있다는 핵심사상에 근거한다. 우리는 사회의 일원이기 때문에 사회구조를 떠나 고립된 존재로 이해될 수 없다. 삶을 통해 소속되고자 하는 욕구가 인간행동의 기본이 된다. 우리가 경험하는 문제의 대부분은 자신이 가치를 두는 사람들에게 수용되지 못한다는 두려움에 관련되어 있다. 만약 이러한 소속감이 충족되지 못하면 불안이 발생한다. 아들러는 우리는 소속되고자 하는 강한 욕구를 가졌고 또 소속감을 가질 때만이 문제에 직면하고 그것을 처리하려고 노력한다고 주장하고 있다.

3) 창조적 존재

아들러는 성격형성에 있어서 유전과 환경의 중요성을 인정하면서도, 개인은 분명히 이 두 요인 이상의 산물이라고 하였다. 그래서 사람들이란 창조적인 힘을 가지고 자기 인생을 좌우할 수 있는 존재로 묘사한다. 즉, 자유롭고 의식적인 활동이 인간을 정의하는 특징이다.

4) 주관성

개인주의 심리학은 현상학적인 관점을 수용하여, 개인이 자신과 자신이 적응해 나가야 하는 환경을 어떻게 보느냐에 따라 그의 행동이 결정된다고 하였다. 모든 개인은 그들 자신이 가진 통각의 도식과 일치하는 방향으로 그들 자신이 설계한 세계 속에서 산다.

3 아들러의 성격이론

1) 열등감과 보상

인간은 특정 신체기관이 다른 신체기관에 비해서 더 약한 상태로 태어날 수 있는데 이때 그 신체기관이 병에 걸리기가 쉽다. 그래서 사람들은 이러한 신체적 열등성을 극복하려고 훈련과 연습을 통한 보상적 노력을 하게 된다. 이러한 노력은 한 개인에 있어 괄목할 성공을 가져다 주기도 하는데, 이러한 시도가 성공적으로 이루어지지 못했을 경우 병적 열등감에 머물게 된다. 이러한 보상과정은 심리학적인 면에도 적용될 수 있다고 하였는데, 즉 개인은 신체의 열등감뿐 아니라 심리적인 또는 사회적인 무능감으로부터 생기는 주관적인 열등의식도 보상하고자 한다.

아들러는 가족 및 사회적 요인에 의해 개인의 성격이 발달한다고 보았는데 이와 관련해 생활양식을 왜곡하기 쉬운 상황을 세 가지로 설명하였다(천성순, 2017).

첫째, 병약하거나 허약체질인 아동의 상황이다. 불완전한 신체기능 정도를 감안하여 발달에 일정한 한계를 부여한다. 이때 정신에 영향을 미치는 것은 신체적 결함이 아니라 결함에 대한 태도와 훈련이다. 신체기관이 불완전한 아동은 관심을 자신에게만 집중하기 쉬우며, 타인에게 공헌하는 것은 인생의 의미로 받아들이기가 어렵다. 주위 사람들의 동정, 기피, 조소 등으로 열등감이 심각해지기도 한다. 개인에 따라 신체적 불완전은 진보를 위한 자극이 될 수도 있다.

둘째, 응석받이 아동의 상황이다. 지나친 사랑은 부적응의 주된 결정요인이 된다. 응석받이는 보살핌을 받으려고 애쓰지 않고도 지나칠 정도의 보살핌을 받으며, 이러한 완벽한 보살핌을 자기의 권리라고 믿는다. 좌절에 대처하는 방법을 배우지 못하였기 때문에 문제가 생기면 퇴행하고 다른 이에게 도움을 요구하는 것이 하나의 생활양식이다. 응석받이의 관심은 오직 자신이며, 협동의 의미를 모른다.

셋째, 거부된 아동의 상황이다. 부모에게서 거부당한 아동은 잘못된 훈련을 받기가 쉽다. 아동이 거부당하는 이유는 신체적 결함, 부모의 불행한 결혼, 가족의 재정문제 등 다양하다. 거부는 물리적인 폭력일 수 있고 정신적인 것일 수도 있다. 거부당한 아동은 거부에서 비롯된 불신감으로 세상을 적대적, 위협적으로 보기 때문에 반항적이다. 또 신뢰감을 갖고 사람을 접해 본 경험이 없기 때문에 그들은 생활상의 모든 문제를 과대평가하고 자신의 능력은 과소평가하기 때문에 사회가 자신에게만 냉혹하다고 믿으며 항상 그런 상황만을 습관적으로 기대한다.

2) 우월성의 추구

열등감에 대한 보상의 노력은 결국 우월성의 추구라는 개념으로 연결된다. 아들러는 인간이 추구하는 궁극적인 목적을 바로 우월성의 추구라고 보았는데, 이는 단지 열등감을 극복한다라는 소극적인 입장에서 한 단계 넘어서서 보다 적극적으로 향상과 완성으로 나아가는 것이라고 하였다. 아들러의 우월성의 본질에 대하여 몇 가지로 정리하면 다음과 같다.

① 인간의 기본동기이다.
② 모두가 공통적으로 가지고 있다.
③ 우월의 목표가 부정적인 경향이나 긍정적인 경향을 취할 수 있다.
④ 완성을 위한 노력은 상당한 정력과 노력을 요구한다.
⑤ 우월에 대한 추구는 개인과 사회 두 가지 수준에서 일어나는데 개인으로서 완성을 위해서 노력하고, 사회의 일원으로서 우리의 문화를 완성하기 위해 노력한다는 것이다.

아들러는 이러한 목표를 달성하기 위한 개인의 노력을 생활양식이란 개념에서 다룬다.

3) 생활양식

생활양식은 개인의 성격을 움직이는 체계적 원리로서 부분에 명령을 내리는 전체의 역할을 한다. 개인의 독특성, 즉 삶의 목적, 자아개념, 가치, 태도 등을 포함하는 것으로 삶의 목적을 달성하는 독특한 방법들이다. 이러한 생활양식은 우리의 독특한 열등감을 극복하기 위한 노력을 나타내며, 4~5세경에 그 틀이 형성되어 그 후에는 거의 변화하지 않는다(노안영, 2011).

우리의 모든 심리적 과정의 의미는 개인의 생활양식의 내용을 보아야만 비로소 알 수 있다. 아들러는 생활양식의 진정한 형태는 생활과제에 접근하고 이를 해결하는 태도에 따라 구별된다고 하였다. 아들러는 생활양식을 사회적 관심과 활동수준이라는 두 가지 차원을 중심으로 다음과 같은 네 가지 유형으로 구분하였다.

(1) 지배형

사회적 관심이 거의 없으면서 활동수준이 높아 공격적이고 주장적인 형

(2) 획득형

기생적인 방법으로 외부세계와 관계를 맺으며, 다른 사람에게 의존하여 욕구를 충족하는 형

(3) 회피형

사회적 관심도 적고 활동도 적다. 이들의 목표는 인생의 모든 문제를 회피함으로써 한치의 실패 가능성도 모면하려는 것이다.

(4) 사회형

심리적으로 건강한 사람의 표본이 된다. 활동수준과 사회적 관심이 높아 자신의 욕구는 물론 다른 사람의 복지를 위해서 협력하려는 의지를 가진다.

4) 생활과제

Adler는 인간은 최소한 세 가지의 주요 생활과제를 해결해야 한다고 하였다. 일, 사랑, 우정이 그것이다. Moask은 우리가 삶의 다섯 가지 과제를 직면하고 숙달해야만 하는데 이는 타인과의 관계(우정), 기여(일), 친밀의 달성(사랑과 가족관계), 자신과 잘 지내기(자기수용), 그리고 영적영역의 발달(가치관, 의미, 삶의 목표, 세상이나 우주와의 관계 등)이다.

5) 가족자리와 출생순위

Adler식 상담자들은 대부분의 인간적 문제를 본질적으로 사회적인 관점에서 보기 때문에 가족 내 관계를 중시한다. 가족자리란 가족집단의 사회심리적인 형태를 그리는데 사용되는 용어이다. 즉, 가족들의 성격유형, 정서적 거리, 나이 차이, 출생순위, 상호지배 및 복종관계, 가족의 크기 등은 가족자리를 결정해주는 요소가 되며 개인의 성격발달에 영향을 미친다. 특히 출생순위는 중요한 의미를 가지며 각 출생순위에 수반되는 상황에 대한 지각이 중요하다. 일반적으로 어떤 특정한 출생순위에 태어난 아이들은 일반적인 특징들을 가지고 있는데 그것을 살펴보면

다음과 같다.

생활양식의 중요한 결정요인으로 성장기 아동의 일차적인 사회적 환경을 이룬다. 자라나는 아동은 부모, 형제, 자매, 동료, 제도 및 문화가 그에게 기대하는 것이 무엇인지를 배울 때까지 비교적 무기력하고 무능력하며 열등하다. 그런 상태에서 그는 자신의 환경을 관찰하고 평가하며, 점차로 자신과 자신의 가치 그리고 환경이 자신에게 요구하는 것과 그 세계의 일원이 되기 위해 자신이 무엇을 해야 할지를 배우게 된다.

아동에게 가장 중요한 것 중의 하나는 가족 구도 내에서 그가 차지하는 위치이다. Adler는 사회적인 요인이 성격에 미치는 영향을 강조하면서 개인의 출생순위가 생활양식 형성에 영향을 준다고 하였다. 가정환경과 관련하여 아이가 가족 내에서 어떤 특정 출생순위에 해당하는가에 따라서 독특한 특징을 갖게 된다. Adler는 아이들의 출생순위를 다섯 가지 유형에 따라 설명하였는데 그것이 맏이, 둘째, 중간, 막내 및 외동아이이다(이현림, 2008).

(1) 맏이

맏이는 잠시 동안 부모의 관심과 사랑을 받는다는 특징이 있다. 한 때만 부모의 사랑을 독차지하고 행복하게 지내지만 곧 동생이 태어나면서 그에게로 부모의 관심과 사랑을 빼앗기기 때문에 마음의 상처를 입을 수 있다. 그는 처음에는 동생과의 경쟁을 통해 원래의 부모님의 사랑을 되찾겠다고 노력하지만 실패하게 된다. 그 결과 맏이는 스스로 고립해서 적응해 나가며 다른 사람의 애정이나 인정을 얻고자 하는 욕구에서 초연해서 혼자 생존해 나가는 전략을 습득한다. 때문에 맏이는 일반적으로 다른 성인들과 좋은 관계를 맺을 수 있으며 타인의 기대에 쉽게 순응하며 사회적인 책임을 잘 감당하는 특징을 보인다.

(2) 둘째

둘째아이는 처음 날 때부터 자기 앞에 형이나 누나라는 속도조정자(pace setter)가 있다는 사실을 알고 그들의 장점을 능가하기 위한 자극과 도전을 받는다. 이 때문에 둘째는 맏이보다 훨씬 빠른 비율로 발전하게 된다. 그리고 그는 아주 경쟁심이 강하고 대단한 야망을 가진 성격의 소유자가 된다. 그러므로 그의 생활양식은 항상 자기가 형보다 낫다는 것을 증명하기 위해 노력하는 것이 된다.

(3) 중간

중간아이는 형들과 반대되는 방향으로 행동하는 경향이 있으며 보다 독립적이고, 반항적이며, 예민하고 지나치게 부모로부터 자기의 위치에 대해 보증을 받으려는 경향이 높다.

(4) 막내

막내는 다른 형들과는 달리 동생에게 자리를 빼앗기는 충격을 경험하지 않고 가족의 귀염둥이로 자라게 될 수도 있지만 경우에 따라서 자기 것이라고는 하나도 없고, 늘 형들로부터 물려받아야 하는 신세로 전락하고 자기보다 크고 힘이 세고 특권이 있는 형들에게 둘러싸여 열등감을 경험하기 쉽다.

(5) 외동아이

외동아이는 경쟁할 형제가 없는 독특한 위치에 있기 때문에 어머니가 응석받이로 키우기 쉬운 약점이 있고 아버지와 강한 라이벌 의식을 가지게 된다. 전자와 관련하여 그는 "엄마치마 끈에 매달려서" 응석을 부리고 다른 사람들로 보호받기를 원하는 사람이 된다. 이런 생활방식 때문에 그에게서는 의존심과 자기중심성이 현저히 나타난다.

6) 가상적 목표론

아들러는 우리의 궁극적인 목표는 현실에서 검증되거나 확인될 수 없는 가상의 목표라고 하였다. 가상적 목표는 미래에 실재할 것이라기보다는 주관적으로 또는 정신적으로 현재의 행동에 영향을 주는 이상으로 지금, 여기에 존재한다. 인간의 모든 심리현상은 이 가공적 목적을 이해함으로써 설명될 수 있다. 이는 결국 우월성의 추구 및 생활양식의 지침이 된다.

4 상담목표

1) 상담의 목표

아들러학파의 심리상담/치료의 기본 목표는 내담자의 소속감을 발전시키고 공동체감과 사회적 관심이라는 특징을 가진 행동과 과정을 받아들이도록 돕는 데 있다. 이는 내담자의 자기인식을 증가시켜서 기본전제와 생활목표, 기본개념들을 반박하여 수정하도록 한다.

아들러학파 심리학자는 내담자를 병이 들었다거나, 심리상담/치료를 받아야 할 환자로 보지 않는다. 다만 아들러학파 심리학자들의 목표는 내담자가 사회에 기여하기도 하고 다른 사람에게 도움을 받기도 하면서 평등하게 사회에서 살 수 있게 내담자를 재교육시키는 것이다(Mosak, 1995). 그러므로 심리상담/치료 과정은 정보제공, 교육, 지도, 낙담한 내담자에 대한 격려 등을 강조한다.

아들러학파의 심리상담/치료자들은 내담자에게 자신 · 타인 · 삶을 보는 새로운 방식을 교육시키는데, 행동의도에 대한 기본 이해인 새로운 '인지도'를 내담자에게 제공하는 과정을 통해서 내담자가 자신의 지각을 수정하도록 돕는다.

모삭(Mosak, 1995)은 심리상담/치료의 교육과정 목표를 아래와 같이 제시한다.

첫째, 사회적 관심을 증진시킨다.

둘째, 실망감과 열등감을 극복하도록 내담자를 돕는다.

셋째, 내담자의 견해나 목표를 수정한다. 즉 내담자의 생활방식을 변화시킨다.

넷째, 잘못된 동기를 변화시킨다.

다섯째, 내담자가 타인과 동등하다는 느낌을 갖게 만든다.

여섯째, 사회에 기여하는 구성원이 되도록 돕는다.

2) 치료자의 역할

아들러는 일부러 엄격한 체계를 이루지 않도록 주의하여, 내담자 각 개인의 사정에 따라 적용할 수 있도록 상담자에게 방향이나 조언을 제공할 뿐이다. 상담에서 상담자가 해야 할 역할은 대강의 윤곽만을 보여준다.

첫째, 상담자는 내담자와 접촉을 시도해야 한다.

둘째, 내담자의 인생 스타일의 잘못을 이해시켜야 한다.
셋째, 내담자를 격려해야 한다.
넷째, 내담자의 사회적 관심을 발달시켜야 한다.
다섯째, 내담자의 저항을 극복하고 신뢰를 얻기 위해서는 상담자의 완벽한 기술이 요구된다.
여섯째, 내담자에게 절대로 권위를 내세워 말하지 말고 그의 친구의 입장이 되어 말한다.
일곱째, 내담자편에서의 적극적 협력에 의해서만 치료가 가능하다는 것을 인식시킨다.
여덟째, 내담자를 너무 심하게 다루지 않는다.
아홉째, 상담자는 명랑함과 다정함으로 내담자를 대한다.

3) 내담자의 경험

아들러학파는 내담자의 "사적 논리"를 탐색한다. 사적 논리는 생활양식의 기초가 되는 철학을 이루는 자기·타인·인생에 대한 개념이다. 내담자의 사적 논리에 근거한 결론이 사회생활의 필수조건에 흔히 맞지 않기 때문에 내담자한테 문제가 생긴다. 심리상담/치료경험의 핵심은 내담자가 자신의 행동이나 증상의 목적과 자신의 대처와 연합된 기본적 오류를 밝히는 것이다. 잘못된 가정과 결론을 교정하는 방법을 찾는 것이 심리상담/치료에서 중요하다.

구체적 예를 들어, 만약 만성적 우울증을 가진 중년 남성이 있다고 하였을 때, 그의 생활양식을 평가한 후 다음과 같은 기본적 오류가 있다는 것을 알아낸다.

첫째, 아무도 자신에게 진심으로 관심을 가지고 있는 사람이 없다고 확신한다.
둘째, 사람들이 자신을 거부하기 전에 먼저 사람을 거부한다.
셋째, 그는 완전한 것을 기대한 나머지 자신에 대해 매우 비판적이다.
넷째, 그는 잘 되는 일이 없을 것이라고 확신한다.
다섯째, 그는 자신이 모든 사람을 실망시켰다고 확신하고 있어서 죄책감으로 자신을 괴롭힌다.

4) 치료자와 내담자의 관계

아들러식 상담에서 상담자와 내담자의 관계는 평등하다. 상담자들은 그들의 경험과 지식을 다른 사람들을 돕는데 적극적으로 사용하면서도 동시에 독립적인 선택을 할 수 있는 개인의 능력과 힘을 존중한다. 그들은 내담자들이 가지고 있던 그릇된 생각들을 버리기만 한다면, 내담자는 오랫동안 겪은 곤경에 대해 만족할 만한 대안을 찾아내는 능력을 갖게 될 것이라고 가정한다. 그러므로 상담자는 내담자에 대하여 진솔하고 소유적이지 않은 관심을 보임으로써 내담자보다 우월하다는 생각을 갖지 않고, 친구와 같은 모습으로 대한다.

심리상담/치료 시작에서 이 관계는 구체적이고 합의된 목표를 향해 두 사람이 대등한 입장에서 노력하는 협동적 관계다. 이 협동적 관계를 통해서 내담자는 행동에 대한 책임이 자신에게 있다는 사실을 알게 된다. 아들러학파에서는 심리상담/치료 초기에 자신이 무엇을 원하는지, 목표를 달성하기 위한 계획을 어떻게 세울지, 목표달성을 위해 이용할 수 있는 것을 어떻게 완전하게 이용할 수 있을지 등에 대해 계획을 세우거나 계약을 맺는데, 이로써 심리상담/치료자와 내담자와의 관계가 수평적 관계임을 알 수 있다.

상담자와 내담자의 최초의 신뢰와 친밀감은 매우 중요하며, 이것이 잘 형성되지 않으면 생활양식을 변화시키는 고된 작업이 성공하기는 힘들다.

5 상담과정과 기법

1) 상담과정

(1) 관계형성

Adler 학파의 상담자들은 내담자가 그의 삶에 책임감을 느끼도록 협동관계에서 일한다. 생산적 치료관계를 만드는 방법들은 우선 상담자가 내담자로 하여금 그의 단점이나 약점보다 강점이나 장점을 자각하도록 돕는 것이다. 이를 위하여 긍정적인 영역에 초점을 맞추고 격려와 지지의 방법을 사용한다.

내담자의 주관적 경험과 욕구에 상담기법을 맞춘다. 상담의 초기측면에서 쓰는 주요 기법은 참여(눈 맞추기, 내담자를 심리적으로 쓸모 있는 존재로 인정하기와 같은 행동에 참여), 경청(내담자의 언어적·비언어적 메시지를 포착하기 위해서 듣는 것이다), 내담자의 변화능력에 대한 기대와 믿음 표현, 목표의 확인과 구체화, 공감이다. 공감적 이해는 내담자의 주관적 세계를 파악하고 이런 이해를 내담자에게 전달하는 상담자의 능력이다. 만약 내담자가 자신이 이해받고 수용되고 있음을 느끼면 그는 상담에서 무엇을 원하는지에 초점을 두게 되어 치료목표를 세우게 된다.

(2) 내담자의 개인역동성 탐색

내담자의 목표는 자신의 생활양식을 이해하고, 그것이 현재 생활의 모든 문제에 있어서 어떻게 기능하는지를 이해하는 것이다. 이 단계에서 상담자는 내담자의 다음과 같은 주관적 상황과 객관적 상황에 대하여 논의해야 한다.

① 가족 내에서의 개인의 위치 탐색

이 단계에서는 생활양식 조사와 같은 검사로서 기초자료를 수집한다.

• 출생순위

가족 내의 모든 자녀의 이름을 출생순위에 따라 기록하고 그들의 나이를 내담자를 기준으로 기록한다(죽은 형제도 포함).

- 형제에 대한 진술
  - 누가 당신과 가장 차이가 나는가? 어떤 면에서?
  - 누가 당신과 가장 비슷한가? 어떤 면에서
  - 당신은 어떤 아이였는가?
  - 다른 형제들에 대해 진술하라.
- 상대적 속성
  지능, 근면성, 성적, 집안일 하기, 순응성, 반항성, 타인들을 즐겁게 해줌, 비판적인 태도, 유머감
- 형제관계
  - 누가 누구를 돌보아 주었는가?
  - 누가 누구와 함께 놀았는가?
  - 누가 어머니를 가장 좋아했는가?
  - 아버지는?
  - 누가 가장 잘 지내고 잘 못지냈는가?
- 부모
  - 부모의 나이, 부모는 각각 어떤 분이었는가?
  - 어떤 아이가 아버지를 가장 좋아했는가?
  - 어머니를 좋아한 아이는? 어떻게 좋아했는가?
  - 부모님들 간의 관계는 어떠했는가?
  - 누가 자녀들에게 희망을 가졌는가? 어떤 식으로?

② 초기기억(어린 시절의 회상)

어린 시절의 회상은 내담자가 구체적으로 명확하게 기억할 수 있는 것들에 한한다. 단순한 보고가 아니라 특수한 기억이며 기본 신념과 기본적 잘못에 대한 기초적인 이해를 할 수 있게 해준다. 즉, 초기회상은 개인의 생애유형 발달의 중요한 단서가 된다. 내담자들은 현재의 관점에서 일치되는 과거 사건만을 기억하는 경향이 있다. 일단 그런 관점들이 발달되면 자기의 현재의 관점에 맞는 것만 선택한다. 이런 자기자각은 개인적 논리를 강화시키는데 이것은 역으로 개인의 기본 신념을 유지하게 해준다. 초기 회상들은 자신을 어떻게 보고 느끼는가를 이해하게 해준다.

③ 꿈

꿈은 현재의 관심이나 기분을 투사한 것으로 본다. 개인심리학에서는 최근의 꿈과 되풀이되는 꿈뿐만 아니라 아동기의 꿈에 특별한 관심을 둔다. 개인심리학에서는 꿈을 미래의 가능한 행위의 시연으로 본다. 꿈이 문제를 표면으로 가져오기 때문에 꿈은 치료의 방향을 제시한다. 꿈은 개인에게 목적적이고 독특하므로 꿈을 해석하는데 어떤 고정된 상징은 없고 꿈을 꾼 사람을 이해하지 못하고는 꿈을 이해할 수 없다고 본다.

④ 우선적 욕구

내담자의 우선적 욕구를 평가하는 것은 그들의 생활양식을 이해하는 중요한 방법으로 본다. 네 가지 전형적인 우선적 욕구(N. Kefir)는 우월, 통제, 편안함, 즐거움이다. 각 우선적인 일에는 모든 개인이 가지고 있는 확신을 지지하도록 하는 강한 행동경향성이 있다. 개인의 주요 욕구는 만약 도전받지 않으면 계속 특성화되어서 생애유형을 결정하게 한다. 우선적인 일은 사람이 다른 사람과 관계를 맺고 자기중요감을 가지도록 하는 방법이 되기도 한다.

Kefir가 말하는 네 가지 우선적인 일을 나타내는 4가지 행동양식은 다음과 같다.

첫째, 우월적 성격은 지도성이나 성취를 통해서, 그리고 자신을 우월하다고 느끼도록 하는 여타의 방법을 통해서 자기중요감을 추구한다.

둘째, 통제적 성격은 조소당하거나 무시당하는 상황을 완벽하게 통제하려고 한다. 이들은 사회적으로 비성공적인 방식으로 행동하지 않으려고 한다.

셋째, 회피적 성격은 안락함을 추구하고, 문제를 처리하고 결정을 내리는 것을 지연시키는 경향이 있다. 규칙적이고 반복적인 작업조차도 스트레스로 보고 피하려고 한다.

넷째, 상냥한 성격은 지속적 수용과 인정을 받으려고 하므로 거부당할 행동은 회피한다. 남이 좋아하지 않는 것을 견딜 수가 없으므로 인정받기 위해 힘든 노력을 한다.

상담자가 내담자의 가장 우선적인 일을 알아내는 방법은 내담자에게 그들의 전형적인 하루 일과를 자세하게 기술하도록 하는 것이다.

(3) 통찰을 위한 해석

상담과정 3단계에서 상담자는 내담자가 자신의 생활양식, 현재의 심리적인 문제, 잘못된 신념, 즉 “기본적 오류(basic mistakes)”를 깨닫도록 해주고 그것이 어떻게 해서 내담자에게 문제가 되는지를 해석해 준다. 개인의 가족 내에서의 위치와 초기회상, 꿈, 우선과제 등에 대한 자료들이 수집되면 각 영역을 분리해서 요약한다. 마지막으로 전반적인 생활양식 질문지에 근거해서 자료를 통합하고, 요약하고 해석한다. 생활양식 조사에는 인간이 인생을 즐기지 못하도록 하는 과정, 미확인 결론, 잘못된 가정, 경직된 입장 등의 기본적 오류의 양상과 내담자의 장점, 내담자의 가족구성, 초기기억, 기본적 오류 등을 통합하고 요약하는 것도 포함한다. 요약된 내용은 내담자에게 보여주고 내담자와 토의하며, 내담자와 치료자가 같이 구체적으로 수정한다.

상담자는 내담자가 자신의 생활양식, 현재의 심리적인 문제, 잘못된 신념 등 기본적 오류를 깨닫도록 해주고 그것이 어떻게 내담자에게 문제가 되는지 해석해 준다. 그리고 상담자는 내담자의 언행의 불일치, 이상과 현실 간의 불일치 등에 대해 내담자가 직면하여 자신에 대한 통찰을 얻을 수 있도록 해야 하며 해석을 통하여 내담자의 장점을 지적하고 격려해야 한다.

해석은 통찰을 얻는 과정을 용이하게 해준다. 상담자는 단지 부적응적 생활양식이 지속되고 있음을 지적하기 위해서 과거와 현재를 관련시킬 뿐, 인과적 관련성을 입증하기 위해서 과거와 현재를 관련시키지는 않는다. 해석을 할 때 상담자는 유머를 사용하거나 우화나 일화를 예로 들 수 있고, 해석은 직접적으로 하거나 “... 이 아닐까요?”의 형태로 간접적으로 할 수도 있으며, 때로는 내담자 스스로 해석하도록 만들 수도 있다. 최초의 해석은 내담자가 수용하지 못하고 필연적으로 저항을 수반한다. 상담과정의 모든 부분을 통해 내담자가 반드시 이해해야 할 것은 자신이 자기 패배적 행동을 하는 이유와 그러한 행동을 지속하고 있는 이유에 대한 것이다.

Adler식 상담자들은 지지적이면서 또한 맞대결식이다. Adler식 상담자들은 내담자로 하여금 잘못된 목표와 자기 패배적인 행동을 관찰하게 한다. 그래서 자신의 행동과 지각들의 숨겨진 목적이나 목표에 대한 통찰은 상담자의 해석을 통해서 뿐만 아니라 격려와 도전의 과정을 통해서 나타난다. 통찰은 변화로 이끄는 하나의 단계이며, 이러한 자기 이해를 건설적 행동으로 옮기는 것이 강조된다.

격려는 Adler식 상담절차에서 가장 특이한 것이다. 격려의 과정을 통해 내담자는 그들의 강점과 장점을 소유하게 되며 그렇게 함으로써 선택과 결정을 할 능력이 자신에게 있음을 자각하게 된다. Adler학파의 상담자들은 좌절이 개인의 기능을 저해하는 근본 조건이며 격려가 그 해독제라고 믿는다.

Mosak의 5가지 기본적 오류은 다음과 같다.

① 과잉일반화 – "세상에 공정함이란 없다."
② 잘못되었거나 불가능한 목표 – "사랑받으려면 모든 사람을 기쁘게 해야 한다."
③ 삶과 삶의 요구에 대한 오지각 – "나의 생활은 너무 힘들다."
④ 자신의 기본적 가치 부정 – "나는 근본적으로 멍청하다."
⑤ 잘못된 가치 – "누가 상처를 받든지 말든지 개의치 말고 일등이 되라."

아들러 해석의 일반적인 지침은 다음과 같다.

① 행동의 목표를 추구하되 단정적인 해석은 피하라.
② 한번 내린 해석이라도 가다듬을 필요가 있다.
③ 상담자의 해석이 부정확할 수도 있고 내담자가 그것을 받아들이지 않을 수도 있는 권리가 있다는 것을 알아야 한다.
④ 내담자가 보이는 여기–지금(here and now)의 행동과 감정을 의식하고 있어야 한다.
⑤ 내담자의 장점을 지적해주고 격려조로 상담을 진행한다.
⑥ 상담자는 신비스러운 분석가의 분위기를 피해야 한다.

(4) 재교육(reorientation)

해석을 통해 획득된 내담자의 통찰이 실제 행동으로 전환되게 하는 재교육(reorientation)단계이다. 재교육의 단계에서 내담자는 결단을 내리고 목표를 수정한다. 이 단계에서는 내담자가 변화를 시도하고자 하는 열망이 얼마나 강한가에 달려있다. 내담자는 과거의 잘못된 신념, 행동, 태도를 버리고 새로운 생활양식을 갖고 사회적 관심을 갖도록 도움을 받는다. 한편 상담자는 내담자에게 사회적 접촉을 시범으로 보여주고 내담자가 이를 다른 사람에게도 실시해 보도록 격려한다.

2) 아들러 개인심리학의 상담기술

개인심리학에서는 내담자에게 스스로 변화할 수 있는 능력이 있다고 믿기 때문에 그러한 믿음을 그에게 보여줄 수 있는 상담기법을 사용한다.

(1) 일반적 상담기술

관심 기울이기, 경청하기, 공감, 구체성, 진실성, 자기 노출, 바꾸어 말하기, 맞닥뜨림, 해석, 즉시성

(2) 언어적 기술

개인심리학에서는 충고를 사용하되 내담자의 의존성을 부추기지 않도록 해야 하며 내담자의 자기 지도력과 자립능력을 격려하도록 충고해야 한다.

(3) 격려하기

불행, 우울, 분노, 불안의 심리상태에 있는 사람은, 성장할 수 있고 보다 자기 충족적인 방향으로 모험을 감행할 수 있는 스스로의 능력에 대한 신뢰가 없기 때문이라고 생각한다. 따라서 이런 사람들의 내적 자원(resource)의 개발을 촉진하고 긍정적인 방향으로 나아갈 수 있는 용기를 북돋아 주는 것이 필요한데 그것이 곧 격려(encouragement)이다.

(4) 행동적 기술

치료과정의 마지막 단계는 재정립 혹은 통찰의 행동화라고 하는 행위정립 단계이다. 재정립기간에 내담자들은 결정하고, 자신의 목표를 수정한다. 행동화 단계는 문제를 풀고 결정을 내리는 시기이다. 이 시기에 상담자나 내담자는 가능한 대안과 그 대안의 결과를 생각하고 이 대안이 내담자의 목표와 얼마나 잘 부합되는지를 평가하고 구체적으로 행동절차를 결정한다.

① 즉시성

상담시간 중에 일어나고 있는 것을 다루는 기법을 즉시성이라고 한다. 즉시성은 상담시간 중에 일어나는 것이 일상생활에 생기는 것의 표본이라는 사실을 내담자가 깨닫도록 한다.

② 역설적 의도

역설적 의도란 내담자에게 자신을 나약하게 만드는 생각이나 행동에 의도적으로 관심을 가지고 과장하는 것을 말한다. 이 기법의 핵심은 내담자의 저항에 대항하기보다는 편승하는 것이고, 사람들이 어떤 상황에서 자신이 어떻게 행동하는지를 극적으로 인식할 수 있도록 도와주고, 그 행동의 결과에 대한 책임이 자신에게 있다는 사실을 보여주는 것이 이 기법의 논리이다.

③ “마치~인 것처럼” 행동하기

치료자들은 내담자가 자신이 원하는 자기가 되어있는 것으로 상상하고 그렇게 행동하도록 역할놀이 상황을 설정한다. 내담자가 “만약 내가~을 할 수 있다면”이라고 말하면 최소한 이 주일 동안 그 환상 속의 역할을 실제로 행동해 보고 무슨 일이 일어났는지를 보도록 하는 기법이다.

④ 끓는 국에 찬물 끼얹기

상담자가 내담자의 어떤 행동의 목적과 대가를 인식하게 되면 상담자는 곧바로 그 행동이 총체적으로 손해되는 행동이라는 사실을 내담자에게 분명하게 보여줌으로써 내담자가 더 이상 손해되는 게임을 하지 못하도록 하는 기법이다.

⑤ 자기 간파

자기 간파 과정에서는 내담자가 자기 비난을 하지 않으면서 자기 파괴적 행동 혹은 비합리적 사고를 인식하도록 한다.

⑥ 버튼 누르기

내담자가 유쾌한 경험과 유쾌하지 않은 경험을 번갈아 가면서 생각하도록 하고 각 경험과 관련된 감정에 관심을 가지도록 하는 기법이다. 이 기법의 목적은 내담자에게 그들이 무엇을 생각할지를 결정하여 자신이 원하는 감정은 무엇이든지 만들어 낼 수 있다는 사실을 가르치려는 것이다.

⑦ 악동의 함정피하기

내담자들은 일상 생활에서의 자기 패배적 행동양상을 상담 장면에 가져온다. 상담자는 그런 함정에 걸리지 않도록, 내담자의 행동을 강화하지 않도록 주의하고, 심리적 성숙을 증가시키는 행동을 하도록 독려한다.

⑧ 과제 설정과 열중

자신의 문제를 해결하려는 구체적 단계를 밟아가려면, 내담자들이 현실적이고 성취 가능한 과제를 설정하고 그 과제를 열심히 실천해야 한다.

⑨ 상담의 종결과 요약

상담의 한계 결정, 상담 종결, 중요부분 요약하기 등은 상담자의 중요기술이다. 상담이 끝날 때쯤에는 새로운 과제를 도입하지 않는 것이 현명하고 대담자가 무엇을 배웠는지 재음미하도록 한다.

(5) 시범 보이기

상담자는 내담자가 모방하려고 하는 가치를 행동으로 나타내 보여야 한다.

(6) 가상 행동

내담자가 바라는 행동을 실제 장면이 아닌 가상 장면에서 '마치~인 것처럼'(as if) 해 보게 하는 것이다.

(7) 역설적 의도

바라지 않거나 바꾸고 싶은 행동을 의도적으로 반복 실시하게 하므로써 역설적으로 그 행동을 제거하거나 벗어날 수 있게 하는 행동(Frankl)이다.

(8) 상상하기(creating images)

바람직한 자신의 모습을 상상함으로써 실제로 그렇게 되도록 하는 방법이다.

(9) 초인종 누르기(push bitton technique)

자신이 원하는 정서를 스스로 만들 수 있다는 사실을 알게 된다.

6 아동상담에의 적용

1) 교육에의 적용

Adler는 학교 아동의 잘못된 생활양식을 치료하는 방법을 찾는데 관심을 가지고 학생집단을 상담하거나 교사를 교육시키는 과정을 개발하였다. 그의 방법은 아동의 기본적 오류를 예방하거나 교정해 주는 방법으로 사회적 관심과 정신건강을 증진시키는 데 공헌했다.

2) 부모교육에의 적용

부모교육은 간단하고 명확한 용어로 가정에서 적용할 수 있는 Adlert식 행동원리를 가르치는 것으로, 자녀들을 더 깊이 이해하고 수용할 수 있도록 해 줌으로써 부모 자식 간의 관계를 개선시키는 것이 부모교육의 목적이다.

3) 부부상담에의 응용

Adler식 부부치료에서는 그들의 목표를 보다 더 잘 이룩하도록 하기 위한 방법을 교육시키면서 현재의 신념이나 행동을 평가한다.

4) 가족상담에의 적용

Adler식 가족치료자는 가족 분위기, 가족 구성, 각 구성원의 생활양식에 초점을 두고, 가족구성원 개개인의 목표와 신념, 행동을 이해하고, 가족은 그 자체로서의 하나의 실체라는 사실을 이해하려고 한다. "최초면접"은 가족 집단을 상담하는 과정의 시작으로, 목적은 상담자가 아동의 목표들을 진단하고 부모의 아동양육방법을 평가하고 가정 분위기를 이해하고, 가족상황을 변화시키기 위하여 구체적 방안을 수립할 수 있도록 해주기 위한 것이다.

5) 집단상담에의 적용

처음에는 시간 절약을 위해 집단치료를 정신과 병동에 적용시켰지만 곧 집단의 특성이 사람들을 변화하게 하는 효과적인 방법이라는 사실을 발견하게 되었다. 인간의 문제와 갈등은, 사회 맥락에서 나타나기 때문에 개인의 갈등과 부적응의 본질을 부각시키고 밝히기 위해서 뿐만 아니라 올바른 영향을 제공하기 위해서도 집단에 초점을 맞추는 것이 집단상담에 대한 Dreikurs의 논리이다.

제 06 장

인간중심 상담모델

1 인간중심 상담모델의 발달 배경

인본주의 심리학(人本主義心理學, humanistic psychology)은 20세기 심리학의 한 운동이다. 한 개인으로서의 인간은 고유하고 독특한 존재이므로, 심리학자나 정신과 의사들은 인간을 독특한 한 개인으로 인식하고 다루어야 한다고 본다. 이 운동은 20세기 심리학의 2가지 주류인 행동주의와 정신분석학에 대한 반발에서 일어났다.

인본주의 심리학사들은 행동주의자들이 인간의 기본 측면인 느끼고 생각하는 개인이라는 점을 무시한 채 유기체로서의 인간의 행동을 과학적으로 연구·분석하는 데에 지나치게 관심을 쏟았으며, 인간행동을 그 구성요소들로 양화(量化)하고 환원하는 실험실 연구에 많은 노력을 기울여왔다고 생각한다. 또 인간의 초기 경험과 추동(推動)이 행동을 일으킨다고 주장하는 정신분석학의 '결정론적 관점'에 반대한다. 인본주의자들은 개인이 자신의 생활과 행동에 책임을 지며 인식과 의지를 통해서 언제라도 자신의 태도와 행동을 창조적으로 변화시킬 수 있다고 믿는다. 그들은 사랑·충족·자기가치·자율이라는 영역에서의 인간의 가장 완전한 성장에 관심을 가지며, 성숙이란 사람이 자신의 가치체계를 세우고 이를 따르는 과정이라고 생각한다. 인본주의 심리학회는 다음 5가지 기본 주장을 열거하고 있다. ① 인간은 인간으로서 자신의 여러 부분의 총합을 능가한다. ② 인간은 인간적 맥락 속에 존재한다. ③ 인간은 인식한다. ④ 인간은 선택한다. ⑤ 인간은 의도를 가진다(천성문, 2017).

로저스는 성격발달에 있어서 개인이 '자기실현'(자기자신이 되는 것)·'자기유지'(자기의 존재를 유지하는 것)·'자기향상'(현재상태를 초월하는 것)을 위해 노력한다는 점을 강조한다. 인본주의 심리학자인 로저스의 이론을 중심으로 살펴보기로 한다. 로저스의 '인간중심상담'은 인본주의를 바탕으로 하는 새롭고 긍정적이고 선한 인간관을 바탕으로 하는 치료법이다. 로저스에 의하면 인간은 그만한 능력이 있으며 또한 선하다는 것이었다. 이 이론은 인간중심적이고 또 인간에 대한 사랑과 믿음을 포함하고 있다고 하겠다. 이 인간중심 상담은 심리적 장애를 가지고 있는 인간을 신뢰하고 장애를 해소할 수 있게 도와주는 이론으로서, 예수께서 말씀하셨고 교황 요한 바오로 2세가 체험했던 '참된 행복'으로 이끌어 주는 하나의 도움 역할을 할 수 있을 것이다. 오늘날 문명은 발달했지만 사회병리적 현상이 증가하면서 많은 사람들이 심리상담소나 혹은 종교시설로 찾아와 도움을 호소하고 있다. 이 로저스의 이론은 사목자들이 사목상담을 하는데 있어서 좋은 하나의 지침서가 될 것이다.

로저스는 1902년 1월 8일 미국 중서부의 청교도 집안에서 태어났다. 그가 성장한 분위기는 따뜻하고 포근한 분위기의 가정이었고, 동시에 엄격한 종교적인 분위기였다. 그래서 청교도적인 윤리가 미덕으로 칭송되었고, 놀이는 제한되었다. 그는 소년기에 친구들과의 어울림보다도 학업에 관심을 쏟았기 때문에 고립된 존재였다. 그가 12살 때 농장으로 이사를 하게 되는데, 그의 부모는 멀리 떨어져 살게 되면 자녀들에게 노동의 가치와 기독교인의 원리를 좀 더 많이 키워줄 것이라고 생각했기 때문이다. 농장에서 얻은 과학적 경작법에 대한 젊은 청년의 연구와 흥미는 과학적 방법에 대한 지속적인 관심으로 이어졌다. 대학시절에 그의 관심 분야는 농업에서 역사로 다시 종교로 그리고 마지막으로 임상심리로 변화해갔다. 그는 신학을 공부하는 도중에 사람들의 종교적 신념이 매우 다양하다는 것을 인식하게 되었고, 이 시기에 부모의 종교적 그늘에서 탈피해 심리적인 독립을 이루게 된다. 학교를 졸업할 시기에 그는 종교에 의문을 품고 유니온 신학대학에서 콜롬비아 대학의 사범대학으로 옮겨 심리학을 공부하기 시작하여 석사(1928)와 박사(1931) 학위를 받았다.

로저스는 Horney와 Sullivan의 저서를 통한 정신분석적인 사고와 과학적 방법과 통계적 검증을 강조하는 미국의 심리학, 이 두 가지 모두에 접하면서 치료자로서의 활동을 시작하였다. 1928년부터 10년간 뉴욕 로체스터에 '아동 범죄를 예방하는 모임의 아동 연구부'에서 심리학자로 있으면서 자신의 사상을 형성하였다. 이때 그는 오토 랑크의 사상을 접하게 되는데 '인간의 존엄성'에 대한 신념을 강조하는 랑크의 사상은 로저스의 이론에 깊은 영향을 주었다. 그 후 오하이오 주립대학에서 5년간 임상심리학 교수로 있었고, 1945년부터는 시카고 대학교에서 심리학 교수와 상담소의 책임자로 있다가, 1957년에는 위스콘신 대학교에서 심리학과 정신의학의 교수가 되었다. 1964년에 캘리포니아에 있는 "서부 행동과학 협회"에 임원으로 참여했다. 이 협회는 인간관계의 능력을 향상시키기 위한 기관이었다. 여기서 그는 활발한 활동을 하였고, 상담소도 열었다. 그 후 Rogers는 상담의 분야에서 내담자 중심 상담법의 기수로서 전 세계에 영향을 미치게 된다.

Rogers는 에이브러햄 H. 매슬로(1908-70)와 조지 켈리(1905-67)와 더불어 20세기 인본주의(人本主義)를 대표하는 심리학자 중의 한 명으로 볼 수 있다. 인간중심적 상담은 로저스에 의해 1940년대에 처음으로 개발된 인간 성장과 변화에 대한 치료법으로 정신분석적 치료, 행동주의 치료, 인지적 치료와 함께 상담 및 심리치료 분야의 커다란 흐름을 형성하고 있으며 계속 연구되고 있는 치료법이다. 인간중심적 상담이론은 1940년대에 칼 로저스에 의해 창시된 상담이론이다. 이 이론의 애초의 명칭은 '비지시적 상담'이었는데, 이론이 발전해 나가는 과정에서 1970년대까지는 '내담자 중심적 상담'으로 불렸고, 그 이후로는 '인간중심적 상담'으로 명칭이 바뀌었다. 인간중심적 상담이론은 구체적인 문제해결보다는 내담자에 대한 상담자의 태도를 더 중요시한다. 그 이유는 이 이론이 나름대로 독특한 인간관에 기초하고 있기 때문이다. 로저스는 1928년부터 약 10년간 뉴욕의 Rochester에서 당시에 주로 사용되던 치료법에 의문을 품고 스스로 자신만의 개념을 정립하였다. 그 당시까지는 주로 문제를 분석하고 진단하여 그것을 해석하였는데 그것이 치료하는데 효과적이지 못하다는 것을 느끼고 자신만의 독특한 방법을 만들게 된다.

2 인간관

인간중심적 상담에서의 인간관은 그 전까지의 심리학에서 주장했던 인간에 대한 관점(태도)과는 큰 차이를 보인다. 프로이드는 인간을 무의식적인 욕구와 갈등으로 가득 찬 존재로 보았지만 로저스는 인간을 선하고 긍정적인 존재로 본다(민경환, 2002). 그 전에는 인간을 부정적인 관점에서 바라보았으나 로저스는 긍정적인 관점으로 바라보았다. 즉, 인간은 근본적으로 합리적 · 사회적 · 진보적 · 현실적이라는 견해를 가지고 있는 것이다. 인간은 자기를 실현할 수 있는 기본적 동기와 능력을 이미 가지고 있는 것으로 본다. 단지 삶의 과정에서 그러한 능력이 감추어지고 왜곡된다는 것이다. 즉, 과거의 경험에 의해 형성되어졌다기보다는 자신의 가능성과 잠재력을 발견하고 실현할 수 있는 것이며, 그 무엇이든지 될 수 있는 형성중에 있는 존재라는 것이다. 이 이론의 핵심은 바로 인간의 잠재능력과 가능성에 대한 믿음이다. 인간에 대한 믿음이 내담자를 향해 발휘될 때 바로 '내담자 중심'이 되며, 거기에서 한 걸음 더 나아가 인간 전체에 대한 믿음으로 확대될 때 '인간중심적 삶'이 되는 것이다(최정훈, 1992).

로저스의 성격이론은 현상학적 관점에 기초를 두고 있으며, 개인의 현실은 그 사람의 주관적 체험세계 속에 존재한다고 주장한다. 주관적인 체험과 지각들은 그 사람의 현실을 구성할 뿐 아니라 행위의 기초도 형성한다. 로저스의 현상학적 이론은 프로이드의 정신분석이론과 차이를 보인다. 첫째, 과거를 부정하지는 않지만 현재가 과거보다는 중요하다는 것이다. 둘째, 로저스는 프로이드와는 달리 무의식보다 의식되는 부분이 행동에 대한 함축적인 의미가 더 크다고 생각한다. 그래서 개인의 현상학적 자료를 잘 활용해야 하며 여기서 만들어진 가설은 실험실에서 엄격한 방식으로 검증될 수 있다고 주장한다.

칼 로저스의 견해는 기본적으로 네 가지로 분류하여 볼 수 있다. 첫째, 개인의 존엄성과 가치에 대한 신념, 둘째, 행동의 지각적인 견해, 셋째, 자아실현의 경향성, 넷째, 인간의 선성에 대한 근본적인 신뢰이다. 이러한 인간에 대한 로저스의 기본이해를 파악하면 그가 주장하는 인간중심적 이론의 특성을 이해하는데 큰 도움이 된다.

1) 개인의 존엄성과 가치에 대한 신념

로저스는 모든 인간은 자신의 생각과 권리를 가질 의무가 있고, 자신의 운명을 통제할 수 있으며, 다른 사람의 권리를 침해하지 않는 한 자기가 관심을 가지고 있는 것에 대해 자유롭게 추구할 수 있다고 믿었다. 그는 인간성에 관한 그의 모든 생각에 기초가 되는 이러한 민주적인 이상이 실제적인 유용성과 도덕적인 가치를 가지고 있다고 본다. 그는 민주적인 사회가 필요로 하는 것은 각 개인이 독립적이고, 자아지향적인 사람이 되게 하는 것을 고무시키는 사회과정과 제도에 의해 잘 제시되어질 수 있다고 믿는다(차정환, 1995).

2) 행동에 대한 지각적인 견해

칼 로저스는 개인이 상황을 파악하고 적응하며 행동하는 방식이 자신들의 지각과 일치함을 강조하였다. 인간은 본질적으로 자신의 개인적이며 주관적인 세계에서 살아가며, 과학이나 수학 등 객관적인 것들도 주관적인 목적과 선택의 결과라고 주장한다(최정훈, 1992). 개인은 환경과의 상호작용을 통하여 성장하고 변화한다. 그는 일반적으로 경험은 자기 구조로 통합되고, 자기에 대한 지각과 불일치하는 것은 무시되거나 왜곡되게 시삭한다고 보았다. 자기의 잠재력을 완전히 발휘하는 사람은 자기의 주관적인 측면을 수용할 수 있고, 외적인 평가보다는 그들 자신의 주관적인 평가를 신뢰한다.

3) 자아실현의 경향성

로저스는 인간이 성장, 적응, 사회화 그리고 자율성으로 기술될 수 있는 자아실현의 방향으로 나아가는 경향성을 지니고 있다고 본다. 어떤 한 인간이 현재 좌절과 절망을 겪더라도 그것은 가능성이나 잠재력이 부족해서 그렇게 된 것이라기보다는 자신의 가능성과 잠재력을 다 발휘하지 못해서, 즉 자아를 제대로 실현하지 못했기 때문이다. 그는 이러한 지향적인 경향을 실현화의 경향(actuallizing tendency)으로 일컬었고, 이 경향은 유기체를 유지시키고 성장시키며 모든 유기체의 내재된 경향이라고 주장하였다. 이런 실현화 경향은 모든 유기체, 즉 사람뿐만 아니라 동물 및 식물에도 적용된다고 보았고 이런 경향은 생명 그 자체를 보존하고 성장시키며 번식시키기 위한 것으로서 환경과 유기체가 상호작용하는 과정들로 파악하였다.

여기서 로저스는 몇 가지를 주장한다. 첫째, 실현화의 경향은 인간 유기체의 원동력이다. 둘째, 실현화의 경향은 그 개체의 하나, 혹은 그 이상의 작용보다는 전체 유기체의 작용이다. 셋째, 개인들은 자신의 자아실현을 구현할 수 있는 능력을 가지고 있다.

4) 인간의 근본적 선성에 대한 신념

로저스는 인간의 본질적인 특성을 선성 내지는 신뢰할 만한 것이라고 믿었다. 사람들은 때때로 속이기도 하고, 미워하며, 파괴적일 수 있으나 이런 특성들은 방어성에서 나온 것이고 본질적으로는 선하다고 한다. 이러한 방어성은 개인의 실제 자기와 이상적 자기 간에 커다란 불일치라고 믿었다. 이러한 방어기제를 제거하는 것은 각 개인에게 신뢰한다는 믿음을 느끼게 하고 자신의 실현 경향성대로 잠재력을 발휘하게 하는 것이라고 보았다. 이러한 선성에 대한 믿음을 일관되게 유지하면 사람들은 자신 안에 있는 선성을 발휘하게 되고 방어기제는 점차로 줄어든다는 것이다.

3 주요 개념

인간중심적 상담이론과 실제를 이해하는 데 기초가 되는 유기체와 현상적 장, 자아와 자아개념, 실현 경향성과 자아실현 경향성, 성격의 발달과 적응 및 부적응 행동, 그리고 충분히 기능하는 인간 등의 개념들을 살펴보기로 하겠다.

1) 유기체와 현실적 장(場)

로저스에게 있어서 유기체란 그 개인의 사상, 행동 및 신체적 존재 모두를 포함하는 전체로서의 한 개인을 지칭하는 것이다. 이러한 유기체, 즉 개인은 계속적으로 변화하고 있는 세계 속에 존재하고 있다. 그 계속 변화하는 경험세계의 중심은 개인이다. 개인은 변화하고 있는 세계 속에서 자신이 경험하고 지각한 장(場)에 대하여 반응한다(한재희, 2002).

로저스에 의하면, 개인이 경험하거나 지각한 장(場)은 그 개인의 사적이고, 주관적인 경험의 세계다. 로저스는 이 주관적인 경험의 세계를 현상적 장(phenomenal field) 혹은 경험적 장(experiential field)이라 했다. 그는 이 경험적 혹은 현상적 장을 그 개인의 실재 세계로 보고 있다. 그리하여 인간중심적 접근에서는 개인의 행동양식은 자극적 조건들, 즉 외적 현실(external reality)에 의하여 결정되는 것이 아니라 오히려 주관적 현실(subjective reality), 즉 현상적 장에 의하여 좌우된다고 보는 것이다. 로저스에 의하면 현상적 장은 그 사람 자신에게만 알려질 수 있는 그 개인의 내적 준거체제이다. 그는 그러한 내적 준거체제인 현상적 장, 즉 개인의 경험적 세계는 공감적 추론에 의하지 않고는 다른 사람에게 결코 알려질 수 없는 것이라고 주장한다. 그러므로 개인행동의 이해는 그 개인의 내적 준거체계를 관찰함으로써 가능한 것이다(이형득, 1993).

2) 자아와 자아개념

로저스에 의하면, 자아(self)는 개인의 전체적인 현상적 상 혹은 지각적 장으로부터 분화된 부분이다. 다시 말하면, 자아는 개인 자신의 존재 각성 또는 기능 작용의 각성을 의미하는 것이다. 또한 현재 자신이 어떤 존재인가에 대한 개인의 신념으로, 자기 자신에 대한 자아상(self image)이라고도 할 수 있다. 자아 개념은 현재 자신에 대한 인식과 앞으로 자신이 어떤 존재가 되어야 하는지에 대한 인식, 즉 현실자아와 이상자아로 구성되어 있다고 본다. 이와 같은 자아의 발달을 통해서 개인은 자기에게 속한 것, 혹은 자기의 일부와 자신이 지각하는 다른 모든 대상들 사이를 구별할 수 있게 되는 것이다.

자아개념(self-concept)은 자아구조(self-structure)를 의미하는 것으로서 각성될 수 있는 자아지각들의 조직된 틀을 말한다. 따라서 자아개념은 개인의 여러 특성들과 능력에 대한 지각들, 다른 사람들이나 기타 환경과 관련된 자신에 대한 지각과 개념들, 경험과 대상들과의 관련 하에서 지각되는 가치관, 그리고 긍정적 혹은 부정적인 유일성을 갖는 것으로서 지각되는 목표 및 이상과 같은 요소들로 구성된다. 또한 자아 개념은 자신의 현재의 모습에 대한 지각뿐만 아니라 자기가 되고자 하고 또한 되어야 한다고 생각하는 것까지 포함한다(이형득, 1993).

3) 실현 경향성과 자아실현 경향성

로저스는 인간을 포함하는 모든 유기체는 그것 자체가 갖고 있는 고유한 가능성들을 건설적인 방향으로 성취하고자 하는 실현 경향성을 가지고 있다고 하였다. 이 경향성은 성장의 신체적, 심리적 요소들을 총망라한 것이다. 그러니까 실현 경향성은 인간의 성장과 발달의 모든 면에 영향을 미친다. 낮은 수준에서는 실현 경향성이 음식, 물, 그리고 공기와 같은 기본적인 욕구를 충족시키도록 작용한다. 그리하여 그것은 기본적인 신체적 욕구들을 지지하고 유지시킴으로써 유기체의 생존을 보증한다. 그러나 실현 경향성은 유기체의 생존을 보증하는 것 이상의 작용을 한다. 그것은 유기체의 성숙과 성장을 촉진시키고 향상시킨다. 이러한 과정에서 볼 때, 실현 경향성은 단순히 유기체의 긴장 감소만을 목적으로 하고 있지 않으며 때로는 긴장을 증가시키기도 하는 것이다.

인생의 초기에 있어서는 실현 경향성의 신체적 요소와 심리적 요소들 중에서 신체적 요소가 더 우세하게 나타난다. 그러나 성장함에 따라 자아가 발달하기 시작하면서 심리적인 것이 더 강조가 된다. 일단 자아가 출현하게 되면, 자아실현의 경향이 나타난다. 평생을 지속하는 이 과정은 인간 생활에 있어서 가장 중요한 목표인 것이다. 자아실현은 한 인간이 자신이 되는 과정이며 그 개인의 독특한 특성들과 잠재력을 발달시켜 가는 과정인 것이다. 다시 말해서 이것은 좀 더 유능한 인간으로 되어가는 과정이라 할 수 있다. 그런데 우리가 유의해야 할 것은 자아실현이란 완전한 최종의 상태를 말하는 것이 아니라는 점을 로저스는 강조하고 있다는 사실이다. 이 동기를 포기해도 좋을 만큼 완벽한 자아실현은 결코 이룰 수 없다고 로저스는 가정하고 있는 것이다(김충기, 2002).

로저스는 유기체의 실현 경향성과 자아실현 경향성을 다음과 같이 구별하고 있다. "자아구조의 발달에 따라 일반적 실현 경향성은 자아 속에 상징화되는 유기체의 경험 부분을 실현해 가는 과정에서 그것 자체를 나타낸다. 만약 자아와 유기체의 전체 경험이 비교적 일치하면, 그때 실현 경향성은 비교적으로 통합적인 것이 된다. 만약 자아와 경험이 불일치하면, 그때, 유기체를 실현하고자 하는 일반적 경향성은 그 동기의 하위체제, 즉 자아를 실현하고자 하는 경향성과 상반되는 목적을 향해 작용할 수도 있는 것이다." 이러한 진술에서 우리는 자아와 유기체, 자아경험과 유기체 경험 간의 차이 및 갈등의 가능성을 시사받을 수 있으며, 이들의 갈등, 즉 자아와 유기체의 불일치가 바로 부적응 행동으로 발달한다는 사실을 알 수 있다.

4) 자아의 발달과 적응 혹은 부적응 행동

자아는 어린 시절 부모나 주변의 중요한 타인들에 의한 평가 혹은 받는 사랑의 정도에 따라 건강하게 또는 그렇지 못하게 발달한다. 즉, 욕구를 충족시키는 경험이면 긍정적 가치(positive value)로, 그렇지 못하면 부정적 가치(negative value)로 평가한다. 이를 로저스는 유기체적 가치화 과정(organismic valuing process)이라 하였다. 그런데 이러한 환경과의 상호작용의 과정에서 아동은 타인으로부터의 긍정적 관심을 얻고자 하는 욕구를 발달시키게 된다. 이러한 긍정적 관심은 모든 인간에게 강력하게 작용하는 욕구다. 이 욕구는 개인의 유기체적 가치화 과정보다 더 강력할 수 있다.

여기서 자기 관심의 욕구가 발달한다. 그러니까 자기 관심의 욕구는 자아경험에 따른 긍정적 관심의 욕구 만족이나 혹은 좌절과 관련하여 발달하게 되는 것이다. 이것은 유기체의 경험과 일치하지 않는 자아개념을 형성하게 한다. 즉, 아동은 자기 관심의 욕구에 기인하여 실제의 자기가 되려 하지 않고, 다른 사람들이 그에게 요구하는 사람이 되려는 경향을 보인다. 그리하여 거부의 표현은 어떤 것에나 민감하게 되고, 자기가 기대한 반응에 의존하여 자신의 행동을 계획하기 시작한다.

이와 같은 상황에서 아동은 조건적인 긍정적 관심을 학습하게 된다. 이것은 부모나 다른 중요한 타자들의 관심과 사랑이 아동 행동의 적절성 여부에 따라 달라질 때 아동이 학습하게 되는 것이다. 이 학습의 과정에서 가치의 조건들이 아동들에게 부과된다. 이렇게 되면 아동들은 이러한 조건들에 어긋나지 않는 행동을 하게 되는 것이다. 그러한 가치의 조건들에 어긋나는 행동을 하게 되면 자신의 무능력감 또는 무가치감을 느끼게 되고 방어적인 성격을 형성하게 된다. 즉, 이들은 왜곡과 부인이라는 방어기제를 발달시키게 되는 것이다. 이와 같은 사람은 그의 환경과 더불어 충분히 그리고 개방적으로 상호작용을 할 수 없으므로 그는 자아개념과 그를 둘러싸고 있는 현실, 즉 유기체적 경험들 간의 불일치를 가져오게 된다. 그래서 그는 자아의 모든 측면들을 실현할 수 없게 되는 것이다. 가치의 조건들이란 마치 말을 타고 있는 장님 같아서 유용한 경험들을 차단하고 위험성을 지니고 있다고 로저스는 말하고 있다. 가치의 조건들에 매여 있는 사람들은 무가치한 행동이나 사고를 의식하는 것마저도 그러한 행동들을 표현하는 만큼이나 위협적인 것으로 생각되기 때문에 그들의 행동을 불필요하게 제한해야만 하고, 또한 현실을 왜곡한다.

반면에 로저스는 인간이 완전히 가치의 조건들을 피할 수는 없지만, 만약(ifs), 그리고(ands), 그러나(buts) 등과 같은 조건이 없이 있는 그대로 수용되거나 존경되는 무조건적인 긍정적 관심을 주거나 받는 것이 가능하다고 생각하고 있다. 따라서 만약에 성숙하고 있는 개인이 무조건적인 긍정적 관심만 경험하게 되면 충분히 기능할 수 있는 건전한 성격을 발달시킬 수 있다면서 다음과 같이 주장하고 있다. "그때에는 가치의 조건들도 발생하지 않을 것이고, 자기관심도 무조건적일 것이며 긍정적 관심과 자기 관심의 욕구도 유기체적 평가와 결코 불일치하지 않을 것이다. 그리고 개인은 심리적으로 계속 적응할 수 있어서 충분히 기능할 수 있을 것이다." 이상에서 부적응이란 자아와 유기체의 경험 간의 불일치를 말하는 것이며, 방어적인 특성을 지니고 있음을 알 수 있다. 반면에 잘 적응하는 상태는 자아와 유기체의 경험 간의 일치를 말하며 따라서 모든 경험에 개방적인 특성을 지니고 있으며 충분히 기능을 발휘할 수 있는 상태에 있는 것이라고 할 수 있다(노안영 역, 2004).

5) 충분히 기능하는 인간

로저스는 좋은 삶 혹은 이상적인 삶을 사는 사람을 충분히 기능하는 인간(the fully functioning person)으로 기술하고 있다. 앞서 기술한 바도 있듯이, 개개 인간은 자아실현을 향한 선천적인 경향성을 가지고 있다. 이러한 실현 경향성을 성취하고자 노력하는 과정에서 인간은 의식적으로 정확하게 경험들을 의미화 하고자 하는 경향성과 능력을 가지고 있다. 이들과 관련되는 보다 구체적인 욕구들로서 인간은 다른 사람들로부터 긍정적 관심을 얻고자 하는 욕구와 자기 관심의 욕구를 갖고 있다. 이런 욕구들이 충족될 때 유기체의 실현 경향성과 경험들을 정확하게 의미화 하고자 하는 경향성이 가장 충실하게 실현될 수 있고, 그 결과로 개인은 충분히 기능하는 인간이 될 수 있는 것이다. 로저스는 이와 같은 충분히 기능하는 인간이란 하나의 존재 상태가 아니라 하나의 과정으로 보고 좋은 삶, 즉 충분히 기능하는 인간이 되어가는 과정의 특징들을 다음과 같이 들고 있다.

첫째, 경험에의 개방성이 증가되어 가는 과정이다. 이것은 반대로 방어성의 감소를 의미한다. 우리가 자신의 경험이 충분히 있으면 모든 자극들을 방어기제에 의해 왜곡됨 없이 신경계를 통해서 자유롭게 전달될 수 있다. 그리하여 그 개인은 자신과 자신 속에서 이루어지고 있는 경험에 대하여 보다 더 경청할 수 있게 되고, 두려움이나 절망과 고통들을 더 잘 포용할 수 있게 된다.

둘째, 이 과정의 특징은 삶의 순간순간에서 보다 충실하게 살고자 하는 경향, 즉 실존적 삶의 태도가 증가되는 것이다. 자신의 새로운 경험에 대하여 방어적이지 않고, 충분히 개방적인 사람은 삶의 순간순간이 새로운 것임을 깨달을 수 있다. 그리하여 이러한 개인은 매 순간순간마다 내가 어떤 존재인가 또는 내가 무엇을 할 것인가를 발견할 수 있고, 그 삶에 충실하게 되는 것이다. 이와 같이 지금 진행되고 있는 것에 자신의 정신을 개방할 수 있다는 것과, 진행되는 과정 속에서 경험의 구조를 발견할 수 있는 삶의 과정이 바로 충분히 기능하는 인간의 삶 또는 삶의 질이라고 로저스는 보고 있는 것이다.

셋째, 충분히 기능하는 사람으로서의 발달과정의 특징은 자신의 유기체에 대한 신뢰를 증대해 가는 과정이다. 로저스는 "어떤 상황에 대한 나의 전체적 유기체의 감각이 나의 지성보다 더 신뢰로움을 알았다"고 한 바 있다. 즉, 건강한 사람은 경험에 대하여 충분히 개방적이기 때문에 그는 의사결정에 유용한 모든 정보들에 섭할 수 있게 된다. 이 정보에는 개인의 욕구들, 적절한 사회적 욕구들, 유사한 과거 장면들의 기억들, 그리고 현 사태에 대한 지각들이 포함되어 있다. 그리하여 충분히 기능하는 사람은 자신의 유기체 전체를 통해서 어떤 한 상황의 여러 측면을 고려할 수 있다.

이처럼 경험에의 개방의 중요성, 실존적 삶의 태도 증대, 그리고 자기 유기체에 대한 신뢰의 증대로 특징 지워지는 충분히 기능하는 인간으로의 성장과정에 있는 사람은 보다 자유롭고, 창조적이며, 인간성을 신뢰하며, 그리고 보다 풍요로운 삶을 살 수 있다고 로저스는 덧붙여 설명하고 있다.

4 성격이론

인간중심 치료이론은 임상적 경험과 연구에서 발전해왔다. 이론적인 서술이 인간중심 접근의 일차적 목표는 아니었다. 치료과정과 상담과정에서 생기는 의문들을 과학적으로 검토하고, 이를 통해 도출된 발견들을 종합하고 체계화함으로써 성격이론으로 발전할 수 있었던 것이다. 인간중심 접근은 인간 성격에서 변화가 일어나는 방식에 관심을 가지고 있다.

인간이 현재 나타내는 성격 특성의 원인보다는 성격 변화의 과정에 관해서 관심을 가지고 있다. 인간중심 이론은 주로 변화를 가져오는 '조건'들에 관한 이론이다.

1) 아동의 특징

인간중심 성격이론은 출생 시의 인간 아동에 대하여 특정한 가정을 하는 것으로부터 시작한다. 아동는 자기의 경험을 현실로 지각하고 자기를 실현하려는 선천적 경향을 부여받았다. 아동의 행동은 자신이 지각한 현실과의 상호관계에서 실현하고 싶어하는 욕구를 만족시켜 주는 방향으로 지향하게 된다.

아동의 상호작용에서 아동은 조직된 전체로서 행동한다. 아동은 자신의 유기체를 고양시키는 것으로 지각되는 경험들에 긍정적인 가치를 부여하고 자기 실현화 경향에 상반되는 경험에는 부정적인 가치를 부여하는 생득적인 능력을 갖는다. 이와 같은 유기체적인 가치화 과정은 아동의 행동이 자신의 자기실현화 목표를 향하도록 만든다.

2) 자기 개념의 발달

변별(실현화 경향의 일면)하려는 경향의 결과로서, 개인적인 경험의 일부를 자기 경험으로 자각되도록 상징화가 이루어진다. 자신의 존재와 기능에 대한 자각이 발달함에 따라 개인은 환경 내에서 자기 자신의 존재 및 기능에 대한 경험으로 이루어지는 자기감(sense of self), 자기개념을 획득하게 된다. 환경 가운데 다른 중요한 경험들과 상호작용을 함으로써, 자아 경험은 자기 개념(경험 영역에 있는 지각 대상)이 된다. 이는 광범위하고 지속적인 인간의 보편적 욕구, 즉 긍정적 존중에 대한 욕구에 의해 영향을 받는다.

3) 긍정적 존중을 받으려는 욕구

자신을 자각하기 시작하면서 남들로부터 긍정적 존중을 받으려는 욕구가 발달한다. 이 욕구의 만족은 타인의 경험 영역에 관한 추론에 달려 있다. 개인의 긍정적 존중은 자신이 타인의 욕구를 만족시킨다고 지각할 때 이루어지는 것이다

4) 자기 존중에의 욕구 발달

긍정적인 존중에 대한 욕구가 만족되거나 좌절되는 경험으로부터 인간은 자기 존중감을 발달시키는데, 이는 다른 사람들로부터 받은 존중에 대한 자신의 지각에 근거한 학습된 자기감이다. 자기 존중감은 전체 유기체의 행동에 영향을 주는 보편적인 구성개념이 되며, 다른 사람들로부터 존중을 받는 실제적인 경험과는 독립적으로, 그것 자체로서 생명력을 갖는다. 이것이 발달하는 방식은 개인의 조건부 가치의 내사(introjecting)로 설명된다.

5) 조건부 가치의 발달

부모의 애정을 얻으려는 아동의 욕구는 어쩔 수 없이 그 유기체의 욕구와 상충되는 목표를 갖는다. 하나의 유기체로서 아동이 인식하는 가치는 때로 그 부모의 가치와 상반된다. 다시 말하면, 아동의 유기체적인 욕구와 욕망에서 나온 행동은 때때로 부모가 수용할 수 있는 행동과는 상반될 수 있다. 이때 아동은 중요한 타인들에게 존중받을 가치가 있는 경험과 존중을 받지 못하는 것들을 변별하는 자신의 자기 존중 체계를 갖기 시작한다. 아동은 긍정적인 존중을 받지 못한다고 학습한 자신의 유기체적인 경험들을 완전히 회피하거나 부인하기 시작한다.

반면에, 내사된 조건부 가치들을 자기 존중 체계의 일부가 된다. 아동은 자기 경험이 긍정적인 존중을 받았던 경험들과 일치할 때 긍정적인 자기 존중을 경험한다. 자기 경험이 긍정적인 존중을 받을 수 없는 경험일 때에는 부정적인 자기 존중을 경험한다. 자기 가치는 중요한 타인들과 상호작용하는 동안 학습한 조건부 가치에 의존하게 된다(고인숙, 2010).

6) 자아와 경험 간의 모순성 발달

조건부 가치, 즉 자기존중의 욕구의 발달은 유기체적 욕구와 욕구 간의 갈등이

발생하게 된다. 그 결과 개인은 유기체적 감각에 따라 행동하든지, 혹은 그가 학습한 조건부 가치에 따라서 행동하든지 둘 간의 선택을 해야 한다. 이때 개인은 긍정적인 자기 존중을 유지하기 위해서, 그럼으로써 자기 가치감과 자기 실현감을 유지하기 위해서, 조건부 가치들과 일치하는 행동을 선택한다. 이는 개인의 자기 존중적 욕구가 유기체적 욕구를 압도한다는 것이다.

자기를 존중하려는 욕구는 경험을 선택적으로 지각하게 하여, 조건부 가치와 일치하는 경험들은 정확하게 지각하여 상징화 하지만, 조건부 가치들과 반대되는 경험들은 선택적으로 어느 일부분만 왜곡시켜 지각하거나 자각하지 못하게 된다. 정확하게 상징화되지 않은 자아 경험이 존재한다는 것은 자아와 경험 사이의 모순이 존재한다는 것을 의미하고, 이는 부적응을 초래한다. 그렇기 때문에 선택적 지각 없이 어떤 경험이 개인의 자각 내에 정확히 상징화된다면 이는 위의 모순을 드러내는 것이며 혼란과 불안을 일으킨다. 때문에 경험을 왜곡하거나 부인함으로써 개인의 일관된 자각을 유지하도록 해주는 방어기제를 일으킨다.

7) 위협의 경험과 방어과정

자아구조와 모순되는 경험은 위협으로 지각된다. 방어과정은 이것을 예방한다. 자신의 조건부 가치들과 상반되는 경험들을 정확히 지각하는 것에 대한 방어적 욕구 때문에 개인은 그러한 영역에서 지각의 경직성을 발달시킨다. 방어는 편협되게 지각하는 것이고, 현실을 착각하도록 의도적으로 지각하는 결과를 낳는다.

8) 재조정의 과정

한 개인이 진실해질수록 조건부 가치가 감소되고, 무조건적 자기 존중이 증가된다는 것은 틀림없다. 중요한 타인을 무조건 긍정적으로 존중하고 의사소통하는 것은 이런 조건을 만족시키는 방법이다. 개인이 존중을 지각할 때 존중은 현존하는 조건부 가치들을 악화시키거나 분산시키도록 한다. 사람이 가지고 있는 무조건적이고 긍정적인 존중은 이렇게 해서 증가되며, 반면에 위협은 감소되고 진실성은 발전한다.

개인은 위협을 지각하는데 별로 민감하게 되지 않고 방어적이지 않게 되며, 더욱 성실하고 자기와 타인을 긍정적으로 존중하며, 심리적으로 더욱 잘 적응하게 된다. 유기체가 가치를 가지게 되는 과정은 점차 행동 조절의 바탕이 되어서, 그 개인은 한층 더 완전히 기능을 발휘하게 된다.

5 상담목표

상담의 목표는 내담자의 자아개념과 유기체적 경험 간의 불일치를 제거하고 그가 느끼는 자아에 대한 위협과 그것을 방어하려는 방어기제를 해체함으로써 충분히 기능하는 사람이 되도록 돕는 것이다. 상담자는 상호 신뢰적인 분위기를 조성하여 내담자가 거리낌 없이 자기를 개방하도록 함으로써, 내담자 자신의 내면세계(감정, 욕망 및 가치판단 등)를 이해하고, 자신의 문제를 파악할 수 있도록 돕는다. 이런 관계 속에서 내담자는 자신의 환경에 대한 왜곡된 지각을 수정하고, 현실적 경험과 자아 개념 간의 조화를 이루며, 그 다음으로 능력과 개성을 최대한 발휘하는 자아실현을 촉진하게 된다.

자아실현을 이룬 사람의 특징은 첫째, 자기방어를 위해 현실을 왜곡하지 않으며, 둘째, 자기 자신에 대한 올바른 이해에 바탕을 둔 신뢰감과 융통성있는 마음의 자세를 갖고 있고, 셋째, 실존문제에 대한 해답을 자신의 내부에서 찾으려 하며, 인간적인 성숙이 지속적인 과정임을 아는 사람이다(김정자 외, 2007).

6 상담과정과 기법

1) 상담과정의 특징

감정의 해소는 어느 종류의 심리치료를 막론하고 많은 사람들이 중점적인 특징으로 간주하고 있다. 모든 상담 경험의 중요한 목표 가운데 확실히 내담자의 문제와 갈등의 중심이 되는 생각과 태도, 감정 그리고 정서적 충동 등을 숨기지 않고 털어놓도록 만드는 것이다. 하지만 이 목표는 피상적인 태도나 쉽게 표현되는 태도가 반드시 의미있고 동기를 부여하는 태도가 아니라는 점에서 한층 더 복잡해진다. 따라서 상담자는 내담자 자신이 처한 상황에서 기본적인 문제를 적절히 표현할 수 있게 하기 위해 그의 감정을 해소시켜 주는데 익숙해야만 한다. 상담관계 그 자체는 이미 말한 대로 이 과정을 돕는 것이다.

그러기에 상담에는 다음과 같은 특징적인 과정이 뒤따르게 된다.

(1) 내담자는 언어나 동작으로 자기 감정을 자유롭게 표현한다.

(2) 내담자는 자아의 감정이나 지각의 대상들을 변별한다. 경험을 점차로 정확하게 상징화 한다.

(3) 내담자가 표현한 감정은 점차로 내담자의 경험과 자아개념과 모순됨을 느낀다.

(4) 내담자는 상담자의 무조건적이고 긍정적인 존중 때문에 모순의 위협을 점차로 분명하게 자각하게 된다.

(5) 내담자의 자기개념은 이전에 자각하는데 왜곡하였거나 부정되었던 경험을 소화하여 재조직된다.

(6) 자기 구조의 재조직이 계속 이루어짐에 따라 내담자의 자기 개념은 점차 일치되어가고 방어는 줄어든다.

(7) 내담자는 점차로 무조건적 자기 긍정을 느낀다.

(8) 내담자는 자기를 평가의 소재로 경험한다.

(9) 내담자는 조건부 가치보다는 유기체적 가치와 과정으로 경험에 반응한다.

2) 상담과정

1단계 : 내담자가 도움을 받기 위해 온다.

2단계 : 상담이라는 상황을 정의한다.

3단계 : 상담자가 내담자의 정서반응을 반영하고, 명료화하여, 내담자가 자신의 문제에 관한 감정을 자유롭게 표현되도록 북돋우어 준다.

4단계 : 상담자는 내담자가 표출하는 부정적 감정을 수용하고, 알아주고, 정리해 주어야 한다.

5단계 : 부정적인 감정을 완전히 표현할 수 있게 된 후에는 미약하고 잠정적이기는 하지만 성격 성장에 보탬이 되는 긍정적 감정과 충동이 나타나게 된다.

6단계 : 상담자는 내담자의 부정적 감정을 받아들임과 동시에 긍정적인 감정을 인정하고 받아들인다. 내담자 쪽에서는 자기평가와 정서반응 간의 일치 및 조화를 탐색하고 정리한다.

7단계 : 부정적 감정과 긍정적 감정을 모두 경험하면 자기이해, 자기수용, 자기

통찰이 나타난다. 내담자는 문제행동에 대한 대안적 선택과정을 탐색한다.

8단계 : 통찰과 함께 여러 가지 의사결정을 할 수 있는 길이 선명하게 보이게 된다. 내담자는 긍정적 사고를 하기 시작한다.

9단계 : 내담자는 긍정적 행동을 취하게 되며, 생활 장면에 대해 더욱 정확하고 완전한 분별을 하게 된다.

10단계 : 더욱 성장을 한다. 긍정적인 행동을 취하게 되면 점차로 통찰이 확대 심화되어 정확한 자기이해를 할 수 있게 된다.

11단계 : 내담자는 보다 잘 통제된 긍정적 행동을 점점 더 많이 하게 된다.

12단계 : 내담자는 이제 도움을 받을 필요를 덜 느끼게 되고, 치료관계를 종결해야겠다는 생각을 하기에 이른다. 즉, 지각된 자아와 이상적 자아 사이의 조화를 얻는다.

3) 인간중심 상담의 기술(상담자와 내담자의 관계)

(1) 공감

상담과정에서 상담자와 내담자가 상호작용하는 동안에 발생하는 내담자의 경험과 감정들, 그리고 그러한 경험과 감성들이 상담과정에서 내담자가 갖는 의미를 상담자가 민감하게 그리고 정확하게 이해하려고 하는 노력을 말한다.

이 공감은 동일시와는 다르며, 상담자가 내담자의 입장이 되어 내담자를 깊이 있게 주관적으로 이해하면서도 본연의 자세는 버리지 않는 것이다.

(2) 무조건적 긍정적 관심(배려)

상담관계에서 상담자가 내담자를 구별하거나 비교하거나 선택하는 과정으로 평가・판단하지 않고, 내담자가 나타내는 어떤 감정이나 행동 특성들을 있는 그대로 수용하여 소중히 여기고 존중하는 상담자의 태도를 말한다.

(3) 진실성

상담자가 내담자와의 관계에서 순간순간 경험하는 자신의 감정이나 태도를 있는 그대로 솔직하게 인정하고, 경우에 따라서는 솔직하게 표현하는 태도를 말하며, 상담자에게 있어 가장 중요한 태도라 할 수 있다.

7 상담의 적용

상담자는 내담자가 자발적으로 왔든 아니면 보내졌든지 간에 처음 만나서 얻은 지식에 근거해서 가장 좋은 심리치료 방법으로 시작하게 된다. 그리고 상담자는 일반적으로 내담자에게서 나타나는 매우 다양한 문제와 증상 그리고 원인에 대해서 상당히 많은 주의를 기울인다. 반면 내담자가 도움을 받는 것에 대해 가지고 있는 다양한 태도와 이 태도가 상담과정에 미치는 영향에 대해서는 거의 주의를 기울이지 않는 경향이 있다. 우리는 흔히 만남에서 '첫인상'이 중요하다는 말을 한다. 그것은 첫 만남에서 많은 것들이 그 사람에게서 인식되고 느껴진다고 믿기 때문이다. 상담에서도 내담자를 도와줄 수 있는지의 여부도 첫 번째 면담에서 이루어진다. 상담자는 먼저 내담자가 스트레스를 받고 있는지, 자신이 처한 상황에 대처할 수 있는지, 도움을 원하고 있는지, 가족의 통제에서 독립적인지, 적당한 나이와 지능 및 안정성을 지니고 있는지를 알아야 한다(김제한 외, 2002).

상담자는 먼저 내담자의 긴장 혹은 스트레스 상태가 어느 정도인지를 관찰해야 한다. 이 스트레스는 거의 대부분 심리적인 데 그 기원이 있고, 상반되는 욕구의 갈등에서 생기는 것이기 때문이다. 또한 내담자가 자신이 처한 상황에 대처할 수 있는가 하는 것을 상담자는 고려해야 한다. 상담자가 물어야 하는 또 하나의 기본적인 질문은 내담자가 도움을 원하고 있는가 하는 것이다. 내담자가 도움에 대한 욕구가 강할 때 중요한 내용들에 대해 빨리 언급하는 경향이 있고, 만약에 상담자가 표현의 흐름을 막지 않는 예민한 경청자라면 급속한 발전이 이루어질 수 있기 때문이다.

그리고 내담자는 가족의 통제에서 독립적인가 또는 의존적인가 하는 것이다. 상담자가 고려해야 하는 것은 내담자가 가족과 맺고 있는 관계를 보는 것이다. 이는 어린이나 청소년과 효과적인 상담을 하기 위해서 그들이 정서적으로나 공간적으로 가족의 통제에서 자유스러워야 하기 때문이다. 또한 내담자는 적당한 나이, 지능과 그에 따른 안정성을 지니고 있는가 여부이다. 상담은 역시 일정한 나이와 지적 수준에 도달한 내담자와 할 때 보다 더 적절하고 성공적으로 수행될 수 있다.

이러한 정보를 바탕으로 세 가지 잠정적인 기준을 잡아야 한다. 첫째는 직접적인 상담이나 심리치료를 필요로 하는 것이다. 둘째로는 아동과 부모에게 직접적인 치료에 필요한 조건들 마지막으로 간접적인 치료에 필요한 조건들로 나누어 볼 수 있다. 이것은 잠정적인 기준이고 적합성의 문제이므로 무조건적 적용은 할 수 없다.

제 07 장

행동주의 상담모델

1 행동주의 상담모델의 발달 배경

행동적 접근법은 1950년대에 시작해서 1960년대 초반에는 당시에 지배적이었던 정신분석적 관점에서 급속히 분리되어 나타났다. 역사적으로 보았을 때 행동주의의 첫 번째 경향은 고전적 조건화이다. 주요 특성은 실험적 분석과 상담과정의 평가에 초점을 둔 것이었다. 특히 고전적 조건화가 적용된 기법의 대표적인 경우는 Wolpe의 체계적 둔감화라는 기법으로 현재에도 임상적으로 적용될 수 있다.

두 번째 경향은 조작적 조건화이다. 조작적 행동은 어떤 인과적인 결과를 산출하기 위해 환경을 조작하는 행위를 포함한다. 고전적 조건화가 수동적이라면 조작적 조건화에서의 인간은 능동적인 유기체이다. 조작적 조건화의 주요 개념은 '강화' 원리이다. 즉, 행동 변화는 행동이 어떤 특수한 결과에 의해 이어질 때 일어난다는 가정으로, 긍정적 강화는 어떤 행동의 결과에 대한 보상으로서 어떤 것(칭찬이나 돈)을 주는 것이며 이에 비해 부정적 강화는 어떤 행동이 일단 일어나면 그 상황으로부터 혐오 자극을 제거시키는 것이다(이성건 외, 1988).

세 번째 경향은 인지적 경향이다. 고전적 조건화와 조작적 조건화 모형의 행동주의 학자들은 사고 개념(사고 과정, 태도, 가치 등의 역할)에 대한 언급을 배제하였다. 그러나 최근의 행동주의 운동은 사고에 보다 본격적인 위치를 부여하고 있다. 심지어는 행동의 문제를 이해하고 상담하는 데 있어서 인지적 요인을 중심 역할로 설정하고 있다. 따라서, 외적 사건이 개인에게 영향을 미치는 정도는 대개 인지과정에 의해서 결정되며 이 인지과정 또한 행동이 가져오는 사회적이고 환경적인 결과에 의해서 영향을 받는다. 행동주의 접근은 개인의 행동과 환경의 결과에서 일어나는 끊임없는 상호작용을 강조하고 이를 통해서 자기 지시적 행동 변화를 추구한다.

2 기본 가정

행동심리학은 미국의 심리학자 Watson(1878~1958)에 의해 주창되고 Skinner(1904~1990)에 의해 절정에 달했는데 그들의 입장을 행동주의(behaviorism)라고 부르기도 한다. 생활지도와 상담에 있어 행동주의의 기본가정을 몇 가지 논의하면 다음과 같다.

1) 행동 연구

왓슨(Watson)이 주장했듯이 심리학에서 해야 할 일은 행동을 연구하는 것이다. 여기서 행동이 연구의 대상이 되는 이유는 그것이 "관찰 가능"하기 때문이다. 관찰 가능한 행동에는 동작, 즉 신체의 움직임에 의해 나타나는 행동, 언어 그리고 침, 눈물, 땀, 내분비, 위액 등의 생리적 반응 등을 포함한다.

2) 자극과 반응

행동심리학에서는 자극과 반응 간의 관계를 규명하는 데 주로 관심을 가진다. 행동심리학에서는 행동이라는 용어 대신에 반응(response)이라는 다른 용어를 사용하기도 하는데 이는 행동을 자극에 대한 반응으로 보기 때문이다. 그런데 행동 중에는 자극에 대한 수동적 반응도 있지만 어떤 자극을 결과적으로 이끌어 내는 능동적 행동도 있다.

3) 관찰 가능한 행동

행동심리학에서 연구하는 행동은 관찰 가능한 것이어야 한다. 행동심리학은 가능한 과학적 연구방법론을 엄격하게 지키려 한다. 과학적으로 엄밀한 연구를 하려면 연구자는 관찰 가능한 행동을 연구하되 이를 수량적으로 측정이 가능하도록 해야 한다는 것이다. 예컨대, 정신분석학에서 말하는 무의식은 관찰하기가 곤란한 개념이지만 파블로브(Pavlov)의 실험에서 개가 흘린 침이나 위액은 관찰 가능하고 측정 가능하다.

스키너(Skinner)에 의하면 심리학의 목적은 행동의 예언(prediction)과 통제(control)다. 여기서 통제란 무엇을 하지 못하게 막는다는 의미뿐만 아니라 어떤 행동을 하도록 강화 혹은 촉진시킨다는 의미까지도 포함하는 개념이다. 심리학에서는 행동에 관한 보편적인 법칙들을 발견하고 그 법칙들을 활용하여 다양한 상황에서 인간의 행동을 예측하거나 통제하는 것을 목표로 한다. 그래서 초기의 행동심리학자들은 현장연구보다 실험실 연구를, 인간행동보다 동물행동 연구를 주로 했다. 하지만 이들의 궁극적인 목표는 실험실에서 발견한 법칙들을 현실 상황에 일반화시키고 동물연구에서 발견한 사실을 인간에게 적용하는 것이었다.

상담의 행동적 접근은 인간의 행동을 설명하기 위해 전통적으로 사용해왔던 내적 동기, 욕구, 충동 등과 같은 개념들을 거부하고 겉으로 표출된 행동 그 자체를 중요시하는 데서 시작된다. 인간의 행동은 거의 모두가 학습된 것이며, 학습과정을 통해 변화시킬 수 있다고 전제한 것이 행동주의 상담이다. 따라서 행동주의 상담은 학습이론에 기초하여 내담자로 하여금 이전의 바람직하지 못한 행동을 버리고 새롭게, 보다 적응적인 행동을 학습하게 돕는 것을 주목적으로 하고 있다. 따라서 상담자는 일종의 학습 전문가 또는 교사의 역할을 하게 된다.

겉으로 드러난 구체적 행동을 변화시키는 것이 행동주의의 특징이다. 부적응 행동의 성격에 따라 치료기법을 선택하고 구체적인 치료절차를 정한다. 행동주의는 치료목표와 기법을 명확히 하므로 치료결과를 객관적으로 평가할 수 있다. 이 요법은 현재의 행동을 강조하며, 과거사와 심리작용의 기원에는 많은 관심을 두지 않는다.

3 인간관

상담에 있어서 행동주의적 접근을 시도하는 상담자들은 인간행동이 유전과 환경의 상호작용의 소산이라고 보고 있다. 인간행동이 복잡하기는 하나 원칙적으로 예측이 가능하고 현재의 행동은 어떤 선행조건에 의하여 결정된다는 견해이다. 또한 인간의 의식은 믿을 수 없는 것이기 때문에 과학적인 자료의 의미를 구하지 못한다고 전제하여, 중요한 것은 관찰 가능한 표출된 행동뿐이며 그것만이 과학적 자료가 될 수 있다는 것이다. 그러므로 이 이론에 입각한 상담자들은 주로 관찰이 가능한 인간의 행동에 관심을 갖게 되고, 상담의 효과적인 면에서도 표출된 행동만이 평가의 기준을 이루게 된다는 것이다. 즉, 인간은 무의식이나 어떤 욕구의 지배하에 존재하는 것이 아니라고 본다. 만약에 무의식이나 욕구 등이 인간에게 존재하고 있다면, 이들은 어떠한 방법으로든지 표출될 것이라고 생각한다.

행동주의적 상담이론에서도 여러 가지 다른 견해들이 있으나 거의 모든 이론가들은 인간의 행동이 학습된 것이라는 점에서 의견을 같이한다. 그러므로 인간행동은 학습조건의 변화와 조작에 따라 상담이 가능한 것으로 생각한다. 근본적으로 상담과정은 내담자에게 상담자가 보여주거나 골라 주는 문제가 어떤 것이든 그 문제들을 해결하기 위해, 내담자들의 행동을 변화시키는 데 도움이 되는 학습이나 패학습 경험의 조정에 관심을 집중시킨다. 이러한 행동주의적 집단상담 이론은 다음과 같은 다섯 가지 명제에 기초하고 있다(노안영 역, 2004).

첫째, 대부분의 인간행동은 학습된 것이므로 수정이 가능하다.

둘째, 특정한 환경의 변화는 개인의 행동을 적절하게 변화시키는 데 도움이 될 수 있다. 상담의 절차란 환경을 변화시킴으로써 내담자들의 행동을 변화시키려는 것이다.

셋째, 강화와 사회모방 등과 같은 사회학습의 원리가 상담방법으로 이용될 수 있다.

넷째, 상담의 효율성과 상담의 결과는 상담 장면 밖에서 비추어진 내담자들의 구체적 행동의 변화로 평가된다.

다섯째, 상담의 방법이란 정적이거나 고정된 것, 사전에 결정된 것이 아니라, 각 내담자의 특수한 문제를 해결하기 위하여 각기 독특하게 고안될 수 있는 것이다.

4 주요 개념

1) 학습

과거 경험의 결과로 생긴 비교적 영속적인 행동변화를 이끄는 과정이다.

2) 고전적 조건형성(Classical conditioning)

러시아 심리학자 파블로브에 의해 처음 체계적으로 연구된 이론으로, 중성적인 자극이 있을때, 그 자극에 대한 반응이 연합하여 일어날 때, 인간이 어떤 행동을 학습할 수 있다는 이론이다.

치과의 약품냄새(중성적 자극) → 발치할 때의 공포와 연합 → 냄새에 대한 공포

3) 조작적 조건형성(Operant conditioning)

어떤 반응에 대해 체계적이고 선택적으로 강화(reinforcement)를 줌으로써 그 반응이 다시 일어나 확률을 증가시키는 것이다

4) 변별자극

어떤 자극들은 변별적 기능을 한다. 특정한 반응이 보상되거나 보상되지 않을 것이라는 단서 혹은 신호로 작용하게 되는 자극을 변별자극(discriminative stimulus)이라 부른다. 변별자극을 통하여 인간은 외적 세계를 더 잘 관리하고, 예측하고 통제할 수 있게 된다.

5) 조작적 조건화의 기본전제

행동이 그 결과에 의해 통제된다는 것이다. 그러나 어떤 결과는 행동이 다시 일어날 가능성을 증가시키는 반면 또 다른 결과는 행동이 재현될 가능성을 감소시키는 경우가 있다. 특정 행동에 뒤따르는 결과 중에서 행동재현 가능성을 높여주는 것이 강화(reinforcement)이며, 가능성을 낮추는 것이 벌(punishment)이다.

6) 행동조성

인간행동의 대부분은 모 아니면 도(all-or-nothing)식으로 습득되는 것이 아니라 점진적으로 학습되는 것이다. 이를 행동에 대한 점진적 접근이라 하는데 그 대표적인 개념이 행동조성(shaping)이다. 이러한 행동조성은 복잡한 행동이나 기술을 학습시키는 데 매우 유용한 방법으로 기대하는 반응이나 행동을 학습할 수 있도록 기대에 부응하는 행동에 대해서 강화를 함으로써 행동을 점진적으로 만들어 가는 것이다.

7) 일반화(generalization)

특정 자극상황에서 강화된 행동이 처음의 자극과 비슷한 다른 자극을 받았을 때 다시 발생하게 되는 것을 의미한다.

8) 관찰학습(observational learning)

모방학습, 사회학습, 대리학습, 모델링 등으로 불린다. 모델링, 혹은 모방은 특정 상황에서 행동의 변화가 없는 대상을 보고 따라하며 배우게 하는 것이다. 관찰학습은 4단계로 구성되어 있다.

주의집중단계 → 파지단계 → 운동재생단계 → 동기화단계

Bandura는 자신의 내적 행동평가 기준과 자아강화 기제에 의하여 자아효능감이 형성된다고 보고 있다. 자아효능감은 자신이 특정 행동을 성공적으로 수행할 수 있다는 신념이다.

5 상담목표

부적응 행동을 제거하고 새로운 행동을 강화시켜 이를 습득하게 한다. 상담의 목표는 분명한 말로 서술되어야 하며, 내담자는 자기가 성취하고자 하는 것이 무엇인가를 명확히 인식해야 한다. 그런 후에, 두 사람이 합의하여 목표 달성을 위한 구체적인 기법과 절차를 적용시키고 달성 여부를 평가한다.

행동주의적 접근에서 잘못 학습되었다고 생각되는 행동의 소거와 바람직하고 효과적이라고 생각되는 행동의 학습에 도움이 되는 조건을 찾아내거나 이러한 조건을 조성하려고 노력한다. 즉, 사회적 활동을 저해하는 비현실적인 공포나 불안을 제거하는 것이다.

목표 달성 여부가 확인될 수 있도록 구체적인 행동동사로 진술되어야 한다. 하지만 이 점은 다른 접근으로부터 비판의 대상이 되기도 한다. 또한 상담목표가 각각의 내담자를 위해 각기 다르게 진술되어야 한다. 상담목표가 개별화되어야 함을 의미하며 상담목표가 중요한 기능을 담당한다.

① 상담목표는 내담자가 관심을 가지고 있는 영역을 규명한다.
② 상담목표가 상담전략이나 구체적으로 어떤 상담기술을 선택하는 데 기초적 자료를 제공한다.
③ 상담목표가 사전에 규명되어지므로 상담자는 이 상담목표의 달성 여부를 평가할 수 있는 어떤 준거를 제공받을 수 있다.

6 상담과정과 기법

1) 상담과정

행동주의 집단의 초점은 개인의 목표 달성에 있지만, 집단상황은 개인상담이 불가능한 경우의 개인 행동을 변화시키고 증진시킨다. 집단상담에서는 개인상담보다 강화물이 많아지기 때문에 개인의 목표 달성을 촉진시킨다. 보호받는 집단 환경에 속한 참가자들은 부정적 결과에 대한 두려움없이 새로 획득하거나 수정한 행동을 자발적으로 실습하도록 격려받는다. 상담자의 효과적인 통제는 참가자들이 거절하지 않고 수용하는 방법으로 서로에게 반응하게 한다.

행동주의적 집단상담에 적합한 집단은 다음과 같은 문제들 중 하나 혹은 그 이상을 가진 내담자들이다. 사회기술의 결여, 우울증, 공포증, 불안, 긴장, 성적 장애, 통증, 분노, 비만, 물질남용, 심리적 외상, 통제가 곤란한 아동들이다(Rose, 1986). 행동주의적 집단상담이 개인상담보다 더 나은 점을 간단히 요약하면 다음과 같다.

첫째, 집단은 참가자들에게 새롭게 획득한 행동을 상담 장면에서 실습하는 것과 일상생활에서 수행하는 것 사이의 중간 단계를 제공한다. 여기서 집단은 사회관계를 잘 할 수 있도록 필요한 기술을 학습시키기 위한 실험실의 의미를 지닌다.

둘째, 집단은 개인의 행동을 통제하는 강력한 규범을 제공한다. 긍정적 치료 규범의 예로는 규칙적인 출석, 자기노출, 문제에 관한 평가와 해결 노력, 행동 변화와 인지 변화를 일으킬 수 있는 계획을 수행하도록 하는 격려 등이다.

셋째, 집단상담은 정확하게 평가할 수 있는 상황을 제공한다. 참가자는 지속적으로 제공받는 피드백을 통해 자신의 행동이 타인에게 어떠한 영향을 미치는가를 알 수 있다. 참가자들은 구체적 행동에 대해 서로에게 강력한 피드백을 제공하는데, 집단상담자의 피드백보다 동료의 피드백을 더 쉽게 수용한다.

넷째, 집단상담의 특성은 동료와의 강화, 다양한 모델링, 집단 세뇌 등을 제공할 수 있는 기회가 있다는 데 있다.

다섯째, 집단 장면에서 익힌 다양한 대인관제 기술을 집단 외부의 상출에게 실행하고 이행할 수 있다.

여섯째, 집단과정에 대한 상담자의 통제는 새로운 행동을 무비판적 상황에서 시도하도록 참가자들을 격려한다. 즉, 실수를 수용하고, 이러한 실수를 통해 배울 수 있도록 격려한다.

이러한 행동주의적 집단상담의 구체적인 절차는 먼저, 집단을 구성하는 개인들과 집단 전체에 관한 자료 수집에서부터 시작된다. 상담의 접근 방향은 집단구성원들에 대한 개인적 평가와 집단과정에서의 행동평가 등을 근거로 하여 집단구성원 개인별로 맞추게 된다. 평가과정에서는 개인면접, 다양한 심리검사, 관찰되거나 기록된 정보들을 모두 활용한다. 평가에서는 집단원 문제의 성질과 범위뿐만 아니라, 그 문제들에 대처하기 위한 집단원들의 자질 또는 잠재능력 등을 결정하는 절차도 포함된다. 이렇게 집단원의 문제와 자질 등을 평가하는 이유는 집단원 개인과 집단에서의 문제들을 다루는 가장 적절하고 생산적인 접근방법을 선택하기 위해서이다. 집단원 개개인은 상담의 목표 설정뿐만 아니라 접근방법의 선택과정에 최대한으로 관여하도록 한다. 집단상담자는 이 과정에서 능동적인 자문역과 인도자의 역할을 한다.

(1) 시작단계

대부분의 집단참가자들은 행동주의 집단상담에 대해 잘 이해하지 못하고 있기 때문에 참여하기 이전에 이들에게 집단과정에 관련된 정보를 주는 것이 필요하다. 사전의 개별 인터뷰와 첫 번째 집단 회기에서는 예비 참가자의 기대를 탐색하고 집단에 참가할 것인지의 여부를 결정하도록 돕는다. 이를 통해 집단에 참여하기로 결정을 내린 사람들은 상담계약을 체결하고, 집단상담자가 집단의 전 과정에 걸쳐 참가자들에게 무엇을 기대하는지 또 내담자가 상담자에게 무엇을 기대하는지를 파악한다.

집단상담의 시작 단계 동안에 집단을 구성하고, 방향을 안내하며, 응집력을 쌓는 작업이 필요하다. 또한 집단상담의 구조에 친숙해지도록 하고, 교정해야 할 문제행동을 확인하는 것에 초점을 둔다. 집단구성 활동에는 집단의 형태, 지속시간, 모임의 횟수, 상담자의 수, 상담료와 소요경비, 집단운영에 필요한 조건들에 관한 토의나 의사결정 등을 해야 한다. 또한 집단원들에게 집단의 방향과 목적 및 내용 등에 대한 오리엔테이션을 실시한다. 오리엔테이션 과정에서 상담자는 주도적 역할을 하는데, 집단상담과 관련하여 집단원들이 관심을 두고 있는 정보와 사례연구의 경험 등을 그들에게 제공하기도 한다.

이 시기에 응집력의 확립은 집단 발달의 각 단계에서 효율적인 작업을 위한 기초가 되기 때문에 상담자는 신뢰감의 형성에 중심적 역할을 한다. 또한 집단응집력을 조성한다는 것은 집단구성원들 상호 간에 집단구성원들이 상담자에게, 그리고 집단과정에서 활용하는 프로그램에 대한 매력을 높인다는 것을 의미한다. Rose(1989)에 의하면, 상담자는 처음에 집단참가자들이 집단에 흥미를 가지도록 하고, 집단참가자의 사회적 능력을 필요로 하는 집단상황을 만들어, 집단에서 참가자들이 효과적인 역할을 하도록 해야 한다. 이후 점진적이고 적절한 방법으로 집단참가자들에게 집단을 이끌어 가도록 책임을 부여하고, 참가자들이 서로에게 치료자가 되는 상황을 만들어 주고, 지나친 집단 갈등은 조절하고, 집단 상호작용에 모든 참가자가 참여하는 방법을 찾아야 한다. 이러한 집단응집력을 높이기 위해 언어적 행동을 도입하거나 휴식시간에 음식을 나누어 먹기도 하고, 모임의 내용을 다양하게 변화시키거나 시청각 자료를 도입하거나, 적절한 유머의 사용, 집단운동이나 게임 등을 적용할 수 있다.

평가과정은 초기회기의 필수적 요소인데, 이는 상담이 시작되기 이전에 문제들을 구체적인 행동적 용어로 서술해야 하기 때문이다. 특히 행동주의적 접근에서는 다른 이론적 접근에서와는 달리 이러한 평가과정을 강조한다. 평가의 대상 및 내용에 수정되어야 할 개인적 사고방식(인지), 스트레스를 경험하는 상황 조건들, 문제해결을 촉진할 수 있는 개인적 자원(자질, 능력), 환경 등과 효과적인 상담에 방해가 되는 집단에서의 활동 등이 포함된다. 효율적인 평가를 위해서는 집단이 시작되기 전 사전면접에서부터 하는 것이 필요하다. 면접 이외에도 역할 수행 검사, 행동진단 경사, 집단 안팎에서의 관찰 등을 통해서 평가의 내용이 보충된다. 그리고 매 모임에서의 참석 여부, 만족도, 참여 정도, 과제물 또는 연습의 이행 정도 등과 같은 집단과정의 자료들은 집단에서의 문제해결 경험과 집단목표의 성취 정도를 평가하는 데 기초자료가 된다.

목표가 결정되면 집단상담자는 이러한 목표에 맞는 상담 방략을 선정한다. Comier와 Comier(1991)는 상담자가 이러한 목표들을 이루기 위한 작업을 하기 위해서는 내담자의 약속을 받아야 한다고 말한다. 명백한 계약은 신뢰를 증진시키며, 상담동맹을 형성하는 데 도움을 준다. 또한 계약을 하면 상담과정에서 내담자들이 적극적으로 참여자로서의 역할을 분명히 인식하게 된다.

(2) 작업단계

작업단계에서는 행동을 변화시키는 데 있어 효과적이라고 증명된 구체적 방략들 가운데 가장 적절한 일련의 절차를 선택하게 된다. 이러한 절차들을 상담계획이라고 한다. 상담계획은 집단원 각자들을 위한 개별계획과 집단과정의 주요 방향에 관한 집단계획이 있다.

집단계획을 세우기 위해서는 먼저, 집단원들 공통의 문제점을 평가할 수 있도록 개인과 집단에 관한 전반적인 자료들을 분석한다. 이러한 분석결과를 근거로 하여 적절한 상담방법들이 선택된다. 집단의 과정을 수정하는 상호작용적 활동을 집단절차라고 하는데 강화, 계약, 모델링, 행동연습, 문제해결 과정의 검토 및 관련정보의 수집 등이 집단절차로 활용된다. 이러한 집단의 절차 및 과정이 진행되면서 집단응집력의 수준, 집단참여도의 분포, 집단 내에서의 심리적 위계 또는 일부 집단규범의 비중 등이 수정되거나 변화된다. 작업단계에서는 행동수정이 상담상황에서 현실 장면까지 유지, 확대하게 된다. 이를 위해 현실 장면과 유사한 행동연습을 집단 장면에서 실시하고, 이렇게 연습한 행동을 가지고 현실 장면에서 실행해 보도록 숙제를 주고 그 결과를 다음 모임에서 검토 보완하도록 하는 것이다.

평가는 전 작업단계에 걸쳐 지속적으로 이루어진다는 점을 염두에 두어야 한다. 집단상담자는 회기의 효율성이 어느 정도이며, 상담목표가 얼마나 잘 이루어지고 있는지를 계속해서 평가해야 한다. 작업단계에서 이러한 평가를 위해 상담자는 참여 정도, 참가자 만족도, 출석률, 회기와 회기 사이에 합의된 과제에 대한 완성도 등에 대한 자료들을 계속해서 수집해야 한다. 이 평가에는 집단 내에 문제가 있는지 또 집단 목표가 어느 정도 달성되고 있는지 판단할 수 있는 자료도 수집한다. 집단 전 과정을 통해 개개인은 각자의 행동 및 그 행동이 일어나는 상황 등을 관찰한다. 이러한 방법으로 상담자는 어떠한 방략이 효율적인지 또는 비효율적인지를 신속하게 판단할 수 있다. 이러한 평가과정을 통해, 참가자와 상담자 모두 보다 효율적인 기법을 찾을 수 있게 된다.

(3) 종결단계

종결단계에서 상담자는 참가자들이 집단에서의 변화를 일상생활에 전이시키는 데 관심을 집중시켜야 한다. 실생활에서의 훈련을 포함하는 실습 회기는 이러한 전이를 촉진시키기 위한 방법이 될 수 있다. 참가자들은 일상생활에서 중요한 타인들에게 하고 싶은 이야기를 연습하며, 대안적 행동을 실습한다. 집단에서 상담자로부터 받은 지도와 타인들로부터 받는 피드백은 이 단계에서 가장 값진 것이다. 각 회기는 체계적으로 형성되며, 이렇게 하여 변화된 새로운 행동은 점진적으로 일상생활에 실현된다. 이 마지막 단계에서 변화를 일반화하고 유지하기 위한 준비를 하는 것에 초점을 둔다고 했지만, 이는 모든 집단상담 단계의 특징이라고 할 수 있다.

특히 자기 책임은 집단생활의 전 과정에 걸쳐 강조되지만 종결을 준비할 때 더 중요하다. 마지막 단계에서 상담자는 직접적인 치료자에서 조언자로 바뀐다. 새로 습득한 기술들을 집단치료 조건보다 덜 통제된 조건 하에서 실습하고 발전시킬 수 있는 다양한 비치료적 집단에 많이 참가하도록 참가자들을 독려한다. 더 나아가, 이들은 집단상황에서 직면하지 못했던 상황을 준비하는 방법으로 자기 강화나 문제해결과 같은 자조적 기술을 배우게 된다. 내담자가 새로운 문제를 효과적으로 처리할 수 있는 자신의 능력을 신뢰하게 되면, 이들은 집단으로부터 독립적이게 된다. 종결할 때가 되면, 집단 프로그램의 효율성을 평가하는 방안으로서 처음의 여러 가지 평가도구를 다시 사용한다.

2) 집단상담 기법

행동주의적 집단상담에서는 내담자의 행동을 촉진하고 강화하는 방법과 행동을 약화시키거나 빈도를 줄이는 방법이 적용된다(홍경자, 2005).

(1) 행동을 강화하는 방법

행동을 강화하는 방법은 기대하는 행동에 가까운 바람직한 행동을 하게 하는 방법이다.

① 행동 계약

어떤 특정한 방식으로 행동하려고 두 사람 혹은 그 이상의 집단원 간에 정해진 기간 내에 각자가 해야 할 행동을 분명하게 정해 놓은 후 서로가 지키기로 합의하는 방법이다. 즉, 집단원 간에 특정한 행동을 했을 때 정적인 강화의 교환을 하기로 계획하는 하나의 수단이다. 계약 설정 시에는 자신이 자기 문제를 이해하고 있을 뿐만 아니라 자기가 바라는 해결의 방향이 무엇인가를 분명히 알고 있을 때, 그러한 방향으로 행동하도록 직접적으로 지도해 주는 것이 좋다. 따라서 계약의 내용은 누가 누구를 위하여, 어떤 조건하에서 그리고 무엇을 한다는 것에 관해서 명백하고 구체적인 용어로 진술되어야 한다. 계약은 성취 가능한 것이어야 하며, 적극적인 용어로 진술되어야 하고, 적절한 규준을 내포하고 있어야 한다.

② 자기주장 훈련

주장 훈련은 불안을 역제지하는 방법으로 사용된다. 이는 특히 인간관계에 있어서 부적응적 불안반응이 습관화되어 자기 주장적 감정과 행동을 억제하고 있는 개인들에게 자기를 주장하는 반응을 할 수 있도록 도움을 준다. 이러한 주장 훈련은 노여움이나 짜증을 표현할 수 없는 사람들, 너무 공손하고 타인이 자신을 악용하는 것을 허용하는 사람들, '아니오'라고 말하는 데 어려움을 가진 사람들, 애정과 다른 적극적인 반응을 표현하는 데 어려움을 가지고 있는 사람들, 자신의 감정이나 생각을 가질 권리가 없다고 느끼는 사람들에게 특별히 도움이 될 수 있다.

따라서 집단원으로 하여금 상대방의 감정을 상하게 하거나 지배함이 없이 자기 자신을 주장하는 행동을 학습하도록 훈련하는 것이다. 처음에는 아주 쉬운 것부터 시작해서 쉽사리 정적인 강화를 받을 수 있게 한다.

③ 모델링

집단상담자나 다른 집단원이 바람직한 반응을 하는 모델로서 시범을 보일 때, 집단원들은 그 바람직한 행동을 모방을 통해서 학습하게 된다. 실제의 모델에 의해서도 시범을 보일 수 있으나, 때로는 녹음테이프나 녹화를 통한 모델에 의해서도 보여질 수 있다. 모델링은 관찰학습, 모방, 사회학습, 대리학습 등과 같은 용어들과 함께 사용될 수 있다.

모델링 기법을 사용할 때 연령이나 성, 인종 및 태도 등에서 내담자와 유사한 모델이 효과적이다. 모델링은 집단상담자들이 사용할 수 있는 가장 강력한 교수도구 중의 하나이다. 왜냐하면 개인상담에 비해 집단상담이 지니고 있는 장점이 집단구성원들에게 모방가능한 다양한 사회적 모델과 역할 모델을 제공해 주는 것이기 때문이다.

그리고 모델링은 집단상담자와 내담자 모두에 의해 수행될 수 있으며, 개인이나 집단의 행동과정이 관찰하는 내담자에게는 동일한 생각, 태도, 행동을 위한 자극으로 비추어진다. 관찰학습의 이러한 과정을 통해, 내담자는 시행착오를 거치지 않고도 바람직한 행동을 하는 법을 배울 수 있다(Corey, 1987).

모델링에서 집단상담자의 역할은 내담자로 하여금 요구되는 반응을 정의하고 분석하도록 돕고, 모델링 경험과 연습기회를 제공하고 또 내담자가 만족할 수 있는 수준에서 적절한 반응목록을 발달시킬 수 있을 때까지 추수지도를 제공해 주는 일이다. 집단상담자나 그 외 집단원들이 주는 긍정적인 강화, 즉 피드백은 모델링을 통해 학습된 행동들의 습득 가능성과 속도를 높일 수 있다.

④ 인지적 재구조화

개인의 인지과정은 행동 변화에 대해 시사점을 지닌다. 인지적 재구조화는 집단원들의 인지를 확인하고 평가하는 과정이며, 어떤 사고에 의해 일어난 행동의 부정적 영향을 이해하는 과정이다. 또한 이러한 인지를 좀 더 현실적이고 적절한 사고로 대치하는 것을 학습하는 과정이다. 즉, 집단원의 부정적인 자기패배적 사고 대신에 긍정적인 자기진보적 사고를 갖도록 가르치는 체계적인 기법이다.

인지적 재구조화의 자기패배적 행동은 비합리적인 사고 또는 자기패배적인 자기진술에서 나온다. 인지적 재구조화는 이러한 진술에 대한 그 사람의 인지 혹은 관점을 변화시킬 수 있다는 가정에 근거를 둔다. 이 방법은 상담자가 적극적으로 관여하는 정도와 내담자의 스트레스 상황에 적절한 자기진보적 행동의 모델이 되는 정도에 따라 교훈적이면서도 지시적인 것이 될 수 있다. 이러한 지시적 방법은 집단참가자들의 스트레스, 문제 및 부족한 기술과 그에 따른 자기패배적 사고와 비합리적인 독백이 어떠한 것인가에 의해서만 결정될 수 있다. 상담자는 집단원에게 자기 자신의 계획을 강요해서는 안 된다는 점을 이해하고 있어야 한다.

Rose(1989)는 인지적 재구성을 집단상담에 적용하는 것에 관해, 처음에 참가자들은 집단에서의 연습을 통해 자기패배적 표현과 자기향상적 표현을 구분할 수 있게 된다고 하였다. 일반적으로 이들은 서로에게 피드백과 여러 가지 인지 분석 모델들을 제공한다. 다음 단계에서는 참여자들을 고양시켜, 문제해결이나 효과적인 행동을 증진시키는 자기향상적 표현을 고안하도록 한다. 참가자들은 일련의 실현가능한 인지적 표현을 결정한 다음, 인지 모델링을 사용하는데 여기서 참가자들은 자기 자신이 스트레스 상황에 처해 있다고 가정하고 자기패배적 표현을 자기향상적 표현으로 대치시킨다. 자기패배적 사고는 정서적 고통을 유발시킬 수 있으며 수행을 방해한다. 건설적 자기표현은 수행을 개선시킨다. 인지적 시연에 있어 참가자들은 모델을 모방하며 집단의 다른 참가자들로부터 피드백을 받는다. 집단 속에서 몇 차례 시도한 다음, 실생활에서 새로운 스타일을 시도해 보기 전에 집에서 일련의 새로운 표현들을 실습해 보는 과제를 참가자에게 준다. 인지적 재구성의 마지막 단계에서 각 회기의 끝에 과제가 주어지고, 다음 회기의 시작단계에서 검사한다. 참가자들이 나아지면 더 어려운 과제를 준다.

(2) 행동을 약화시키는 방법

행동을 약화시키는 방법은 바람직하지 못한 행동의 빈도를 줄여서 바람직한 행동이 나타나게 하는 방법이다.

① 체계적 둔감법

체계적 둔감법은 이완을 불안상태의 역조건화에 이용하는 한 방법이다. 집단원으로 하여금 깊은 이완상태에 놓이게 한 후 불안의 상황을 상상케 하면 그 불안을 느끼지 않게 된다는 이론을 토대로 한 것이다. 즉, 불안할 때의 신경이나 근육의 상태와 이완 시의 신경이나 근육상태가 상호 간에 용납될 수 없기 때문에 양자가 동시에 일어날 수 없다는 것이다. 그래서 깊은 이완상태에서는 불안을 느낄 수 없든지 혹은 불안상태에서 이완을 경험할 수 없게 되는 양자택일의 길밖에 없다는 것이다. 이러한 체계적 둔감법은 불안을 일으키는 자극을 가장 약한 정도에서 출발하여 가장 강한 자극으로 옮겨가면서 점차 자극력을 감소해 나가는 방법이다.

체계적 둔감법은 세 가지 단계로 되어 있다. 1단계에서는 근육의 긴장이완 훈련을 한다. 2단계는 내담자에게 불안을 일으키는 자극상황을 모두 열거하도록 한 후, 가장 심하게 불안을 느끼게 하는 상황을 제일 위에 두고 가장 낮은 불안을 느끼는 자극상황을 제일 밑으로 하여, 불안을 느끼는 정도에 따라 그 순서대로 불안의 위계를 작성한다. 3단계는 근육긴장을 이완하도록 한 후, 가장 약한 불안을 야기하는 상황에서부터 차례로 상상하도록 하여 불안유발 자극을 제시한 다음, 근육이완에 의해서 불안을 제거하는 것이다.

체계적 둔감법을 사용하기에 적절한 증상을 열거하면 각종 불안증, 공포증, 말더듬이, 성적 부적응, 기타 각종 신경성 증상에 이르기까지 광범위하다. 그러나 이러한 증상이라고 그것이 불안을 원인으로 하지 않는 경우에는 다른 치료방법이 효과적일 것이다.

② 소거

바람직하지 못한 행동에 강화를 주지 않으므로 그 출현빈도를 줄이는 과정이다. 예를 들면, 관심을 표명해 주는 것이 특정 행동을 강화하는 결과를 가져왔다면, 이제부터는 그 행동을 했을 때 무시해 버리는 것이다. 프로그램의 초기에는 흔히 소거시키고자 하는 바로 그 행동이 거꾸로 증가되는 경향을 띠는 경우가 많다. 그 이유는 집단원이 자기 행동에 주의를 모으려고 더 노력하기 때문이다. 그러므로 이 방법이 성공하기 위해서는 상당 기간 일관성 있게 강화를 하지 말아야 한다. 그러나 이 방법을 너무 많이 사용하는 것은 그리 바람직하지 않다.

③ 강화

양립될 수 없는 두 개의 행동 중 그 하나를 강화해 줌으로써 다른 하나를 약화시키는 방법이다. 즉, 적극적인 행동을 하도록 강화해 주면 그것과 양립될 수 없는 이상행동이 소거될 수 있다. 예를 들어, 만약 집단원으로 하여금 자기 자신에 관한 이야기를 할 때에 강화를 해 주고, 다른 경우에는 무시하는 태도를 취함으로써 제삼자에 관한 이야기를 줄일 수 있다. 이 방법을 사용하려면 먼저 제거하고자 하는 행동과 양립될 수 없는 바람직한 행동을 강화해 주면 자연히 제거하고자 하는 그 행동은 소거된다.

④ 혐오치료

특수한 행동에 대한 불안을 제거하는 데 널리 사용되어 온 혐오치료는 바람직하지 않은 행동이 제거될 때까지 증상적인 행동과 고통스러운 자극을 연관시키는 것을 말한다. 혐오치료는 도움받기를 원하지만 그들 당신의 부적응 행동을 다른 방법으로는 치료가 불가능한 내담자를 돕기 위해 고도로 숙련된 상담자가 가끔 사용하는 기법이다. 혐오치료는 원하지 않는 행동을 제거하기 위해 전기충격, 구토제, 자극초과, 불쾌한 정신적 · 시각적 심상 또는 불쾌한 소리 및 언어적 표현과 같은 절차들을 사용한다.

이 기법에서는 강화를 포화상태에 이르기까지 계속 주게 되면, 그 강화의 가치가 상실되고 오히려 그 반대의 효과를 나타내게 된다. 예를 들어, 담배를 피우고 싶어 하는 소년에게 담배를 많이 주고 계속 피우게 하므로 진저리가 나서 담배에 대한 맛을 경감시키는 방법이다. 이러한 혐오치료는 매우 유능한 상담자들이 약물 및 알코올중독, 혹은 비만증, 강박관념, 협박, 도박벽, 동성연애, 소아 애욕증 등과 같은 어려운 문제들을 다룰 때 다른 행동기법들과 함께 사용한다.

7 적용 및 실제

1) 토큰경제를 통한 유아의 생활지도

토큰경제(token economy)란 실제적인 상(돈이나 물건) 대신에 토큰을 사용하여 약속된 상을 얻을 수 있도록 하는 방법이다. 토큰으로는 스티커, 표, 동전, 플라스틱 조각 등을 사용하는데 유아에서 고학년으로 접어드는 아동에게는 토큰 대신에 점수제를 도입할 수도 있다. 약속한 행동을 했을 때 보상으로 토큰을 주면 유아와 아동은 이를 일정량만큼 모아 자기가 원하는 사물과 교환한다. 토큰경제는 유아가 일상생활에서 잘 정돈하고 좋은 습관을 가지도록 훈련하는 데에도 유용하며 특정 문제행동을 수정하는 경우에도 효과가 있다. 이 토큰경제는 학교학습 및 유아교육 현장에서 널리 쓰이는 방법 중 하나이기도 하다.

2) 유아의 바람직하지 못한 행동의 지도

유아의 바람직하지 못한 행동을 지도하는데 가장 널리 쓰이는 방법 중 하나가 바로 벌이다. 벌이란 유아에게 혐오스럽거나 고통스러운 자극을 줌으로써 바람직하지 않은 행동을 중단시키는 방법을 말한다. 물총세례, 신 레몬주스 세례, 암모니아 주사기 등이 사용되나 이 방법은 다른 행동에의 지도가 효과가 없으면서 문제행동이나 이상행동을 유발할 때 마지막 수단으로 사용한다. 먹는 것을 계속해서 토해내는 유아에게 토할 때마다 신 레몬주스를 입안에 넣는 방법이 그 예이다.

3) 독백훈련을 통한 유아의 생활학습지도

독백훈련이란 말의 힘을 빌려 행동을 조절하는 것으로 유아의 생각을 말로 그대로 표현하게 하면서 말하는 동시에 행동으로 옮기게 하는 방법이다. 예를 들어, 한 유아에게 쌓기놀이 도중 장난감을 천천히 쌓도록 하자! 라고 말을 하며 놀이를 하는 경우이다. 충동적으로 행동하거나 주의가 산만하여 한자리에 오래 있지 못하고 부산한 유아에게 효과가 있다.

일반적으로 유아는 머릿속에 떠오르는 것을 모두 말로 표현한다. 예를 들면, 산수문제에서 "쌓기놀이를 할 때에는 아랫부분을 먼저 튼튼히 쌓고 위를 쌓는다." 등으로 진행과정을 독백으로 표현한다. 따라서 유아가 어려서 혼자 독백하지 못할 경우 유아교사나 부모가 하는 것을 옆에서 지켜보면서 하나씩 모방하게 한 후 자신이 생기면 혼자 하도록 지도한다. 독백훈련은 유아의 생각을 건전하게 유도하고 집중력을 향상시키고 행동하기 전에는 생각하는 침착성을 키우게 지도할 수 있다. 이 독백훈련은 현재 유아교육현장에서 유아를 대상으로 시행하는 생활지도 방법 중 하나라 할 수 있다.

4) 행동조성을 이용한 유아생활지도

행동조성(shaping)은 복잡한 행동을 습득시키기 위하여 그 행동을 작은 단위로 나누어 각 단위를 강화하여 차례로 학습하도록 함으로써 전체 행동을 학습하도록 하는 방법이다. 작은 단위의 행동은 학습하기 쉽고 학습에 성공하면 그 결과 자체가 강화를 하기 때문에 이것 역시 강화의 원리를 깔고 있다.

어떤 부모가 자녀가 집에서 하루 2시간 정도 동화책을 보고 싶다고 할 때 이러한 행동은 몇 가지 세부 행동으로 분류할 수 있다. 즉, 놀이터에서 집에 오도록 하는 것, 공부방에 들어가게 하는 것, 책상에서 시간을 보내게 하는 것, 책상에서 동화책을 보면서 시간을 보내는 것으로 세분화할 수 있다. 그런 다음에 제일 먼저 아이가 집에 오도록 강화하고 집에 오는 것이 학습되면 공부방에 들어가는 행동을 하도록 강화하고 그 다음에는 책상에서 책을 읽으면서 시간을 보내도록 강화하는 식으로 하여 최종적으로 오랜 시간을 책을 보도록 하는 것이다. 이러한 방법은 유아교육기관이나 가정에서 유아를 대상으로 실시할 때 가장 유익한 방법이라 생각하며 아울러, 유아기 및 아동기에 학습에 취미를 붙이게 할 수 있는 긍정적 강화법이라 생각한다.

5) Primack을 적용한 유아지도

프리맥 원리(Primack)에 의한 계약은 높은 빈도를 보이는 행동이 낮은 빈도를 보이는 행동에 대하여 강화제의 역할을 할 수 있으므로 낮은 빈도를 보이는 행동을 강화하기 위하여 학습자와 계약하는 것을 말한다. 예를 들어 TV시청을 좋아하고 독서를 싫어하는 아동에게 독서하는 버릇을 길러주기 위해 주어진 양의 독서를 끝마칠 때마다 TV시청을 허용하는 계약을 할 수 있다. 토큰체제는 바람직한 행동 다음에 간접적 강화제로서의 다양한 토큰을 제공함으로써 그 행동을 강화하는 방법이며 이때 토큰은 나중에 상품이나 토큰을 교환될 수 있는 것이라야 한다.

제 08 장

인지행동주의적 상담모델

1 인지행동주의적 상담모델의 발달 배경

인지행동주의 모델은 하나의 실천 모델이 아니라 여러 모델들을 총칭하는 용어이다. 여기서 말하는 인지이론은 아들러(Alfred Adler)의 개별 심리학, 엘리스(Ellis, 1962)의 이성 및 감성 정신치료, 워너(Werner, 1965)의 이성적 개별사회사업, 글래서(Glasser, 1965)의 현실치료, 그리고 그 밖에 감정이나 행동 등을 사고의 산물로 보는 사람들(Reck, 1976; Goldstein, 1981; Lazarus, 1976)의 사고체계를 포함하는 종합적 범주이며 과제 내주기, 강화, 보상, 반복, 행동기술의 교육 및 습득 원조 등의 행동주의적 요소가 결합된 것을 인지·행동주의 접근법이라 한다.

사람의 행동과 정서는 그가 세계를 어떻게 구조화(Structure)하느냐에 따라 대개 결정된다. 구조화, 즉 세상을 어떻게 보느냐는 그 사람의 인지에 달려있다. 상담과 심리치료에 대한 인지적 접근은 인간의 인지나 사고가 인간의 심리적 장애의 주요 근원의 하나라는 개념에서 출발한다. 인지적 접근은 인간의 사고가 정서 및 행동을 중개하거나 선도한다는 전제를 설정하고 있다. 따라서 인지치료라는 것은 인간의 사고과정을 수정 변화시킴으로써 정서적·행동적 장애를 없애는 접근방법이라고 할 수 있다. 이러한 점에서 사람의 감정을 변화시킴으로써 심리적 문제를 해결하고자 하는 정신분석, 인간중심이론, 실존치료 등이나 행동의 변화를 유도하는 행동치료와는 차이가 있겠다. 그리고 행동이란 관찰 가능하며, 기록 가능하며, 측정 가능한 행위, 동작이며 반응이다(이경화 외, 2007).

인지행동상담에서는 인간의 인지, 행동, 정서는 밀접하게 상호 관련되어 있으며 이 중 한 부분의 변화는 다른 부분의 변화를 가져온다는 기본 전제 하에, 인지와 행동을 변화의 직접적인 목표로 삼고, 이를 위한 치료적 방법으로 다양한 인지적 책략과 행동적 책략을 사용한다.

인지행동치료를 축구에 빗대보면, 상담자는 선수의 재능을 계발하고 약점을 보완하는 전략을 수립하여 강도 높은 훈련을 시키는 '코치'이고, 내담자는 체계적인 훈련으로 다져진 실력을 그라운드를 누비며 발휘하는 '선수'에 비유할 수 있다. 상담자와 내담자는 한 팀을 이루고 있다. 따라서, 인지행동치료에서는 상담자와 내담자의 상호협력과 내담자의 적극적인 참여가 필수적이다. 이러한 인지행동상담은 우울증, 일반화된 불안, 사회적 불안, 공황장애, 섭식장애, 심리 신체적 장애에 매우 효과적인 것으로 입증되고 있다.

흔히 인지상담이라 할 때는 2가지 의미가 있다. 첫째는 위에서 설명한 바와 같이 내담자들의 인지를 변화시킴으로써 심리적 문제를 해결하는 모든 상담적 접근에 대한 총칭으로서 사용된다. Ellis가 주장한 R.E.B.T.나 Meichenbaum의 이론을 비롯한 많은 인지적 접근이 여기에 속한다. 또 하나는 1960대에 Aaron T. Beck이 주장한 이론으로서의 인지상담(Cognitive Therapy)을 말한다. Aaron T. Beck에 의해 우울증의 치료법으로 개발된 인지상담은 구조화되어 있고, 단기적 치료접근이며, 현재 지향적인 정신치료라 할 수 있다. 목표는 당면한 내담자의 문제를 해결하고 역기능적인 사고와 행동을 수정하는데 있다.

엘리스는 청년기동안 자기문제를 심리상담/치료하기 위해 자신의 문제를 연구하기 시작했다. 그는 한때 대중공포증을 느꼈다. 사춘기 때는 여성들 주위에 가면 극도로 수줍어했다. 19살 때 그는 1달 동안에 길거리에서 100명의 여성들에게 억지로 말을 걸었다. 이 짧은 만남이 데이트로 연결되지 않았지만 그는 여성에 의한 거부의 공포를 둔감하게 했다고 보고했다. 엘리스는 인지행동적 기법을 적용하여 그는 자신의 최악의 장애를 극복하게 되었다. 그리고 자신이 한때 매우 불안했던 군중 앞의 연설이나 다른 활동들을 실제로 즐길 수 있게 되었다. 그는 50년 이상 심리상담치료, 집단 심리상담/치료, 부부와 가족 심리상담치료, 성 심리상담/치료를 해왔다. 그는 바쁜 교수생활 중에서도 1주일에 80명의 내담자를 만나고 매주 5개의 집단심리상담/치료를 하고 매년 전문가와 시민을 대상으로 200개 강연과 워크숍을 개최할 정도로 매우 활동적이고 심리상담/치료 분야에서 가장 저술이 많은 사람 중에 한 사람이다.

벡은 1921년 로드 아이랜드의 프로비텐스에서 태어났다. 그의 아동기는 불행했고 생명이 위험할 정도의 투병생활로 초기 학교생활을 중단하였지만 그는 이 문제를 극복하고 결국에는 또래집단보다 1년 앞서게 되었다. 그는 일생동안 많은 공포에 맞서왔다. 피 흘리는 상처를 보는 두려움, 질식의 두려움, 터널에 대한 공포, 건강에 대한 불안, 대중 앞에서 말하는 불안, 벡은 자신의 문제들을 타인을 이해하고 자신의 이론을 발전시키는 토대로 이용했다. 아론 벡(Aaron T. Beck) 인지치료의 대가, 예일 대학교 의과대학에서 박사학위를 받았으며, 펜실베이니아 대학교 정신의학 교수 및 동 대학 인지치료센터 소장을 맡고 있다. 그는 심리적 문제에 대한 연구로 저명한 상을 여러 번 수상하였고, 우울과 불안에 대한 영향력 있는 저서들을 세상에 내놓았다.

2 인간관

합리적 · 정서적 상담(Rational Emotive Therapy : RET)은 A. Ellis에 의해 창시 발전된 이론으로서 인간은 내면에서의 신념이나 생각 등 인지적인 면들이 정서와 행동에 크게 영향을 미치기 때문에 만약, 내담자의 감정에 강력하게 작용하지 않거나 새로운 행동을 끊임없이 실천하지 않으면 기본적인 인지적 변화를 가져오기 어렵다고 본 것이다. 즉, 내담자의 비합리적 생각을 합리적 생각으로 대치시키거나 최소화 시켜서 내담자가 보다 합리적이고 융통성 있는 인생관을 갖도록 하는데 있다.

RET는 인간은 합리적이고 올바른 생각과 비합리적이고 이지러진 생각을 할 수 있는 양면성을 갖고 태어난 존재라는 가정에 기초한다. 합리적, 논리적, 이성적 주장을 하는 RET는 인간에 대한 철학적 관점을 분명히 하고 있다(이형득, 1993).

① 인간은 인간 그 자체이지 그 이상도 그 이하도 아니다.

② 현실적으로 모든 인간은 죽는다. 그리고 죽은 후에 어떤 의미 있는 생활을 한다는 증거도 없다.

③ 인간의 주된 생의 목적은 생존하는 것이고, 그것도 행복한 상태, 즉 불필요한 고통과 불편함에서 비교적 해방된 상태에서 생존하는 것이다.
④ 인간은 단기간의 쾌락보다는 장기간에 걸친 행복과 쾌락을 선택하는 것이 현명하고 합리적이다.
⑤ 인간의 가치는 자기이외의 그 무엇에 의해 절대적으로나 완전히 주어지는 것이 아니다.

인간의 정서에는 적절한 정서와 부적절한 정서가 있는데 적절한 정서는 다시 행복, 기쁨, 호기심, 사랑과 같은 긍정적 정서와 불쾌감, 걱정과 같은 부정적 정서가 있으며, 부적절한 정서란 우울, 불안, 적개심, 초조감, 무가치감과 같은 감정으로 이런 감정은 싫어하는 어떤 조건을 바꾸도록 돕기보다는 오히려 악화시키는 경향이 있다.

A. Ellis는 우리가 끊임없이 내면화시켜 자기 패배적으로 이끄는 주요한 비합리적인 관념(idea)을 다음과 같이 예시하고 있다.

① 우리는 우리가 아는 중요한 사람들 모두에게서 사랑이나 인정을 받아야 한다.
② 우리는 모든 면에서 유능하고 적합하며 성취적이어야 한다.
③ 어떤 사람이 악랄하고 정당하지 못하게 행동한다면 우리는 그를 비난하고 벌주어야 하며 그 사람을 나쁘고 야비한 인간이라고 생각해야 한다.
④ 우리가 좋아하는 대로 일이 되어 있지 않을 때, 이것은 무섭고 파멸적이다.
⑤ 불행은 외부 사건에 의해서 생기며 사람의 힘으로는 통제할 수 없다.
⑥ 위험한 또는 무서운 일은 걱정의 원인이며, 그러한 가능성은 항상 있는 것이다.
⑦ 어떤 곤란과 책임을 직면하는 것보다는 회피하는 것이 더 쉽다.
⑧ 사람은 타인에게 의존해야 하므로, 의지할 만한 나보다 더 강한 사람이 있어야 한다.
⑨ 과거의 경험과 사건이 현재 행동에 영향을 주었으므로 그러한 과거의 영향은 제거될 수 없다.
⑩ 인간은 타인의 문제나 곤란에 대해서 당황하게 된다.
⑪ 모든 문제에는 정당하고 완전한 정답이 언제나 있으며 정답을 찾지 못하면 비참해진다.

A. Ellis는 “비합리적인 생각이 부적절한 정서로 이어지고, 또한 부적절한 정서는

결국 부적절한 행동으로 이어지므로 합리적인 생각을 하도록 하여, 그러한 합리적인 생각이 적절한 정서와 행동으로 이어지게 하는 것이 RET의 핵심적인 과제다." 라고 하였다.

3 주요 개념

1) 비합리적 신념

Ellis가 주장하는 비합리적 신념을 살펴보면 다음과 같다.

① 인간은 자신에게 중요한 모든 사람들로부터 사랑받고 인정받으며 이해받아야 가치 있는 사람이다. 만약 그렇지 않다면 이는 끔찍한 일이다.

② 자신이 가치 있다고 인정받으려면 모든 영역에 대해 완벽한 능력이 있고 성공을 해야만 한다.

③ 어떤 사람들은 나쁘고 사악하며, 그들의 사악함은 반드시 비난받고 처벌받아야만 한다.

④ 일이 뜻대로 진행되지 않는다면 무시무시하고 끔찍한 일이다.

⑤ 불행이란 외부 사건들 때문에 생기며 우리는 통제할 능력이 거의 또는 전혀 없다.

⑥ 만약 어떤 사람에게 위험하거나 두려운 일이 일어날 가능성이 있다면 그는 그 일에 대해 염려해야 하고, 그것이 일어날 가능성에 대해 늘 생각하고 있어야 한다.

⑦ 인생에서 어려움에 부딪힐 때는 책임 있게 해결하기보다 피해가는 것이 편하다.

⑧ 다른 사람에게 의지해야 하고, 의지할 수 있는 누군가가 있어야 한다.

⑨ 한 개인의 과거사는 현재 행동을 결정하는 가장 중요한 요인이며, 그 일이 큰 영향을 주었기 때문에 이후로도 계속 유사한 영향을 끼칠 것이다.

⑩ 사람은 다른 사람의 문제와 어려움에 대해 함께 괴로워하고 속상해 해야 한다.

⑪ 인간의 문제에는 완전한 해결책이 있다. 만약 그 해결책을 발견할 수 없다면 끔직한 일이다.
⑫ 세상은 반드시 공평해야 하며, 정의는 반드시 승리해야 한다.
⑬ 항상 고통 없이 편안해야 한다.
⑭ 나는 아마 미쳐가고 있는지도 모른다. 그러나 미쳐서는 안 된다. 왜냐하면, 그것을 견딜 수 없기 때문이다.

2) 합리적 신념

14가지 비합리적 신념에 대응하는 합리적 신념은 다음과 같다.

① 자기를 존중하고 실제적인 일에 대해 인정받고, 사랑받기보다는 사랑하는 것에 신경을 쓰는 것이 바람직하다.
② 자신은 인간적인 제한점이 있고 실수를 범하기도 하는 불완전한 존재라는 것을 받아들이는 것이 좋다.
③ 사람들은 비윤리적으로 행동하는 경우가 흔하며, 이들을 비난하고 처벌하기보다는 그들의 행동을 변화시킬 수 있도록 도와주는 것이 더 좋다.
④ 일이 내 뜻대로 된다면 좋겠지만, 내가 원하는 대로 되지 않는다고 해서 끔찍할 이유는 없다.
⑤ 현재 내가 겪고 있는 정서적인 괴로움은 주로 나의 책임이며, 내가 사건들을 보고 평가하는 방식을 변화시킴으로써 나의 감정을 조절할 수 있다.
⑥ 걱정하는 것만이 모든 해결책이 아니다. 일어날 가능성이 있는 괴로운 일에 대해서 처리하기 위해 최선을 다할 것이며, 만약 다루기가 불가능하다면 그 일이 어쩔 수 없다는 것을 받아들이겠다.
⑦ 해야 할 일을 피하는 것이 실제로 하는 것보다 더 어렵고 고통스러울 경우가 많다. 해야 할 일은 불평 없이 해야 한다.
⑧ 다른 사람들과 친밀하게 지내는 것을 즐기지만, 생활을 도와줄 사람은 원하지 않는다. 자기 자신을 믿고 의지할 수 있다.
⑨ 나는 과거의 일들에 대한 지각과 과거의 영향에 대한 해석을 재평가함으로써 과거의 영향을 극복할 수 있다.
⑩ 다른 사람이 어려움을 겪을 때 도울 수 있으면 좋지만, 반드시 도움이 되어야 하거나 돕지 못한다고 큰 일이 나는 것은 아니다.

⑪ 세상은 불확실하다. 앎을 즐기기 위해 아무런 보장이 없더라도 어떤 결정을 내리고 위험을 무릅쓴다.
⑫ 세상에는 불공평한 경우가 많다. 불공평한 경우에 불만을 갖기보다는 이를 시정하게끔 노력하는 편이 낫다.
⑬ 고통 없이 얻을 수 있는 것은 아무 것도 없다. 그러므로 비록 좋아하지는 않아도 불편을 참고 견딜 수 있다.
⑭ 정서적 곤궁이 즐거운 것은 아니지만 대체로 참을 수 있다.

최근 Ellis와 그의 동료들이 제시하는 이론에서 비합리적 신념들 자체보다는 비합리적 신념이 가지고 있는 특성을 중심으로 비합리적 신념을 규정하였다. 이는 (1) 당위적 사고, (2) 과장, (3) 자기 비하, (4) 부족한 인내심이다(Ellis & Dryden, 1987). 이들을 살펴보면 다음과 같다.

첫째, 당위적 사고란 '반드시 ····해야 한다'는 사고로 강한 요구가 포함되어 있으며 경직된 사고이다. 예를 들면, '세상은 반드시 공평해야 하며, 정의는 반드시 승리해야 한다.', '나는 반드시 이 영역에서 성공해야 한다.' 등이다. 여기에서 주의할 점은 합리적 사고라고 해서 '세상은 공평하지 않아야 한다.' 또는 '나는 성공하지 않는 것이 좋다'가 되는 것이 아니라 '세상은 공평하면 좋겠다.' 또는 '내가 성공하면 참 좋겠다.'처럼 당위적이고 경직된 요소가 빠지고 상대적이고 현실적인 표현으로 바꾸는 것을 의미한다. Ellis에 의하면 당위적이고 경직된 사고는 인간 문제의 근본 요인이 되며 과장, 자기 및 타인 비하, 인내심 부족 등이 비합리적 결론을 유도한다.

둘째, 과장을 과장화 또는 재앙화라고 하는데 '~하면 끔찍하다' 또는 '~하면 큰 일이다.' 등의 표현으로 나타난다. 예를 들면, '그녀가 나를 거절하면 큰 일이다. 그런 일은 생각할 수도 없다', '시험에 떨어진다는 것은 곧 세상의 종말을 뜻한다. 결코 그런 끔찍한 일은 있을 수 없다' 등이 이에 속한다.

셋째, 자기 비하 또는 타인 비하는 자신이나 타인, 또는 상황에 대한 극도의 비하, 파멸적 사고를 의미한다. Ellis는 이것을 파멸적 사고라 했는데 '~하면(한 것을 보니), 나(그)는 무가치한 사람이다'가 이에 해당한다. 이것은 자신이나 타인, 또는 상황적 조건 중에서 한 가지 부정적인 면을 기초로 전체를 부정적인 것으로 생각해 버리는 경향을 뜻한다. 예를 들면, '학기말 고사를 또 망쳤으니, 나 같은 바보

천치가 또 있을까?'와 같은 것이다.

넷째, 좌절에 대한 인내심 부족이란 부적응적인 내담자는 원하거나 요구하는 것이 주어지지 않을 때, 그 상황을 견디거나 그 어떤 행복감도 느끼지 못하는 경향이 있다. 즉, 좌절되는 상황을 견디지 못하는 경우를 의미한다.

4 상담목표

집단상담의 주요 목표는 집단원들로 하여금 현실을 수용하고, 자신과 타인들에 대해 더욱 인내하는 가운데 자기 성장을 도모하도록 돕는 것이다. 즉, 집단 장면에서 삶에 대한 비합리적 신념을 발견하여, 합리적인 신념으로 대체하도록 돕는 것이다. 이를 위해 지적, 예시, 논박, 설득 등의 적극적인 방법 외에도 집단 밖에서 하는 행동숙제, 심상연습 등의 방법도 활용된다.

집단참가자들은 자신의 정서적 반응에 대한 책임이 있다는 것을 배운다. 이들은 이를 위해 자신의 언어에 주의를 기울이고 자신의 신념과 가치를 변화시킴으로써 정서적 장애를 감소시킬 수 있다. 그리고 이들이 새롭고 실제적인 철학을 획득하게 되면 삶에서 대부분의 불행한 사건들에 효과적으로 대처할 수 있게 된다.

집단 장면에서 상담자가 아무런 개입을 하지 않는 가운데 집단원들의 화제나 언행들이 방치되어서는 안 된다. 또는 집단원들의 감정표현을 지나치게 강조할 때에는 집단과정이 비합리적으로 되기 쉽다. 그리고 훈련이나 게임이 무분별하게 사용되거나 적절한 계획과 행동적 목표가 없이 사용될 때에는 집단이 비합리적인 방향으로 진행될 가능성이 크다.

5 상담과정과 기법

1) 상담과정

RET의 상담과정은 내담자가 가지고 있는 비합리적 생각과 그 생각에 근거한 자기언어를 찾아서 이의 비합리성을 확인하고 논박(D:disputing)하여, 합리적 생각과 자기언어로 바꾸고 이를 토대로 적절한 정서를 가지며, 바람직한 행동을 할 수 있도록 하는 것으로 그 과정을 구체적으로 살펴보면 다음과 같다(유호순 외, 2002).

(1) 정서적 · 행동적 결과의 탐색(C)

집단원들이 상담을 하는 직접적인 이유는 부적응 행동을 경험하고 있기 때문이다. 상담자는 통찰력 있게 이러한 상황들을 볼 수 있어야 한다. 상담자는 내담자의 심리적인 문제와 심리 외적인 문제를 구분할 수 있어야 하며, 적절한 정서와 부적절한 정서에 대한 구분도 할 수 있어야 한다.

적절한 정서는 생활기능에 커다란 악영향을 주지 않지만, 해가 되는 정서는 삶의 목적을 달성하거나 생활에 방해가 되는 정서로 자기 파괴적 행동을 유도하는 경향이 있다. 이를 구분하기 위해 상담자는 집단원의 행동단서를 통해서, 일상적 생활사건에서 초래하는 전형적인 정서적 결과를 이해하고, 내담자의 사고체계를 파악하여 정서 상태를 유추해 볼 수 있다.

(2) 상담목표의 설정

상담의 효과는 집단원과 상담자 간에 서로 신뢰하는 협력관계 속에서 극대화될 수 있다. 이러한 협력관계가 효과적으로 이루어지기 위해서는 상담자와 집단원 간에 합의된 상담목표에 도달해야 한다. 그러므로 상담 초기에 문제의 탐색이 진행된 후에 상담자는 상담의 목표를 명료화하고 우선순위를 정해야 한다.

상담의 목표는 집단원이 긍정적 변화를 위해서 극복하기를 바라는 문제이어야 하며, 상담자나 집단원 간에 변화되는 모습이 드러날 수 있는 문제이어야 한다. 즉, REBT 상담의 목표는 부적절한 정서와 부적응적인 행동을 적절한 정서와 적응적 행동으로 변화시키는 데 있다. 이러한 상담의 목표는 앞으로의 상담 진행과정을 알려주는 이정표의 구실을 한다. 목표가 명확하고 구체적일수록 상담자는 적절한 상담

기법을 선택할 수 있으며, 목표를 성취해 가는 행동의 변화가 진척될 수 있다.

목표 설정 방법에 있어서는 상담자와 내담자가 합의하여야 하는데 상담자 입장에서는 파급효과가 큰 문제를 초기 상담에서 선택하는 것이 적절하며, 내담자가 빨리 해결하고 싶어 하는 문제를 우선순위에 두는 것이 좋다. 한편 내담자의 입장에서는 실현가능하며 구체적인 목표를 설정하는 것이 도움이 된다.

(3) 선행사건의 탐색과 명료화(A)

집단원들은 강한 부정적 정서를 일으킨 사건에 대해 상담자와 함께 이야기하고 싶어한다. REBT 상담의 초점은 내담자의 비합리적 생각에 있으므로 문제의 선행사건에 대해 지나치게 상세하게 표사할 필요는 없다.

문제의 선행사건은 이미 일어난 것이고 변하지 않는다는 것을 인지하고, 선행사건에 대한 내담자의 평가에 초점을 맞춘다. 이때 상담자가 고려해야 할 사항은 사람들에 의해 타당화될 수 있는 객관적 사건, 사건에 대한 내담자의 지각과 일어난 사건에 대한 내담자의 주관적 기술, 이에 대한 내담자의 주관적 평가를 고려하여 탐색해야 한다.

(4) 정서적 · 행동적 결과와 사고 간의 관계 교육(B-C)

상담자는 내담자의 정서적 · 행동적 결과가 선행사건에 의한 것이 아니고, 내담자의 신념에서 기인한 것임을 분명히 교육한다. 또한 내담자에게 타인이나 과거가 그의 정서적 · 행동적 결과를 유도한 것이 아님을 분명히 한다. 이때 내담자가 스스로 자신의 비합리적 신념에 의해서 문제가 발생한 것임을 확신하지 못한다면 REBT 상담의 효과는 낙관하기 어렵다. 그러므로 우화, 유추 등의 방법을 활용하여 B－C 관계를 교육해야 한다.

(5) 신념의 탐색(B)

비합리적 사고는 의식적 과정에서 순간순간 떠오르는 생각이나 영상 등의 부결적 정서와 관련된다. 이와 관련된 역기능적 인지는 각 개인이 독특하게 지니고 있는 삶의 법칙이나 철학적 가정, 정서적 격동, 심각한 스트레스, 인생의 커다란 변화에 의하지 않고는 잘 드러나지 않는다.

비합리적 신념을 탐색하여, 합리적인 신념으로 변화시켜서 합리적인 신념이 행동양식에 영향을 미치도록 해야 한다. 이러한 비합리적 신념은 상담회기마다 지속적으로 일어나지만, 내담자의 핵심적인 비합리적 신념은 상담의 초기보다는 어느 정도 진행되고 난 후에 드러난다. 그러므로 상담자는 적극적으로 비합리적 신념의 탐색으로 들어가야 한다.

(6) 논박의 수행(D)과 효과성 검증(E)

논박의 본질은 비합리적인 신념을 변화시키는 데 있다. 논박은 내담자의 근본적인 신념구조까지 다루기 때문에 어려운 작업이다. 그러므로 논박을 하는 데는 충분한 시간을 갖고 다양한 방법을 통한 지속적인 노력이 필요하며, 상담과정 동안 반복적으로 시행한다. 논박을 하기 위해서는 인지적, 정서적, 행동적 기법을 활용하여 내담자의 사고양식을 파악하고, 내담자를 위한 대안적인 사고양식을 개발해야 한다(박경애, 2007).

2) 상담기법

RET는 인지적-설명기법, 정서적-환기기법, 행동적-적극적-지시적 기법이라는 세 가지 광범하고 일반적인 영역으로 구분될 수 있는 방법들이 포함된 종합적인 상담치료체계이다.

(1) 인지적-설명기법

① 비합리적 신념에 대한 상담자의 논박 : 상담자가 적극적으로 내담자의 비합리적인 신념을 논박하는 것

② 인지적 과제 부과 : 내담자의 내면화된 자기-메시지의 일부인 추상적인 “should나 must”를 제거시키려는 방법(RET에 관한 책을 읽거나 치료기간 중에 녹음한 것들을 듣도록 한다.)

③ 내담자 자신의 비합리적 신념에 대한 자기 논박 : 매일 일정시간 내담자는 자신의 비합리적인 신념이 약화될 때까지 대표적인 자신의 비합리적 신념을 논박하도록 하는 것이다.

④ 새로운 진술문의 사용 : 내담자는 절대적인 “해야 한다(should, must, ought)”를 절대적이 아닌 “하고 싶다(preferable)”로 대치함으로써, 보다 합리적인 사고로 자신을 진술하는 법을 배울 수 있다.

(2) 정서적-환기기법

① 합리적 정서적 이미지 : 내담자로 하여금 습관적으로 부적절한 느낌이 드는 장면도 생생하게 상상하도록 한다. 그리고 그 장면에서의 부적절한 행동을 적절한 행동으로 바꾸도록 한다.

② 역할놀이 : 내담자는 문제행동과 관련된 장면에서 어떤 일이 일어나는지를 알기 위하여 그 장면에서의 행동을 시도해 본다.

③ 부끄러움-공격 연습 : 행동에 대해 주위 사람들이 어떻게 생각할지에 대한 두려움 때문에 하고 싶은 행동을 하지 못하는 것에 대해 실제로 행동을 해 보도록 하는 훈련이다.

④ 무조건적 수용 : 내담자의 어떤 말이나 행동을 무조건적으로 수용하는 기술이다.

⑤ 시범 : 내담자가 겪고 있는 정서적 혼란에 대해 그것과 다르게 생각하고 행동하는 사람들의 생각이나 행동을 상담자가 연출해 보여 주는 것이다.

⑥ 유머 : 내담자에게 혼란을 일으키는 어떤 생각을 줄이기 위해 상담자가 유머를 사용한다.

(3) 행동적-적극적 지시기법

① 보상기법 : 바람직한 행동의 빈도를 증가시키는 보상은 바람직한 행동을 수반하게 될 것이다. 이 보상원리는 텔레비전 보기, 수영하기 등과 같이 일어날 확률이 높은 행동은 공부하기, 논문쓰기 등과 같이 일어날 확률이 낮은 행동의 발생 가능성을 증가시키기 위한 보상 또는 강화로서 사용될 수 있다는 것이다.

② 과제부과 : RET의 중심 기법 중 하나는 행동지향적인 과제를 부과하는 것이다. 보통 내담자가 하기 어려워하거나 두려워하는 일을 시킨다. 이러한 과제는 일반적으로 난이도가 서서히 높아지는 일련의 점진적인 과제들이 포함되어 있다.

③ 자극통제 : 합리적 정서상담자들은 때때로 내담자에게 특정 종류의 자극을 어떻게 통제하는가를 보여줌으로써 내담자가 역기능적으로 행동할 가능성을 줄이도록 할 수 있다. 그러므로 자극통제의 목적은 환경을 재구성하여 내담자로 하여금 역기능적 행동을 하도록 유인하는 자극들에 노출되지 않도록 하는 것이다.

6 적용

1) 유아발달속도에 따른 지도환경 구성

생활지도와 상담에 있어 인지주의적 접근은 같은 발달단계에 있는 유아일지라도 발달속도에 있어서 개인차(individual difference)가 있음을 인정하는 점이다. 인지주의자들은 단계이론의 보편성으로 인해 문화적 맥락성을 간과하였다는 점이 있지만 단계 내에서의 개인차를 인정한 점에서 현대 유아교육에 적용될 수 있는 바가 크다고 할 것이다.

유아교사는 지속적인 관찰을 통해 유아 개개인의 흥미와 발달적 특성을 이해하는 것이 필요하며 각각의 개별적인 발달수준에 맞춘 적절한 교육환경을 제공함으로써 유아가 보다 흥미를 느낄 수 있도록 지도하고 배려해야 하는 것이 좋다고 생각한다.

2) 능동적인 유아의 활동에 따른 생활지도

생활지도와 상담에 있어 인지주의적인 접근은 지도대상 및 교육의 주체로서 유아의 능동적이며 주체적인 역할을 강조하고 있어 현대 유아교육의 기저가 되고 있는 사상이기도 하다. 지식구성은 환경과의 상호작용 속에서 주체적이고 능동적인 역할을 통해 이루어지는 것으로 인지의 근원을 유아 내부에서 찾는 것이다.

유아는 성인이 가르치는 대로 배우는 수동적 존재가 아니라 적극적이고 능동적인 참여를 통해 배우는 주체로서의 유아의 역할에 중점을 두고 있다. 이는 자신의 사고의 틀을 통해 세상을 이해하고 지각하는 인식주체로서의 유아에 대한 현상학적 관점을 바탕으로 한 것이라 할 수 있다. 학습주체로서의 유아에 대한 이러한 인식변화는 교사의 유아에 대한 생활지도와 상담의 역할에 있어서도 새로운 인식전환을 이끌고 있다. 이에 유아교육에서 유아교사는 유아가 능동적이고 적극적인 참여를 유도할 수 있는 교수학습을 구상하여 유아의 지도에 임하는 것이 좋다고 생각한다.

제 3 부

아동상담의 과정

제 09 장

아동상담의 준비 및 상담 관련 서비스

1 아동상담의 물리적 환경 구성

1) 물리적 환경 구성

상담실의 물리적 환경 구성에 속하는 상담실의 물리적 구성은 상담실을 마련할 때 가장 중점을 두어야 할 것은 안전함과 사생활 보호이며, 편안함과 편리함도 고려해야 한다. 그리고 상담시설에서 상담실의 크기도 중요한데, 개인 아동상담에 필요한 공간 크기는 11에서 $14m^2$(3~4평) 정도가 가장 좋고, 집단상담을 위해서는 23에서 $28m^2$(7~8평)이 가장 적당하다고 볼 수 있다. 상담실의 창문도 고려해야 할 대상이다. 창문은 협소한 공간을 넓게 보이게 하는 효과는 있지만, 잘 못하면 주의산만을 초래할 수도 있다. 창문이 없는 방은 주의산만을 최소화시킬 수 있으나, 닫혀져 있어서 답답하고 위협을 줄 수도 있다. 이러한 경우에는 필요에 따라 내리거나 올릴 수 있는 블라인드를 창문에 설치하면 주의산만을 차단할 뿐 아니라 사생활과 비밀유지에도 편리하다고 볼 수 있다.

상담실뿐 아니라, 대기실에 대한 배려도 있어야 한다. 대기실은 아동을 환영하는 분위기로 만들어야 하고, 아동에게 적당한 크기의 가구와 아동 활동 도구들, 그리고 아동용 책과 잡지가 구비되어 있어야만 한다. 따라서 아동을 위해 상담자는 특별한 치료적 가치를 지닌 그림책 등을 구비해 둘 필요가 있다. 아울러 아동들의 치료를 방해하지 않도록 방음장치도 잘 되어 있어야 한다. 최적의 위치에 상담실이 배치되면 거기서 사용될 비품과 가구, 장비들에 관해서도 신경을 써야 한다. 상담실은 아동들이 안정하고 환영받는다는 느낌이 들도록 장비가 갖추어지고 배치되어야 한다. 가구들은 단순하면서도 조화를 이루어야 하며, 장난감과 비품들에 대한 대체적인 윤곽은 둘 다 똑같이 깨끗하면서도 간단한 것이 좋다.

아동 상담실의 바닥은 안전하고 쉽게 청소가 가능한 것이 좋으며, 세균방지 카펫이나 부드러운 비닐장판이 좋다. 딱딱한 타일은 사고를 일으킬 수 있고, 싸늘한 느낌을 주기 때문에 피하는 것이 좋으며, 벽은 청소가 가능한 소재가 좋고, 색상은 마음을 밝게 해 주는 밝은 색이 좋다.

2) 치료도구

치료도구는 아동상담에서는 아동과의 관계를 촉진시키고, 아동에게 현실검증의 기회를 제공하고, 아동이 수용할 수 없는 생각과 감정을 표현하는 것을 받아들일 수 있는 방법을 제공하기 위해서 치료도구를 사용한다. 이러한 치료도구를 사용하는데 있어서 중요한 것은 상담실의 치료도구들, 즉 장난감은 오락을 목적으로 하는 것이 아니라 치료과정에 대한 표현을 촉진시켜야만 한다는 점이다. 치료도구 선택의 일반 지침에 대해 살펴보면 다음과 같다(손정학 역, 2006).

① 견고하고, 반복사용으로 인해 쉽게 손상되지 않아야 한다.
② 성공의 기회를 제공해야 하고, 아동들이 자아존중감과 자기 확신을 갖도록 이끌어 주어야 한다.
③ 그리고 아동에게 흥미를 유발할 수 있는 것이어야 한다.
④ 말을 요구하지 않고, 탐색하고 표현하도록 촉진시킬 수 있는 것이어야 한다.
⑤ 장난감이나 치료도구들은 폭넓은 정서 표현이 가능한 것이어야 한다.
⑥ 아동과 긍정적인 관계를 형성할 기회를 허락해야 한다.
⑦ 아동에게 현실생활과 공상 모두를 탐색할 기회를 제공해야 한다.

이와 같은 치료도구들은 장난감 수가 중요한 것이 아니라, 치료적 효과를 낼 수 있는 장난감을 선택하는 것이 중요한데, 장난감 선택 시에는 기본적으로 현실생활 장난감, 공격적인 장난감, 무서운 장난감, 표현적인/창조적인 장난감과 같은 종류는 모두 포함되어야 한다.

3) 각 영역별 장난감

각 영역별 장난감에 대해서 간단히 살펴보면, 먼저 현실생활 장난감에 속하는 것으로는 아기인형, 구부릴 수 있는 가족인형, 인형집, 인형가구, 놀이접시, 단지, 팬, 용기, 전화기, 차, 트럭, 비행기와 같은 운송수단 장난감을 들 수 있다. 아동들이 집에 일어난 상황을 실연시키기 위해서는 각각 이러한 대행적인 자료들이 필수적이라 할 수 있는데, 특히 중요한 것은 인형 집과 부엌세트라 할 수 있다. 이러한 장난감을 이용하여 아동들은 가족의 문제를 실연해낼 수 있다는 것이다. 그리고 생활이 곤란한 처지에 있다고 느끼며, 또한 견딜 수 없는 상황으로부터 도망갈 수 없는 아동들은 상징적으로 운반수단 장난감을 사용한다고 볼 수 있다. 또한 성 학대를 받은 많은 아동들은 인형 옷을 벗겼다 입혔다 하면서 시간을 보내기도 한다. 두 번째, 공격적인 장난감은 필수적인 치료도구로써, 아동이 상징적인 방식으로 공격성을 표현하는 데 사용할 수 있다. 이러한 공격적인 장난감은 공격성을 증가시키고 적개심을 불러일으킬 것이라는 의견도 있으나 실제 그런 경우는 거의 없다고 볼 수 있다.

공격적인 장난감에는 권총집이 있는 권총, 고무로 만든 칼, 총이나 다른 시끄러운 소리를 내는 무기, 화살총, 수갑, 장난감 군인과 같은 것들이 포함된다. 권총과 고무 칼을 가지고 놀면서 아동들은 그들이 위험에서 자기 자신을 방어하고, 어떤 방식으로 그들을 위협하는 사람들과 그들의 적들을 쳐부수는 공상을 할 수 있다. 무서운 장난감으로는 괴물, 거미, 다른 벌레, 들쥐, 뱀과 같은 장난감이 있다. 아동들은 이러한 장난감을 가지고 그들이 두려워하는 것과 악몽을 실연할 수 있다. 번번이 성 학대를 받았던 아동들은 다양한 두려움과 공상을 실현하기 위해서 뱀을 사용하기도 한다.

가장 좋은 뱀 장난감은 비틀 수 있고, 잡아 늘일 수 있으며, 주름을 잡을 수 있고, 다르게도 쉽게 조작할 수 있는 유연한 고무로 만든 뱀이라 할 수 있다. 이러한 유연한 타입의 뱀은 아동들이 조정할 수 있고, 그들에게 일어난 일을 자유롭게 겉으로 표현할 수 있게 해 줄 수 있다.

마지막으로 상담실에는 아동의 창의력과 상상력을 표현하게 하는 장난감, 즉 표현 장난감/창의적 장난감을 가지고 있어야 한다. 이 범주에 속하는 장난감들은 크레용, 종이, 가위, 파이프 크리너, 플레이도우나 점토놀이, 연필, 매직펜류, 테이프,

풀, 핑거페인트, 수채물감과 같은 미술재료가 속할 수 있다. 상담자는 아동들이 자신의 감정들을 표현하고, 가족의 역동을 탐색하고, 학급에서의 상호작용을 조사하고, 새로운 기술을 실행하고, 자아존중감을 갖도록 이러한 미술재료들을 이용할 수 있다. 여기에는 아동들이 흉내 내거나 변장하는 데 사용할 수 있는 평범한 작은 마스크, 모자, 지갑, 굽이 높은 구두, 보석 등의 장난감도 포함된다. 직접 자신을 표현하는 것을 두려워하는 아동들은 그들의 사고와 감정을 말로 표현하는 데 퓨펫을 자주 사용하고 있다.

위와 같은 장난감은 벽에 부착된 개방 선반에 놓는 것이 좋으며, 장난감을 배열하는 가장 좋은 방법은 범주별로 묶어서 정리하는 것이라 할 수 있다. 즉, 현실생활, 공격적, 무서운, 창의적 · 표현적인 장난감끼리 함께 정리하면 좋다. 이런 배열은 장난감이 놓인 위치가 예측 가능하고, 조직화되어 있기 때문에 아동들이 어떤 특정한 장난감을 쉽게 찾을 수 있게 하고, 아동들에게 안전성과 일관성을 제공해 줄 수 있다.

2 아동상담의 윤리와 법적 문제

상담의 윤리와 법적 조항에 대해 살펴보면, 아동을 치료하는 데에는 많은 윤리적, 법적 문제가 발생하는데, 상담의 윤리와 법적 조항을 미리 준비하는 것은 법적 책임으로부터 상담자를 보호하고, 치료를 성공할 수 있게 해 준다. 동의서는 상담에 참가하겠다는 내담자의 의사결정을 문서화한 것이라 할 수 있다. 이러한 동의서는 내담자의 자발적 동의가 매우 중요한데, 결코 강요에 의해서 서명해서는 안 된다.

동의서에는 내담자가 치료과정에 영향을 줄 수 있는 모든 정보를 미리 알고 이에 대해서 동의한다는 내용이 포함된다. 내용에는 테이프녹음, 관찰, 위험, 치료의 이점뿐만 아니라 비밀보장과 그 제한점에 대한 정보, 경고의 의무, 보호의 의무,

보고의 의무, 클리닉의 절차, 관찰 및 기록 방침, 요금에 대한 정보가 포함되어야 한다. 내담 아동의 연령이 너무 어리거나, 장애로 인해 동의할 자격에 문제가 있는 경우에는 부모 또는 법적 보호자가 대리로 서명할 수 있다. 일반적으로 내담 아동이 11세 혹은 12세 이상이면 아동의 서명을 받고 있다(노안영, 2006).

1) 비밀보장

비밀보장은 내담자의 문제를 보호하고, 신뢰와 라포형성을 촉진시키는 것으로 알려져 오고 있다. 아동에 대한 비밀보장은 어려운 부분이라 할 수 있다. 모든 상담자가 다른 기관과 부모와 관련이 없는 사람에게 비밀을 보장하는 것은 어느 경우에나 엄격히 지켜져야 하겠지만, 부모에게 공개하는 것에 대해서는 의견이 분분하다 할 수 있다. 일반적으로 부모에게 정보를 공개하는 것은 “아동에게 무엇이 최선인가”에 따른 상담자의 판단에 따라 결정이 된다. 그러나 법적으로 정보에 대한 부모의 권리는 존중되어야 하므로 동의서를 제시한 부모는 기록과 정보를 이용할 수가 있다. 대부분의 상담자는 공개를 결정하기 전 아동의 동의를 얻고, 아동이 부모를 피드백 세션에 참여하게 하고, 아동의 합의하에 정보를 부모에게 제공하고 있다.

그리고 법적 요구에 적절한 한계 내에서 어떤 정보를 부모에게 말할 수 있고 없는지에 대해서 아동과 협의하는 것이 가능하다. 부모에게 어떻게 공개하는지와 관계없이 상담자에 대한 윤리적 지침은 부모에게 진행과정을 알리는 것이고, 사실상 부모는 보호적인 차원에서 알 권리가 있다고 할 수 있다. 그러나 아동은 자신이 한 치료세션에 대한 모든 정보를 부모에게 알리지 않아도 된다는 것을 알 필요가 있다. 때로는 부모가 자녀에 대해 캐내려고 많은 질문을 하곤 하는데, 상담자는 이것이 부적절하며 세션에 대해 언제, 무엇을 공개할지는 아동의 선택이라는 것을 아동과 함께 한 초기 면접 시간에 부모에게 말해 주는 것이 좋다. 절대적인 권리가 없듯이 비밀보장의 권리도 절대적이지 않다.

따라서 비밀보장을 지키지 않아도 되는 8가지의 경우를 살펴보면 다음과 같다.

① 아동, 청소년 혹은 무능력하거나 능력이 없는 사람이 학대나 해로운 방임으로 판명되거나 의심이 가는 경우

② 이전의 환자나 내담자의 의도의 합법성에 이의가 제기될 경우

③ 심리학자가 내담자에 의해 야기된 잘못된 행동을 변호하는데 정보가 필요한 경우
④ 동일한 희생자에 대한 신체적 폭력의 위협이 상담자에게 공개되었을 경우
⑤ 민사소송절차에서는 자기를 해칠 위협이 상담자에게 노출되었을 경우
⑥ 소송에서 정신적 혹은 정서적 손상을 주장하는 환자 혹은 내담자가 자신의 정신상태를 문제 삼을 경우
⑦ 환자 혹은 내담자가 법령에 준하여 조사받을 경우
⑧ 환자나 내담자에 의한 조사와 청문회의 상황에서 이 행동의 위반을 문제 삼는 기관에 의해 처리될 경우

2) 보호와 경고의 의무

보호와 경고의 의무에 대해서 알아보면, 상담자는 내담자에게 보호의 의무와 경고의 의무를 알려주어야 한다. 만약 어떤 부모가 아동을 헤치려고 위협한다면, 상담자는 법적으로 경찰에 알릴 책임이 있다. 그러나 이러한 경우에 아동에게 대안적인 보살핌이 이루어질 수 있도록 적절하게 아동보호기관과 연계하는 것이 가장 좋다. 만약 그 부모가 상당한 위험이 있는 것으로 간주된다면, 위탁절차를 밟을 필요가 있다.

경고나 보호의 의무는 그 위협이 자기에게 있을 때, 즉 내담자가 자살을 계획하고 있을 때도 적용이 된다. 아동을 병원에 입원시킬 필요가 있다고 생각되면 아동의 부모를 관여시켜야 하므로 아동의 부모에게 정보를 알려야 한다. 상담자가 아동과 치료를 시작할 때, 아동이 자신이나 다른 사람들에게 위협적이라고 생각된다면, 상담자는 아동이 위탁될 수 있는 병원과 제휴할 필요가 있다. 이때 상담자는 아동이 무엇을 해야 하는지를 알려주고 그 부모가 이러한 상황의 스트레스를 다룰 수 있도록 돕고, 클리닉의 초기 면접과 응급조치를 주지시켜 주어야 한다.

상담자는 경우에 따라서 내담자와의 상호작용 전부를 기록해야 한다. 기록은 법적 책임으로부터 상담자를 보호하고, 경고의 의무나 보호의 의무와 관련된 그 상황을 증명하는 자료로써 중요하기 때문에, 주의 깊게 기록하는 것은 보고의 의무와도 관계가 있다고 볼 수 있다.

3) 보고의 의무

보고의 의무로 상담자는 아동학대나 방임이 의심되거나 증거가 있으면 아동학대 예방센터에 알려야 한다. 2001년에 개정된 아동보호법에 따라 상담자는 학대받거나 방임된 아동을 확인해야 하는데, 신체적인 방임은 아동의 키와 몸무게, 아동의 위생, 의복의 청결성을 살펴보면 확인할 수 있다. 또한 지적 기능의 감소와 전반적인 발달지연으로 알 수 있는데, 일반적인 증상에는 억압감, 폭력, 감정이입의 결핍이 포함된다.

정서적인 방임은 실제적인 증후를 파악하기 어려울 뿐만 아니라 아동복지사도 증명하기가 어렵다. 따라서 확인이 될 경우 정서적인 방임은 매우 위험하므로 보고하여야 한다. 신체적 학대는 표시가 잘 안 나는 성 학대보다 파악하기 쉽다고 할 수 있다. 상담자는 아동의 멍, 상처, 다른 흔적이나 신체적 외상의 증거를 알아야 하는데, 잦은 사고, 일반적이지 않은 상처, 심각한 상처로 응급실에 자주 가는 것은 신체적 학대의 가능성이 될 수 있다.

이러한 요인만으로 학대가 될 수 없지만 잦은 사고 발생으로 인한 상처는 아동과 가족에 대해 학대를 의심해 보아야 한다. 성학대 희생자도 발견하기 어렵지만, 아동이 학업수행이나 일상생활의 갑작스런 변화, 즉 식욕이나 수면, 행농에 변화가 있다면 아동생활에 스트레스가 있다는 증거가 될 수 있다. 따라서 상담자는 아동이 어떤 형태로 희생되었다고 믿는다면 보고해야 하는데, 이러한 보고를 하기 위해서는 사전에 그 절차를 조사하는 것이라 할 수 있다. 보고가 되면 아동복지사가 아동관련 정보를 요구할 수 있는데, 이때 상담자는 아동, 가해자, 아동의 가족, 가능한 목격자, 보고자 자신, 학대나 방임이 이루어진 정확한 상황, 희생 아동의 현재 건강과 안전상태, 상황의 본질과 심각성, 목격자의 이름 등에 관한 정보를 알고 있는 한 상세하게 알려주어야 한다.

4) 상담자가 숙지해야 할 7가지 윤리적 지침

이 밖에도 상담자는 여러 가지 윤리적 문제에 직면하게 되는데, 상담자가 숙지해야 할 7가지 윤리적 지침은 한 번씩 읽어 보고 숙지한다(이재학, 2005).

① 상담자는 자신이 어떠한 개인적 욕구를 가지고 있는지, 상담을 통해 자신이

얻는 바가 무엇인지, 그리고 자신의 욕구와 행동이 내담자에게 어떠한 영향을 미치는지를 분명히 지각하고 있어야 한다.

② 상담자에게는 내담자의 복리에 대한 책임이 있으며, 내담자를 자신의 욕구를 충족시키기 위해 이용하는 일이 있어서는 안 된다.

③ 상담자는 치료적 관계를 명확히 해칠 수 있는 내담자와의 어떠한 다른 관계를 가져서는 안 된다.

④ 상담자에게는 내담자의 비밀에 대한 보장과 상담관계에 부정적인 영향을 미칠 수 있는 다른 문제들에 대해서도 내담자에게 알려줄 책임이 있다.

⑤ 상담자는 자신의 가치관, 태도 등을 자각하고 있어야 하며, 이러한 가치와 태도가 상담관계 및 내담자에 어떠한 영향을 미치는지를 인식하고 있어야 한다.

⑥ 상담자는 상담의 목표, 기법 및 절차, 그리고 상담관계를 시작함으로써 내담자에게 닥칠지도 모르는 위험과 내담자가 상담을 시작하려는 결정을 내리기 전에 고려해야 할 다른 요인들에 대해서도 미리 내담자에게 알려주어야 한다.

⑦ 상담자는 상담과정에서 자신이 내담자에게 모델이 될 수도 있다는 점을 알아야 하며, 따라서 상담자 자신의 생활에서 내담자에게 영향을 미칠 수 있는 일이나 행동을 인식하고 있어야 한다.

3 아동상담 전문기관

1) 인간발달복지연구소(http://www.growup.co.kr/)

건강한 발달과 심리적 환경의 개선을 통한 개인의 복지 향상이라는 목적 아래 1979년 사단법인으로 설립되었다. 영·유아, 아동 및 청소년의 전문적인 상담 및 심리치료기관, 그리고 발달심리학회 내에서 인정하는 발달심리사 및 발달심리전문가 자격 연수기관이다.

아동상담 전문기관 홈페이지에는 오른쪽으로 이용안내, 상담사례, 사이버상담실, 아동심리미술, 자료실이 링크되어 있고 그 위쪽으로는 조그맣게 연구소 소개, 활동내용, 상담대상, 프로그램 소개 공간이 마련되어 있다. 로그인 절차는 필요 없으며 첫 화면에 '연구소 소개－설립취지'가 나타나는 등 오프라인 기관에 치중하여 사이트를 운영하고 있는 듯한 느낌을 받았다.

심리검사 및 해석상담, 학습장애 치료교육 프로그램, 정서장애 치료교육 프로그램 등을 소개하고 있는데 말 그대로 기관에서 실시하는 프로그램을 알려주고 있으며 사이버 상에서는 이와 관련된 아무런 도움도 받을 수 없다. 학습상담, 발달상담, 정서상담으로 나누어 대상아동을 설명하고 있는데 구체적이라 부모들이 보고 상담기관을 찾는데 수월하게끔 했다. 예를 들어, '변화를 싫어하며 문자와 숫자 등 특별한 기호에 대한 기억력이 뛰어나다.'－발달상의 어려움을 가진 유아 및 아동이라고 대상을 잘 설명하고 있다. '전화예약－검사상담－결과해석－상담 및 프로그램'순으로 진행된다고 명시해두었다.

사이버상담 영역을 중심으로 살펴보면, 상담사례 게시판, 사이버 상담실 게시판, 아동심리미술 게시판, 자료실로 이루어져 있다.

상담사례 게시판에는 '비디오 보기에 너무 열중해요', '한 돌 된 아이의 지나친 독서량' 등의 다양한 제목으로 글이 올려져 있는데 '질의(질문)－상담(답변)'으로 이루어져 있다. 검색하는데 있어서 일일이 넘겨서 유사한 사례를 찾거나 키워드를 예상해서 그것만으로 관심사례를 찾을 수 있는 것이 매우 불편하게 보였다. 게시판이 좀더 세분화되서나 말머리를 영역별로 나눈는 것이 필요할 것 같다. 게다가 가끔 상담자의 답변을 요구하는 질문들이 사례게시판에 올라오는데 운영자가 관리하여 다른 사람들은 글을 올릴 수 없도록 하거나 상담실 게시판으로 옮기는 등 관리에 주의를 기울여야 하겠다.

사이버 상담실도 제목 올리는 형태는 마찬가지이며 하루에 2~5건 사이의 질문이 올라온다. 그러나 답변이 다음날 올라오기도 하지만 15일 만에 올라오는가 하는 등 시기상으로 매우 불성실하다.

아동심리미술에서는 미술치료를 간단하게 설명하고 아동의 그림에 대한 이해를 돕도록 몇 가지 그림을 소개하고 있다. 그러나 그림도 6점뿐이고 사이버상으로는 많은 정보를 제공하고 있지 않다. 자료실에는 약 90개의 글이 있는데 '아이들의 고민해결' '영아놀이－아이들과 어떤 놀이를 해줘야 할까'라는 제목의 유용한 내용을 담고 있다. 그러나 '자료실'이라는 제목만으로는 이러한 정보를 담고 있다는 것을 네티즌이 알 수 없다. 보다 효과적이고 독창적인 구성이 필요하겠다.

2) 한국 청소년 상담원(http://www.kyci.or.kr/)

한국청소년상담원 홈페이지 상단 오른쪽에는 상담원 이용방법이나 위치를 알려주는 '기관안내' 그리고 '사이버상담실', '상담자료실', '전문가교육', '상담기관네크워크', '전자도서관' 순으로 6가지 공간이 나열되어 있다. 화면 중앙에 있는 공지사항 게시판을 중심으로 왼쪽은 '사이버 상담실'의 하위 링크(웹심리검사, 채팅상담실, 공개상담실, 비밀상담실 이상 4가지)와 더불어 "1분이면 마음이 열립니다"라는 부모자녀 1분 대화 캠페인 표어가 깜찍하게 소개되어 있다. 공지사항 게시판을 중심으로 왼쪽은 '상담자료실'의 하위링크(고민해결백과, 상담 만화방, 웹진빛뜨란, 컴슬러따라가기, 감정의 사이버마당 이상 5가지)로 구성되어 있다. 눈에 잘들어오고 청소년들을 대상으로 하기에도 별 무리없는 단어들로 이루어져 있으며 사이버 상담기관에 중심역할인 사이버상담과 상담자료에 대한 하위링크를 주로 게시하는 바람직한 구성이라는 인상을 받았다.

사이버 상담실은 웹심리검사, 채팅상담실, 공개상담실, 비밀상담실 4개의 게시판으로 이루어져 있다.

① **웹심리검사** : 청소년들의 대인관계, 진로, 학업, 성, 인터넷 사용 문제에 대한 고민의 정도를 알아보고 원인을 찾아보고 심리검사 후에는 전문가와의 연결(상담)을 추천하여 해결책을 찾을 수 있도록 돕고 있다.

② **채팅상담실** : 얼굴모양 캐릭터를 선택하고 채팅방에 들어가면 상담원 2명과 대기중인 다른 청소년이 있었다.

③ **공개상담실** : 전문상담가의 답글을 볼 수 있는 곳으로 글을 쓴 후 48시간 이내에 도움을 들을 읽어 볼 수 있다. 문제 영역을 '성', '학업' 이런 식으로 한눈에 알아 볼 수 있도록 분류하는 점이 특징적이었다. 하루에 적게는 10개부터 많게는 20개 가량의 고민이 올라오고 조회수는 보통 10~20회 정도이며 가끔 40회를 훌쩍 넘는 경우도 찾을 수 있었다.

④ **비밀상담실** : E-mail상담. 48시간 이내에 답변을 받아 볼 수 있다.

⑤ 이 밖에도 또래끼리 자유롭게 서로의 고민에 답글을 달 수 있는 '나도상담자',

스스로의 마음을 스케치하는 '낙서장'이라는 공간이 마련되어 있다. 나도상담자는 또래게시판이라고 표현할 수 있겠다. 이 게시판에는 특히 또래 간의 대인관계에 관한 고민이 대부분이었다.

사이버 자료실 중심으로 살펴보면 다음과 같다.

① 고민해결백과

약 6천여 편의 고민사례가 입력되어 있는데 '학업문제 선택 → 학교부적응 선택 → '아이 성격이 내성적이고 늘 혼자 지내어 학교 생활이 힘듭니다'라는 질문을 선택 → '답변보기' 방법이며 비교적 다양한 질문들이 제시되어 있다.

② 컴슬러 따라가기

"네!", "아니오!"로 간단히 답하는 게임을 하면서 컴슬러(컴퓨터상담자)를 따라가면서 자신의 마음을 정리하게끔 도와준다.

③ 상담만화방·감정의 사이버 마당

매우 신선하다고 생각했던 링크들이다. 문제에 직면하고 해결하는 과정에 컴슬러가 도우미로 등장한다. 만화로 표현하는 것이 상담에 참여하는 청소년의 심각하고 무거운 심정을 이완시키는데 효과적이라고 생각한다. 상담이란 비정상적인 문제행동에 따르는 비일상적인 행위가 아니라는 인상을 주어야 한다. 사이트를 이용하는 청소년들에게 자신의 감정에 맞는 음악을 듣고 글을 읽는 다는 것은 인식의 변화를 가져올 수 있을 것이다.

제 10 장

아동상담의 과정

1 상담의 시작

1) 접수 및 접수상담 단계

(1) 초기 접수 면접

처음 상담실을 찾은 아동과 가족들과 함께 상담자는 초기 접수 면접을 실시하게 된다. 초기 면접은 가족과의 역동을 보면서 대인관계 환경에서의 아동을 평가하고 관찰할 수 있는 유일한 기회가 되는데, 상담자는 면접에서 얻은 정보에 관해 명백히 할 필요가 있다. 그리고 미리 면접에서 어떻게 구조화할지를 결정해야 하며, 접수 면접 동안 상담자는 아동의 삶에서 가장 중요한 인물들과 함께 상호작용하게 된다. 일반적으로 초기 접수 면접은 1시간 30분 정도 걸리며, 면접의 구성은 내담아동의 상황과 상담실 상황에 맞추어 융통성 있게 조절할 수 있다.

세부적으로는 다양한 면접구조를 형성할 수 있지만, 기본적으로 면접상담에서는 부모 또는 가족이 함께 참여하는 면접과 아동내담자 면접 그리고 면접 회기에서 발견한 점을 나누는 피드백 회기로 구성된다. 면접에서는 증상 아동뿐 아니라 가족과 아동의 모든 것에 대한 구체적인 자료 수집이 필요하다고 볼 수 있다. 초기 면접 후에 빠뜨린 정보를 위해 다시 가족을 재소집 한다는 것은 어려운 일이기 때문에 접수 면접동안, 알아야 할 주제를 미리 목록화하여 빠뜨리지 말고 정보를 수집해야 한다.

(2) 접수 면접 동안 얻어야 할 주제

접수 면접 동안 얻어야 할 주제로는 현재 문제, 가족관계, 학교 또는 유치원 문제, 사회적 관계와 또래관계, 사회문화적인 요소, 오락/흥미/취미, 발달과 건강문제, 미래의 계획, 행동 관찰 등 9가지가 있다(홍경자, 2005).

① 현재 문제

첫 번째로 현재 문제는, 어느 가족이나 한두 가지 이상의 문제를 지니고 있다. 초기 면접에서 중요한 것은 아동 내담자에 한하여 문제를 규정하는 것이 아니라, 다른 가족구성원도 포함하여 그 가족에 존재하는 모든 문제를 찾아야 한다. 문제가 처음 일어났을 때를 알아야 하며, 이러한 문제가 시간이 경과하면서 변화하는 것을 알아야 한다. 즉, 그 당시 아동 생활에서 일어났던 변화를 알아야 한다는 것이다.

② 가족관계

가족관계에서는 훈육방식, 부모의 원 가족 내력, 배우자 관계, 형제관계, 더 나아가 가족문제 등을 파악해야 한다. 양육태도와 처벌방식에 관한 자료를 수집하면 부모가 아이에게 대하는 태도가 드러나게 되는데, 이때 편부모 또는 양쪽 부모가 아이에게 어떻게 처벌을 하는지, 두 부모가 같은 양육방식에 동의하는지를 알아야 한다.

구체적으로 선호하는 양육방식을 조사하고 방법의 일치성 여부를 알 필요가 있다. 부모가 아동이었을 때 부모에게 어떻게 다루어졌는지 그들의 부모와의 관계, 부모의 사회적 지위, 학벌, 전문적인 배경, 정신적 건강 내력 등을 파악해야 한다. 즉, 상담자가 부모의 역사적 배경을 안다면 현재 가족의 문제를 더 잘 이해하게 된다. 그리고 같이 살고 있는 형제 사이의 관계에도 주의를 기울여야 한다. 즉, 형제가 많든, 중간이든, 순응적이든, 입양된 형제가 있든 같은 가정에서 아이가 어떻게 지내느냐와 그들이 서로 어떻게 상호작용하는지가 중요하다고 볼 수 있다.

③ 학교 또는 유치원 문제

상담자는 아동의 학업수행과 학교에서의 행동을 평가해야 한다. 면접을 통하여 학교 기록에 관한 정보를 얻을 수 있는데, 상담자는 아동의 동료와 선생님과의 관계를 고려하여 학업수행을 평가해야 한다.

④ 사회적 관계와 또래관계

아동의 교우관계와 사회참여에 관한 정보는 현존하는 문제를 평가하는 척도가 된다. 따라서 친구의 특성뿐 아니라 친구의 성별도 중요하다고 볼 수 있다. 아동은 자신과 매우 비슷하거나 또는 다른 성격 때문에 친구를 선택하게 되는데, 이때 아동은 상담자에게 어떤 특정 친구를 좋아하고 어떤 아이는 싫다고 말을 한다.

이것은 아동 자신이 좋아하고 싫어하는 것의 암시라 할 수 있다. 그러나 가장 친한 친구가 없다는 것은 같이 노는 친구의 숫자가 많지 않은 것보다 더 문제가 될 수 있는 부분이다. 따라서 상담자는 가장 친한 친구와의 관계, 그들의 나이, 더 선호하는 게임이나 놀이활동에 관해 질문을 해야 한다. 또한 놀이 친구와의 관계와 친구 수의 변화에 대해 조사하는 것도 중요하다.

⑤ 사회·문화적인 요소

아동은 가족의 심리적, 정서적 기류에 영향을 받을 뿐 아니라 사회경제적, 문화적 배경에도 영향을 받고 있다. 아동상담 시 고려해야 할 정보는 가족의 경제적 지위, 현재 살고 있는 또는 그들이 이전에 살았던 이웃에 관한 것, 돈과 재산에 대한 가족의 일반적인 태도, 가족의 사회적 · 경제적 지위에 관한 자신의 평가에 관한 것이라 할 수 있다. 이러한 정보는 다음 계획을 위해 중요할 뿐만 아니라 다른 상담자에게 의뢰해야 하는 결정을 할 때도 중요하게 작용한다고 볼 수 있다.

⑥ 오락/흥미/취미

오락, 흥미, 취미 활동은 가족과 개인의 기능에 대한 관점에서 중요한 부분이라 할 수 있으며, 가족의 사회적 참여가 중요한 문제가 될 있다. 가족생활에서 잠재적인 사회적 지지망을 필요로 하는 사람이 있는가? 만약 그런 외적 자원이 없다면 상담자는 이런 것들이 없는 이유를 평가해야 한다.

아동이 친구나 친한 사람이 있는지, 또 그들과 얼마나 자주 만나는지를 조사하는 것이 중요하기 때문에, 이런 친구의 존재는 상세히 알아야 한다.

⑦ 발달과 건강문제

내담자의 적응에 관련하여 발달과 건강문제의 정보를 평가하는 것이 중요하다. 예를 들면, 만성병에 걸린 형제가 있거나 말기의 질병이 있는 부모가 있다면 이런 문제는 아동의 증상과 관련하여 논의되어야 한다. 또한 아동의 건강에 대해 소홀히 하거나 학대, 방임 등에 관해서 특별히 주의를 기울여야 한다. 예를 들면, 아동에게 너무 자주 상처가 있었거나 계속적인 탈골은 신체적인 학대로 간주된다. 또한 질 감염이나 방광 감염 등과 같은 유사한 증상은 성적인 학대로 간주하며, 적절한 발달과제를 수행하지 못하는 아동은 방임 가능성에 대해서도 평가해야 한다.

⑧ 미래의 계획

상담자는 가족의 열망뿐만 아니라 개인 구성원의 꿈과 미래의 희망에 관한 정보를 찾을 필요가 있다.

⑨ 행동 관찰

행동 관찰은 접수과정을 통해 수집이 되는데, 이때 가족구성원의 외모와 신체적인 특성, 예의범절, 의복 차림, 접수과정에 적응하는 것, 분위기, 정서, 의사소통 양식 등 모든 것을 관찰한다.

(3) 내담 아동과의 초기 면접

상담자가 증상 아동과 면접을 시작할 때, 첫째 과제는 아동이 그의 부모와 어떻게 분리하는지를 관찰하는 것이라 할 수 있다. 대부분의 아동은 부모와 쉽게 떨어져 상담자를 따르고 있으나, 만약 아동이 부모를 떠나지 않으려고 울거나 매달리면 그것은 주목할 만한 일이라 할 수 있다. 따라서 아동이 양쪽 부모 모두에게 매달리는지, 어머니에게 매달리는지, 아버지에게 매달리는지가 중요한데, 아이들이 떠날 때 부모의 반응도 관찰할 필요가 있다.

상담자와 아동은 상담실에 들어가 상담을 시작할 때 먼저 아동에게 상담실에 대해서 간단히 소개를 해야 한다. 그리고 그가 무엇을 선택하는지와 연속적인 다른 놀이활동, 아동의 집중 간격, 흥미가 모두 중요한 요소이기 때문에, 면접의 첫 번째 목적은 라포를 형성하고 많은 정보를 수집하는 것이라 할 수 있다. 따라서 회기 동안 아동을 불안하게 해서든 안 된다.

아동이 분위기를 이끌어 나가고 상담자는 따르며, 치료와 면접과정에 대해서 아동이 물으면 설명을 해 주는 것이 좋다. 따라서 아동이 직접적인 질문에 불편하다는 신호를 보내면 예를 들면, 움츠리거나 상담자를 무시하거나, 대답하기를 거절하는, 이런 접근은 피하는 것이 좋다. 증상 아동과의 면접 중에서 라포를 형성하는 것이 중요하다. 즉, 아동과의 초기 면접에서 가장 중요한 것은 내담 아동과의 의미

있는 관계설정과 정보수집이라 할 수 있다. 그리고 엄격하거나 고정된 면접계획이 아니라 창의적이고 자발적으로 아동과 상호작용하는 것이 가장 좋으며, 비지시적인 것이 좋다. 아울러 상담자는 아동을 위해 거울이 되고 감정을 적절히 반영해야 하며, 아이가 자신의 모든 감정을 자유롭게 표현하도록 격려하는 허용심과 서두르지 않으면서 아이의 속도와 능력에 맡겨 두는 것이 좋다.

아동과 의사소통할 때는 간단한 언어를 사용해야 하고, 아동이 이끄는 대로 만족하고, 아동이 선택했을 때 아동이 표현한 주제를 따르는 것이 좋다. 이러한 과정에서 충분한 정보가 수집되고 아동이 상담자를 편안하게 느끼면 면접이 끝날 수 있다. 그러나 초기 면접을 끝낼 때 유의할 점은 아동이 하던 일을 완성하게 하는 것인데, 면접이 끝난 후, 아동이 되돌아가기를 기대하는지와 실제로 부모에게 어떻게 되돌아가는지가 중요하다.

상담자와 오랜 면접을 끝낸 아동은 자신의 행동을 자랑스러워하며, 만족감으로 끝내기를 원하지 않는 경우가 있다. 또 어떤 아동은 부모에게 돌아가는 것을 불안해하는데 그것은 자신의 손에 묻은 물감과 옷에 묻은 진흙 때문일 수도 있다. 반면, 어떤 아동은 반대로 기꺼이 부모를 만나 상담실에서 있었던 경험을 이야기하는 경우도 있고, 어떤 아동은 불안했던 회기가 끝난 것을 기뻐하는 경우도 있다. 이러한 경향이 진단에 사용할 수 있는 자료가 되기도 한다.

2) 사례개념화

사례개념화는 내담자의 심리적, 대인관계, 행동적 문제, 문제와 관련된 원인 및 유지, 강화요인들, 내담자가 가진 장점을 정확하게 파악하고, 이에 대한 종합적 이해를 근거로 바람직한 문제해결 방향과 효과적인 문제해결에 필요한 개입전략 및 기법을 세우고 계획하는 것이다.

사례개념화가 중요한 이유를 예를 들어 설명해보면, 한 아동의 행동들이 애착장애라고 생각했으나, 생육사 조사를 통해서 이 아동이 애착관계는 잘 형성되어 있음을 알게 된 뒤에 아동이 애착장애가 아닌 ADHD라는 것을 알게 되었다.

사례개념화를 하기 위한 요소들에는 부모 면담을 통해 생육사, 발달사, 심리검사 등을 통해서 주 호소 문제의 구체화가 필요하다. 이때 내담자와의 관계형성도 중요하다. 상담자는 부모와 신뢰로운 관계를 맺어야 하며, 이를 위해 상담자는 면담관계를 촉진하는 면담기법을 익히는 것도 중요하다. 주호소 문제는 주요 문제의 진술인데, 문제로 인한 일상생활의 어려움과 문제의 지속성과 심각성, 부모의 반응과 대처에 대한 기록을 말한다. 이러한 요소들을 통해서 사례개념화를 한다.

첫째, 현재 문제 및 관련 증상에 관한 부분으로 내담자의 '지금 상담에 오게 된 경위'와 '구체적 호소문제', '증상', '핵심감정 및 정서'가 파악되어야 한다.

둘째, 문제와 관련된 역사적 배경으로 내담자의 '발달적 역사'와 함께 '문제의 기원과 과거 문제력 및 당시상황'에 대해서 파악되어야 한다.

셋째로, 문제와 관련된 내담자 개인적인 요인이다.

넷째 요소인 문제와 관련한 내담자의 외적 요인에 대해서도 파악해야 한다. 그리고, 문제해결의 중요한 요소로서 내담자가 가지고 있는 자원이 무엇이고 취약점이 무엇인지 알아야 한다.

이 요소들에 대한 정보가 수집되었다면, 상담자는 이러한 정보들을 토대로 내담자를 잘 파악하여 상담의 진행과 접근방식 그리고 상담에 대한 성과에 대해서 수립하여야 한다.

3) 상담계획

피드백 회기는 4단계를 거치게 된다(이장호, 1997).

(1) 1단계

1단계는 상담자가 면접에서 얻은 결론을 가족과 함께 공유하는 과정으로, 치료 전에 명확한 진술을 준비하여 가족과 함께 최종 만남에 들어가야 하고 산만하거나 임의적인 피드백은 주지 않아야 한다. 개념화는 아동도 이해할 수 있도록 단순해야 하고, 가족구성원 중 아무도 비난받지 않아야 한다. 만약 가족이 개념화에 전혀 동의하지 않는다면 좀 더 세부적으로 설명하고 그들이 저항하는 이유를 조사해야 한다. 또는 그들의 가족문제에 대해 대안적인 해석이 무엇인지를 물어보고 공통된 실마리를 찾아야 한다.

(2) 2단계

2단계는 상담자가 내담자를 위해 가장 좋은 치료 개입을 제안하는 것이라 할 수 있다. 증상 아동의 현재 문제가 실제로는 부모 사이의 부부갈등 때문이라면, 먼저 가족에게 부부치료를 제안하는 것이 좋다. 만약 부모가 서로의 갈등을 개방적으로 수용할 준비가 되어 있지 않아 이를 거절한다면, 두 번째로는 가족치료를 제안을 해야 한다. 부부치료보다는 부모에게 덜 직접적이므로 가족치료 제안은 승낙하는 경우가 많이 있다. 그러나 가족치료를 또 거절한다면 세 번째는 부모교육을 제안해야 된다. 교육이라는 용어가 치료보다는 수용하기 수월한 면이 있다. 만약 이것도 거절한다면 개인상담을 제안하게 된다. 이 개입은 부모의 배우자 관계에 아동이 적응하도록 돕는 데 초점을 두고 있다.

(3) 3단계

3단계는 가족이 상담자의 제안을 받아들이는 단계라 할 수 있다. 이 단계에서는 상담자와 치료목표를 세우는데, 일반적으로 치료목표를 설정하는 데는 세 가지 유형이 있다. 즉, 내담자와 상담자가 동의한 목표, 상담자에게는 중요하지 않지만 내담자가 원하는 목표, 상담자에게는 중요하나 내담자에게는 중요하지 않은 목표가 있다. 따라서 이러한 치료에 대한 분명한 목표를 가지고 개인과 가족이 명백하고 직접적인 치료 초점이 될 수 있는 것이 중요하며, 부모의 동의가 매우 중요하다고 할 수 있다.

(4) 4단계

4단계는 치료에 동의하고, 가족과 함께 치료에 대한 준비를 하는 단계로, 가족이 치료에 동의한다면, 비밀보장 문제, 법적이고 윤리적인 문제 등을 다시 확인하고 치료준비를 한다. 아울러 회기 횟수와 시간이 결정되어야 하고, 전체 치료 기간을 정하며, 상담시간 엄수가 중요하다는 것을 설명하고 강조해야 한다.

2 심리평가

1) 심리평가

놀이관찰과 평가, 부모면담을 통해 아동의 심리행동문제를 평가하지만, 필요하다면 객관적인 심리검사를 실시한다. 놀이관찰과 부모면담을 통해 수집한 정보만으로도 아동의 문제와 치료적 방향을 파악할 수 있다면 심리검사를 실시하지 않을 수 있다.

놀이치료자가 아동의 문제를 좀 더 객관적으로 확인하는 것이 필요하다면 아동과 부모를 대상으로 필요한 경우 각종 심리검사와 평가를 실시한다. 심리검사와 평가는 놀이치료 시작 전이나 놀이치료를 받는 중에도 실시될 수 있다. 하지만 놀이치료를 시작한 후 검사를 할 때는 꼭 필요한 경우에 실시하여야 하며, 치료적 관계에 영향을 미칠 수 있음을 염두에 두어야 한다. 검사 선택 시 고려할 사항은 다음과 같다.

놀이치료자는 놀이평가와 부모면담 이후 심리검사가 필요하다고 판단하면 아동에게 적합한 심리검사를 선택해야 한다. 이 단계에서 놀이치료자가 직접 심리검사를 실시하여 평가할 수도 있지만 임상심리사에게 연계 의뢰하여 평가절차를 거치는 것도 좋은 방법이다. 심리검사를 잘 선택하기 위해서 놀이치료자는 놀이평가와 부모면담을 통해 사례에 대한 파악이 잘 되어 있어야 할 뿐 아니라 각 심리검사의 장단점을 이해하고 있어야 한다. 심리검사를 선택할 때는 다음과 같은 기준을 고려해야 한다.

(1) 아동의 문제와 관련성

심리검사를 선택할 때 가장 중요하게 고려해야 할 부분은 선택할 검사가 검사를 실시하는 목적에 부합하는지, 즉 아동의 문제를 이해하기 위한 정보를 제공할 수 있는가 하는 것이다. 실시하는 검사가 아동이 겪고 있는 문제와 관련성이 있는지 고려하지 않은 상태에서 우선적으로 검사를 선택하여 실시할 경우 필요하지 않은 정보를 과다하게 얻거나 반드시 필요한 정보를 얻지 못할 수 있다.

(2) 표준화, 타당도, 신뢰도

검사의 목적이 명확해지면 표준화된 표본으로 검사를 제작하였는가, 타당성이 있는 검사인가, 검사를 신뢰할 수 있는가를 고려하여야 한다.

(3) 실용성

검사 실시와 채점의 간편성, 검사의 경제성을 고려해야 한다. 가능하면 시행과 채점이 간단하고 실시에 소요되는 시간도 적절하며 비용도 지나치게 부담이 되지 않는 검사를 선정한다.

2) 아동 심리검사

아동 심리검사는 아동의 여러 심리검사를 종합적으로 실시하는 한 벌의(Full-battery) 검사와 필요한 부분만을 검사하는 것으로 구분할 수 있다. Full-battery 검사는 아동의 인지기능, 정서상태, 성격 특징, 핵심 갈등 영역, 대인관계, 심리적 자원 등 심리적 기능 전반을 종합적으로 탐색, 평가한다.

문제 증상을 정확히 진단하고, 심리치료 계획 수립에 필요한 체계적인 정보를 분석한다. Full-battery 검사는 지능검사, BGT, 班TP, KFD, CAT 또는 Rorschach, SCT로 구성된나. 아동의 연령에 따라 또는 검사목적에 따라 발달검사, 사회성숙도검사, 주의력검사 등을 선택하거나 추가한다. 다음은 놀이치료 현장에서 많이 사용되는 심리검사들의 영역과 종류들이다.

〈표 10-1〉 심리검사 영역 및 종류

대상	영역	검사종류
아동	지능검사	K-WPPSI, KEDI-WISC
	정서 및 성격검사	HTP, KFD, CAT, Rorschach, MMTIC, SCT
	주의력검사	ADS
	발달검사	사회성숙도검사, 베일리발달검사
	시지각검사	BGT
부모	성격 및 정서검사	MMPI, MBTI, SCT

(1) 한국 웩슬러 아동지능검사(KEDI-WISC)

만 5세부터 세까지 아동의 지능을 측정하는 검사도구이다. 언어성 검사와 동작성 검사로 나누어지는데 각각 6개의 소검사로 이루어져 있다. 언어성 검사에는 상식, 공통성, 산수, 어휘, 이해, 숫자검사로 이루어져 있고, 동작성 검사는 빠진 곳 찾기, 차례 맞추기, 토막 짜기, 모양 맞추기, 기호 쓰기, 미로로 구성되어 있다.

각각의 소검사를 통해 세부적이고 구체적인 인지기능과 인지적 특징을 파악할 수 있는데, 지능(IQ)이 얼마나 높은지보다 각각의 소검사 결과에 대한 분석이 중요하다. 각각의 소검사의 점수결과로 나온 수치에다 각 소검사가 측정하고 있는 구성영역을 근거로 의미를 부여한다. 지능검사는 아동의 전체적, 성격적, 심리정서적, 행동적 측면을 종합적으로 이해할 수 있게 해주며 한 벌의(Full-battery) 검사에서 기본 검사도구로 사용되고 있다.

(2) 한국 웩슬러 유아지능검사(K-WPPSI)

만 3세부터 7세 3개월까지 유아의 지능을 측정하는 검사도구이다. 영재아동 또는 나이가 많으나 발달상 문제를 보이는 지체아동은 연령범위를 벗어나도 사용할 수 있다. 12개의 소검사로 구성되어 있으며 동작성과 언어성 소검사들을 교차해서 제시하여 유아의 흥미를 유지하도록 구성되어 있다.

(3) 집-나무-사람 그림검사(HTP)

아동의 집, 나무, 사람 그림을 통해 심리적, 정서적 특징을 알아보는 투사적 검사이다. 아동이 지각하고 있는 가정환경, 자아상, 이상적인 자신의 모습, 대인관계 및 중요한 타인과의 관계, 아동의 무의식적 욕구와 의식적 욕구를 살펴볼 수 있다. 그림에서 나타날 인상적, 구조적 특징과 검사 시 보여준 아동의 태도와 언어적 반응을 고려하여 해석한다.

(4) 동작성 가족화(KFD)

아동에게 가족이 무언가를 하고 있는 그림을 그리도록 한다. 아동이 가족에 대해 어떻게 지각하고 있는지, 가족 안에서 자신의 존재가 어떠하다고 느끼는지를 이해하는데 유용한 자료가 된다.

(5) 아동용 주제통각검사(CAT)

만 3세에서 10세 아동을 대상으로 실시하는 동물그림카드로 이루어진 투사검사이다. 아동은 사람보다 동물에 대해서 더 잘 동일시되며 동물그림에 아동 특유의 의미적 내용을 더 많이 투사한다(곽금주, 2007). 사람 대신 동물을 사용함으로써 검사목적을 위장할 수 있고, 공격적이거나 부정적인 감정을 가진 사람을 동물로 쉽게 전이시킬 수 있다.

아동은 상대적으로 경험이 적기 때문에 제시된 그림을 보고 부모나 가족 그 밖의 성인들과의 심리적 관계를 이야기한다. 검사의 반응이 현재 아동의 행동을 반영하는 것인지 잠재적 성향인 환상이나 충동을 반영하는 것인지 구별하여야 한다. 예를 들면, 평소에 조용하고 순한 아동이 검사에서는 지나칠 정도로 공격적인 이야기를 한다면 그 아동의 공격성은 잠재적이고 무의식적이라고 할 수 있다.

(6) 로르샤흐검사(Rorschach Test)

10장의 잉크반점 카드를 사용하여 내적 세계를 이해하는 투사검사이다. 아동의 사고, 감정, 현실지각, 대인관계 방식 등 성격적 특징에 대한 다양한 정보를 제공해 준다.

(7) 성격유형검사(MMTIC/MBTI)

융(Jung)의 이론을 바탕으로 인간의 타고난 선호성에 따라 성격유형을 16가지 유형으로 나눈다. 심리적 에너지 방향, 인식, 판단, 생활양식을 지표로 성격유형을 구분한다. 아동용(MMTIC)은 초등학교 3학년부터 중학교 3학년까지, 성인용(MBTI)은 중학교 3학년 이상을 대상으로 실시된다.

아동용은 선호경향이 아직 불명확할 때 U(undetermined)로 결과가 제시된다. 부모와 아동의 생활태도, 대인관계, 학습방법 등에 대한 정보와 성격적 유사점과 차이점을 이해할 수 있다.

(8) 문장완성검사(SCT)

한 문장에 주어, 동사만 제시되어 있어서 나머지 부분에는 아동이나 부모가 스스로 작성해야 하는 반투사적 검사이다. 아동용 검사는 총 33개 문항으로 아동의 발달적 특징을 고려하여 제시되어 있으며, 아동이 가족, 사회, 학교, 자기 자신에 대해 어떻게 느끼고 있는지에 대한 정보를 얻고, 전반적인 심리적 적응을 평가하는

데 유용하다.

(9) 주의력검사(ADS)

만 5세부터 15세의 아동을 대상으로 주의력을 평가하기 위해 사용하는 주의력장애 진단시스템(ADHD Diagnostic System)으로 전산화되어 있다. 객관적이고 표준화된 연속수행검사로서 시각 검사와 청각 검사로 나뉘어 구성되어 있다.

아동의 주의집중력 문제가 어느 정도인지, 어떤 양상을 띠고 있는지를 세부적으로 평가할 수 있다. 특히 ADHD(주의력 결핍 및 과잉행동장애)를 진단하는 데 객관적인 자료를 제공해 주므로 아동의 주의력 문제원인이 기질적인 원인에 의한 증상인지 정서적 어려움으로 인한 증상인지를 감별하여 구체적인 치료목표를 수립하는 데 유용하다.

(10) 사회성숙도검사

0세부터 30세를 대상으로 사회적 능력, 즉 적응행동을 평가하는 검사이다. 자조, 이동, 작업, 의사소통, 자기관리, 사회화 등 6개 영역의 120개 문항으로 구성되어 있으며 아동에 대한 정확한 정보를 얻기 위해서 가장 많은 시간을 보내는 사람(부모, 주양육자, 형제)과의 면접을 통해 실시된다.

(11) 베일리발달검사

1~30개월 사이의 아동을 대상으로 발달평가를 하는 검사이다. 발달검사 중에서 우수한 것으로 평가되어(정문자, 이은해, 박경자, 1993) 많이 사용되는 도구이다. 전반적인 발달지수를 산출하고 정상발달에서 벗어나는 정도를 평가하며 지능척도, 운동척도, 유아행동기록의 세 부분으로 구성되어 있다.

(12) 벤더-게슈탈트검사(BGT)

아동과 성인을 대상으로 성격, 심리적 과정, 정서장애, 기질적 장애 여부를 평가하는 검사이다.

3) 부모 심리검사

부모는 아동에게 가장 중요한 환경이며 아동의 연령이 어릴수록 부모의 영향이 크다고 할 수 있다. 부모의 성격적, 심리적, 정서적 특성과 정신건강은 아동에게 아주 중요한 영향을 미친다. 부모의 정서상태 및 심리적 특징을 살펴보는 것은 아동의 문제를 이해하는 데 중요한 정보가 된다.

① 다면적 인성검사(MMPI)

부모의 현재 정신건강상태, 성격특성, 행동양식, 정서상태, 사회적 적응을 알 수 있는 검사이다. 부모 심리검사로 가장 많이 활용되고 있으며 보통 성인용 문장완성검사(SCT)와 함께 사용한다.

② 성격유형검사(MBTI)

MBTI는 시행이 쉽고 간편하여 학교, 직장, 군대 등에서 광범위하게 사용되고 있다. MBTI는 다음과 같은 4가지 분류기준에 따른 결과에 의해 수검자를 16가지 심리 유형 중에 하나로 분류한다.

정신적 에너지의 방향성을 나타내는 외향-내향(E-I) 지표, 정보 수집을 포함한 인식의 기능을 나타내는 감각-직관(S-N) 지표, 수집한 정보를 토대로 합리적으로 판단하고 결정 내리는 사고-감정(T-F) 지표, 인식기능과 판단기능이 실생활에서 적용되어 나타난 생활양식을 보여 주는 판단-인식(J-P) 지표이다. MBTI는 이 4가지 선호 지표가 조합된 양식을 통해 16가지 성격 유형을 설명하여, 성격적 특성과 행동의 관계를 이해하도록 돕는다.

3 상담과정

1) 초기 단계

(1) 주요 상담목표

① 치료적 환경 마련하기

상담자는 상담이 시작되기 전 아동이 감정을 자유롭게 할 수 있고 강요받지 않음을 느끼고 신비롭고 비밀이 보장된다는 확신이 드는 안전하고 편안한 상담실 환경을 마련해야 한다.

신체적 안정과 심리적 안정을 모두 고려해야 하는 아동상담실에서 아동과 상담자를 보호하기 위한 치료규칙을 설명하고, 상담실에서의 주의해야 할 상황을 알려주는 것부터 시작된다. 세션의 길이, 시작 중간 끝과 관련된 세션의 일반적 구조, 세션 간의 간격에 대한 정보와 장난감은 세션마다 이용할 수 있어야 하고 항상 그 방에 남겨두어야 한다는 것을 강조해 주는데, 이러한 규칙들은 대개 초기 면접을 위한 피드백 세션에서 논의되며 각 세션에서 상담실 장비와 상담자가 항상 아동을 위해 대기하고 있다는 것을 알려주는 것은 아동에게 안정감과 신뢰를 주고 아동을 쉽게 변화시키는 데 도움을 줄 것이다.

② 치료적 관계 형성하기

상담 초기과정은 상담자와 내담아동이 상호 신뢰와 수용을 바탕으로 상담자는 아동의 사고와 문제를 주의 깊게 듣고 자유롭게 얘기할 수 있는 분위기를 마련해 주어야 하며, 아동이 존중받고 있다고 느끼고 처벌이나 보복의 두려움 없이 아동의 내부세계를 충분히 표현할 수 있도록 긍정적인 관계를 형성함으로써 시작된다.

Brems(1993)는 아동과의 관계형성에 있어 무엇보다 중요한 것으로 아동과 상호작용함에 있어서 아동에게 초점을 맞출 것, 안전과 편안함을 얻을 수 있도록 배려하고 보살필 것, 아동을 존중하며, 적절한 신체 접촉을 사용하고, 아동의 은유와 상징을 이해할 것을 제안 했다.

신체적인 접촉은 남용되어서는 안 되지만 적절한 때에 상담자의 진실하고 긍정적인 감정을 표현하는 방법으로 사용하는 것은 아동과의 관계형성에 도움이 되고, 아주 어린 아동을 제외한 거의 모든 아이들이 은유를 통해 의사소통을 하므로 하나의 상징이나 은유가 한 아동에게 무엇을 의미하는지, 전체적으로 어떤 의미를 가지는지, 그리고 다른 아동에게는 어떤 다른 의미를 가지는가에 대해 고려해야 한다.

③ 상담목표 합의하기

상담은 '목표와 대화하는 것'이란 말이 있는데, 상담 초기에 상담자는 보다 효율적인 상담을 위해 아동과 함께 서로 수용할 수 있는 상담목표를 결정해야 한다. 상담자는 아동을 돕기 위해 거기에 있다는 사실을 아동에게 짧지만 분명하게 이야기하고, 아동이 중요하게 생각하는 상담의 목표에 초점을 맞추어 상담을 시작하는 것이 바람직하다.

(2) 주요 상담기술

아동상담에는 상담의 효과를 위해 다양한 기술과 매체를 사용하는데, 그 중 상담자의 반응이 가장 큰 비중을 차지한다.

상담자들은 자신의 반응이 내담자에게 어떤 영향을 미치며 자신의 반응에 따라 상담이 어떻게 전개될지 지각할 수 있어야 하며, 상담자가 말하는 것이 면접의 내용과 과정 둘 다에 영향을 미치므로 상담과정에 상담기술 중 주로 초기 상담과정에 많이 사용되는 수요, 반영, 공감, 침묵, 명료화, 질문, 비언어적 단서의 사용, 역할놀이를 살펴보자.

① 수용

수용이란 내담자의 감정, 행동, 의견이 어떠하든지 간에 그 행동을 판단하거나 진단하지 않고, 칭찬하거나 평가하지 않고 있는 그대로 받아들이는 것이다(Rogers, 1980). 수용은 상대방의 성장, 발전, 건설적 변화를 기하고 문제해결 능력을 기르고 심리적으로 건강한 방향으로 나아가고, 보다 생산적이고 창조적으로 되며 자신의 가능성을 최대한으로 실현할 수 있도록 관계를 촉진시키는 힘이다.

수용은 아동의 생각과 감정을 계속적으로 탐색할 수 있도록 반영적 경청과 적극적 경청으로 이루어질 수 있으며 반영적 경청은 내담자의 생각과 감정이 존중되고 이해되고 수용되고 있다고 느끼게 하며, 적극적 경청은 근본적이고 진정한 문제를 밝히는데 도움을 주며 거울의 역할로써 문제를 다시 생각해 보도록 하여 내담자 스스로 자신의 문제에 해결자가 되도록 책임을 부여한다.

② 반영

반영은 아동의 의사소통에 중요한 요소를 비추는 기법이다. 감정, 내용, 행동의 반영은 아동들이 깊게 이해하는 것을 느낄 수 있게 할 것이고 그들이 논의하는 것이 중요하다는 것을 증명할 수 있다.

반영은 아동이 상담자에게 말한 것을 확인하는 방법으로 아동이 그들의 독특한 자기지각을 계속적으로 탐색하고 논의할 수 있도록 격려하는 가장 강력한 언어적 기법이며, 상담자가 아동이 어떻게 느끼는가를 진실로 이해하고 있음을 전하는 의사소통이어야 한다.

③ 공감

공감은 내담아동이 경험한 정서를 같이 경험하는 것을 의미하는 것으로 내담자의 감정을 그의 입장에서 이해하고 느끼며 그 감정을 내담자에게 말로 표현해서 전해 주어야 한다. 상담자는 '입장이 되어보려고' 시도해야 하며, '그의 마음 깊숙이 들어가려고' 시도해야 한다.

공감이 중요한 이유(Mearns & Thorne, .1988)

1. 내담자의 자기 존중감을 증진시킨다.
2. 내담자의 소외감을 해소시킬 수 있다.
3. 내담자는 이 새로운 경험을 귀히 여기고 진실로 자기를 이해해 주려고 노력하는 사람이 자기 앞에 있다는 사실을 깨닫고 흐뭇하게 느낀다.
4. 내담자의 자기각성을 증진시키고 보다 깊이 있게 자기 탐색을 할 수 있도록 격려하게 된다.

느낌과 내용 모두 이해하는 과정은 내담자의 인식과 자기 이해를 증가시키고 상담자로 하여금 변화를 촉진시키는 데 필요한 조건을 개발할 수 있도록 한다.

공감적 반영(공감과 언어화)을 위한 동의어에 의한 반영(같은 종류의 개념), 대립되는 반의어에 의한 반영, 소망의 반영, 평가의 가치척도의 반영, 감정의 다양함에 대한 반영, 간결한 반영, 구체적인 반영, 반구두적인 반영, 비구두적인 반영, 질의의 반영, 대리적인 반영, 질문의 내용과 형식 사이의 대조의 반영인 대질시키는 반영이 기본 형식이다.

④ 침묵

침묵에 대한 이해는 상담을 생산적으로 하는데 중요하며, 상담자의 침묵은 아동들이 생각을 정리하여 자신의 말로 표현하는 데 필요한 시간을 기꺼이 허락해 주고 기다려 주는 아동 중심의 끈기 있는 상담자의 태도이고 상담에 있어 아동을 더 깊은 수준의 사고와 감정으로 들어가도록 동기화하는데 사용될 수 있는 기법이다. 아동이 침묵하는 동안은 자신의 감정을 파악함으로써 상담자 또한 내담자의 침묵을 이해할 수 있다.

⑤ 명료화

아동의 문제를 거울에 비춰보듯이 분명하게 하는 작업이며 객관적인 입장을 유지하는 것이 명료화의 전제이고 초기 세션에 적절하다. 아동이 말할 것에 부가적인 의미를 덧붙이지 말아야 하고 진술한 것 이상의 것을 상담자가 듣는 것이 포함되며, 놀이치료, 미술치료의 경우에는 아동이 하고 있는 것을 말로 표현해 주는 것이다.

⑥ 질문

상담자가 아동과의 관계형성과 아동의 입장을 이해하기 시작할 때 필요한 정보를 얻는 데 가장 효과적인 최선의 방법으로 아동과 자연스럽게 대화하거나 놀이를 하면서 시도되어야 하며 한 단계에 4~5개로 질문수를 제한하기도 한다.

"왜"라는 질문은 피하며 개방형 질문을 사용해야 하고 질문에는 대답하지 않을 권리가 있음을 알려주며, 항상 질문에 대한 얼굴 표정, 신체언어, 놀이활동, 비언어적 반응을 관찰해야 한다.

⑦ 비언어적 단서의 활용

상담자들은 아동의 긴장, 지루함, 분노, 무기력함, 지항 등을 나타내는 얼굴 붉힘이나 신체언어와 같은 정서적 암시를 찾아야 한다. Kottman(1995)은 아동의 생각과 감정을 이해하는 데 도움이 되는 비언어적 암시를 개방성, 방어・평가, 의심, 비밀, 행복, 불확실성, 특별한 관심, 불안, 좌절, 반영, 권위를 보임, 죄의식, 자신감, 우울, 거부로 정리하고 있다.

⑧ 역할놀이

치료적 관계형성에 도움을 주고 아동과 적극적으로 상호작용하는 데 도움이 되는 기술이다. '속삭이기 기법'을 사용하여 역할놀이를 이끌며, 치료적 평가를 할 때는 보통목소리, 창조적인 역할에서 역할목소리, 아동에게 다음에 무엇을 하고 말할 것인지 묻고 역할놀이의 방향을 묻기 위해 속삭임목소리를 이용한다.

다른 사람과 함께 하는 역할놀이는 그들 자신과 다른 사람에 대해 보다 나은 이해를 가지게 되며, 자신의 선택과 오류적 행동을 탐색할 수 있다.

2) 중기 단계

상담이 많은 단계를 포함한다는 전제 하에 여기서는 상담과정을 세 단계로 구분했다. 그러나 상담을 이렇게 세 단계로 구분하는 것은 임의적인 것이다. 각 상담과정이 어느 정도 기간이 필요한지는 상담에 대한 아동의 지각, 저항, 아동의 자발적인 참여 등에 따라 다양하다.

참여율이 높은 아동은 두세 번에 초기 상담 단계를 마치고, 중기로 넘어갈 수도 있으나 저항이 강한 아동은 한 달 이상 초기 단계를 할 수도 있다. 상담자가 관계를 확립하고 목표에 동의하는데 성공했다면 상담은 중기 단계로 넘어가게 된다. 중기 단계에서는 아동이 세상을 보는 관점, 자신의 가치, 생활양식이 다루어질 것이다.

(1) 주요 상담목표

① 심오한 탐색과 분석

상담의 중기단계에서 상담자는 정해진 목표를 달성하기 위해 깊이 있는 탐색과 분석을 보다 구체적으로 실시한다. 초기 단계와 말기 단계가 있지만 본격적인 상담은 중기 단계에서 이루어진다(Nugent, 1990).

㉠ 상담자 : 중기 과정에서 아동이 자신들에게 중요하다고 느끼는 것, 아동의 가치 등을 다루면서 지속적으로 자기 탐색을 계속하고 자기 이해를 발전시켜 나갈 수 있도록 도와주어야 한다. 아동들은 여전히 가치를 결정하는 과정에 있기 때문에 이 단계는 상담자의 도움이 필요한 중요한 부분이다.

㉡ 내담 아동 : 자신에 대해서뿐만 아니라 자신의 관점이나 태도가 자신의 문제와 어떤 관계가 있는지에 대해서도 더 잘 이해하게 된다.

㉢ 중기 단계의 중요한 상담목표 : 아동과 아동의 문제에 대한 심도 깊은 탐색과 분석이다.

② 아동의 세계와 생활양식 이해

아동과 상호작용함에 따라 상담자는 아동의 자아상, 특히 자아상이 상담목표와 문제의 본질에 어떻게 관련되는가에 대해 더 많이 이해하게 된다. 상담자는 아동이 이야기하는 것 모두에 대해 특히 아동이 하는 불평과 잘하지 못하는 이유에 대해 말하는 것을 주의 깊게 경청해야 한다.

㉠ 아동의 특성 : 아동 자신이 상담을 하게 된 원인이 자신에게도 있을 수 있다는 것과 자신의 행동과 태도가 자신의 문제와 어떤 관련성이 있는지 이해하지 못함. 대신 아동은 교사, 부모, 형제, 친구, 또는 다른 또래나 성인의 잘못에 대해 말하곤 한다.

㉡ 아동의 생활양식의 요소 : 가족구조(family constellation), 아동의 출생순위

㉢ 초기 기억 : 상담자에게 아동들이 자신과 그들이 세상을 어떻게 해석하는가를 이해하는 데 유용한 정보를 제공해 준다.

㉣ 개인의 생활극(life play): 자신을 특정 짓는 생활양식

㉤ 담자 : 아동의 잘못된 지각과 사적논리, 생활양식 등을 이해하려고 노력해야 한다.

아동이 탐색을 시작하면 상담자는 아동의 행동목적을 찾기 위해 주의해서 경청해야 한다. 상담자들은 '어떤 목적으로 아동이 그런 행동을 했을까? 향상되기를 원한다는 아동의 말과 행동이 일치하는가? 아동은 자신의 요구를 충족하고 있는가? 아동은 애정이 부족한가? 아동이 표현하는 것은 권력에 대한 요구인가, 즐거움에 대한 요구인가, 자유에 대한 요구인가?' 등과 같은 질문들을 자주 스스로에게 해야 한다(Muro & Dinkmeyer, 1977; Glasser, 1988).

③ 상담목표에 도달하도록 돕기

상담자들은 아동이 가치와 목표를 표현하고 이러한 자신의 목표를 충족시키기 위해 그들이 무엇을 해야 할 것인지에 대해 의사결정을 하도록 돕는다. 상담자들은 초기 면접에서처럼 단순한 정보 수집차원에서가 아니라 개인의 발달, 논리, 주관적 관점, 강점과 약점, 그리고 아마도 생활양식의 잘못된 가정 등을 이해할 수 있게 된다. 내담 아동의 기본적인 욕구 구조(need structure), 생활양식, 가치체계를 이해하는 상담자들은 아동으로 하여금 잘못된 목표나 부적절한 목표를 이해하도록 도울 수 있고, 가장 중요한 것은 그들이 표현한 목표와 행동 간의 부조화를 이해하도록 도울 수 있다는 것이다. 대부분의 아동들에게 있어서 부모나 형제의 영향력과 그들의 관여를 무시할 수 없기 때문에 상담에서 가족 요소는 매우 중요하다.

상담에서 시간은 현재와 미래지향적이어야 한다. 생활양식을 파악하기 위해서 아동의 과거 경험을 다루지만 초기 기억은 아동이 이 세상을 어떻게 지각하고 있

는지를 이해하려는 목적으로 사용하는 것이다. 초기 기억은 아동의 현재상태를 이해하고 미래를 예측하는 데 도움을 준다. 상담자는 아동의 생활에서 가능한 한 많은 긍정적인 측면들을 밝히도록 도와야 한다. 즉, 아동의 과거 생활에 대한 검토에서 가장 중요한 부분은 긍정적이고(또는) 성공적인 사건이나 일화를 찾는 것이다.

아동과 그 아동의 관심에 대한 단순한 이해로는 불충분하다. 상담은 아동이 더 큰 사회적 관심, 협동, 그리고 타인들에 대한 관심을 발달시키도록 돕는 관점으로 나아가야 한다. 그 과정에서 상담자들은 아동들이 자신의 삶을 이해하고 해석하도록 돕고 변화하려는 마음을 가지도록 도와야 한다. 과거에 발생했던 긍정적인 부분을 찾는 것 이외 아동과 상담자 간의 대부분의 논의는 내담자가 현재 어떤 일을 하고 있고 다음 주나 그 후에 어떤 일을 하려고 의도하는지에 초점을 맞추어야 한다. 물론 아동은 과거를 논의하고자 할 것이고 과거에 발생한 부정적인 사건에 관계하려고 할 것이다. 상담자들은 이러한 것들을 모두 잘 경청해야 하고 과거 지각에 대해서도 논의할 자세가 되어 있어야 하지만 최종분석에서 아동들은 있는 그대로의 세상의 제한과 한계 내에서 행동해야 한다.

(2) 주요 상담기술

상담 단계마다 어떤 한 가지 기술이 배타적으로 이용되는 것은 아니다. 일반적으로 수용(acceptance)과 반영(reflection)과 같은 기법들은 상담의 어느 단계에서나 사용될 수 있지만 대체로 시작 단계에서 매우 효과적이다. 중기 단계에서 임시 가설이나 임시 분석 기법을 이용할 수도 있지만 상담과정의 마지막 단계에서도 이런 기법들을 이용할 수 있다. 중기 단계에서 효과적인 상담기술로는 제안하기, 정보주기, 해석하기, 질문하기, 임시적 가설 및 분석, 자기노출 등의 기술들이 있다.

① 제안

대부분의 상담자들, 특히 초보 상담자들은 충고와 제안하기를 좋아한다. 일반적으로 제안은 어떤 분야에서 지식이 더 많은 사람이 지식이 부족한 사람에게 문제를 해결해 나가는 방법에 대한 충고와 제안을 제공하는 것으로 생각한다. 교사출신 상담자들은 거리낌 없이 충고하려는 경향이 있다. Brammer(1988)는 상담자들이 타인들에게 충고를 할 때 충고를 받는 사람이 어떻게 느낄지에 대해서, 그리고 어떤 경우에 충고를 해 주는 것이 그들의 생활에 유용할지에 대해 스스로에게 질문해야 한다고 하였다.

또한 충고가 상담 및 심리치료 영역에서 논쟁이 되고 있음을 인정하면서 내담자의 문제에 따라 충고가 유용할 때가 있음을 지적하였다. 법, 의학, 그리고 아동 양육과 같은 분야에서는 전문적이고 확실한 지식을 가진 사람이 주는 충고가 내담자들의 문제해결과 재적응에 도움이 된다고 하였다. 그러나 직업이나 배우자 등을 선택하는 문제에는 충고가 부적절하다고 하였다. 충고에 대한 또 다른 문제는 그것이 종종 내담자들에 의해 받아들여지지 않고 내담자의 의존성을 강화하고 해결책을 제공하려는 상담자의 초점을 변화시킨다는 것이다. "내가 만약 당신이라면" 접근을 이용하는 사람들은 아마도 그들 자신의 욕구를 투사하고 있는 것이다(Brmmer, 1988).

많은 아동들이 미숙해 보이고 스스로 의사결정을 할 능력이 없어 보이기 때문에 상담자를 포함한 어른들은 아동들에게 충고를 하고 싶은 함정에 쉽게 빠진다. 충고를 전혀 안할 수는 없지만 상담 초기에는 거의 사용하지 말아야 할 것이고 중기와 말기에서도 신중을 기해서 사용해야 한다.

충고보다는 다소 덜 직접적인 방법이 제안인데 이것은 상담자가 아동에게 어떤 과정이 실제로 맞는 것인지에 대해 구체화하지 않고 많은 행동과정들을 포함하는 대안들을 제시하는 기법이다. 대안들을 제안함에 있어서 상담자들은 아동들에게 대안을 거부할 선택과 자유를 주어야 한다.

② 정보

정보(Information)의 제공은 상담자의 충고와 제안과 같은 맥락에서 이해될 수 있다. Bremmer(1988)는 조력자들이 가지고 있는 단순한 사실의 공유가 그들이 할 수 있는 가장 유용한 것이라고 제안하였다. 상담자들은 종종 내담 아동으로부터 지식, 경향, 흥미 등에 대한 정보를 제공해 줄 것을 요청받는다. 아동들이 정보를 찾고 있는 것이 분명하고 상담자가 요청받은 정보를 갖고 있다면 상담자는 주저 없이 그것을 제공하고자 할 것이다. 상담자들이 정보를 제공할 때 유의해야 할 점은 정보 그 자체보다 아동들이 정보를 어떻게 인식하고 어떻게 사용하는가를 이해하는 것이다.

상담자는 단순히 아동의 요청에 따라 많은 양의 정보를 제공하지 않도록 주의를 기울여야 한다. 경험이 많은 상담자들은 종종 정보를 추구하는 현재의 관심이 사실을 더 심각한 문제를 숨기는 의도일 수 있다는 것을 안다. 그렇지만 정보에 대한 많은 요청이 단순히 사실, 정책, 또는 절차를 알고 싶어 하는 아동의 순수한 표현일 수도 있다. 상담자들은 정보에 대한 요구에 직접적으로 반응할 때와 아동이 어떤 심각한 문제를 숨기기 위해 정보를 요구할 때를 분별하여 적절한 반응을 보여야 한다.

③ 해석

㉠ 해석(Interpretation) : 아동이 어떤 특정한 방식으로 행동하는 이유를 파악하는 것으로 아동들이 자기 자신의 감정과 행동, 자신의 문제에 대한 통찰력을 발달시키고, 새로운 관점을 생각하고 개발하고 폭넓은 대안을 조사할 수도 있도록 돕기 위해 사용되는 기법이다. "해석은 내담자에게 사건의 의미를 설명하는 적극적인 조력과정으로서 내담자들이 새로운 방식으로 문제를 볼 수 있게 한다"(Brammer, 1988). "해석은 유익한 감정이나 행동에 대한 대안적 견해를 제공하는 방식이다"(Muro & Dinkmeyer, 1977).

㉡ 해석의 가치 : 언제 사용되는가, 무엇이 해석되는가, 내담자가 해석으로부터 무엇을 얻을 수 있는가 등에 달려 있다(초기 상담 세션에서의 심오하고 면밀한 해석은 아동들에게 다소 위협이 될 수 있지만 동일한 해석이 후기 세션에서는 유익할 수도 있다)(Muro & Dinkmeyer, 1977).

㉢ 상담에서의 해석 : 해석은 오로지 내담자가 그것을 수용해서 이해하고 활용할 수 있을 때에만 효과적이다. 게다가 해석은 아동의 말을 새로운 관점으로 바꾸는 것이기 때문에 해석이 잘못될 가능성이 항상 존재한다.

㉣ 해석은 아동들에게 다양한 방법으로 지각될 수 있다. 아동들은 상담자가 말하는 것을 받아들일 수도 있고 거부할 수도 있고 또는 단순하게 무관심할 수도 있다. 해석이 "급소 가까이를 찌르면" 아동은 상담자가 자신에 대해 너무 많은 것을 아는 것 같아 두려워하게 된다. 그런 경우에 격렬한 거부다 항의가 따를 수 있는데 특히 아동이 두려움이나 무서움을 느낀다면 더욱 그러하다.

㉤ 상담에서 해석이 매우 긍정적으로 사용되는 경우 : 상담자가 아동의 감정이 행동에 미치는 영향을 지적해 주고 그 행동이 자신의 세계에 있는 중요한 타인의 생활에 어떻게 영향을 미쳤는가를 지적해 줄 때이다.

㉥ 해석기법의 유의점 : 해석적 진술이 아동중심 상담자에게 매우 도움이 되

기도 하지만 그것 역시 잘못 사용될 수 있다. 잘못 사용되는 경우를 피하기 위해 Gtmaer(1948)는 다음과 같은 제안을 한다.

첫째, 해석하기 전에 치료적 관계가 형성되었음을 확신할 수 있어야 한다.

둘째, 너무 빨리 해석하지 않는다. 해석이 추측이 아니라 돕고자 하는 교육적 행동이 되도록 하기 위해 상담자는 내담자와 문제상황에 대해 충분한 정보를 가지고 있다는 것을 확신하여야 한다.

셋째, 해석할 때는 아동이 상담자 자신의 가치나 태도, 감정을 투사시키지 않아야 한다.

④ 미완성된 생각

㉠ 미완성된 생각(Incomplete Thought) 기법 : 상담자가 내담자로 하여금 표현하게 하거나 상담자들이 생각이나 주제의 부가적인 측면들을 논의하거나 좀 더 표현하고자 할 때 사용된다.

㉡ 미완성된 생각 접근 : 아동들이 문제에 대해 어느 정도 논의를 한 다음 자기 이해가 증가했다고 생각될 때 특히 유용하다. 이 기법은 상담자와 아동이 서로 논의하다가 상담자가 문장이나 생각을 시작만 하고, 내담 아동이 완성하도록 중간에서 멈추는 것이다. 아동이 한 가지 생각을 표현한 후에 사용될 수도 있지만 자기 탐색이 일어난 후가 더 효과적이다. 이런 맥락에서 이 기법은 초기 세션보다는 상담 중기에 더 적절하다(Muro & Dinkmeyer, 1977).

㉢ 미완성된 생각 기법을 사용한 예

아　동 : 내 동생을 생각할 때 최소한 두 가지 정도의 장점이 있는 거 같아요. 다른 장점은 찾지 못하겠어요. 상담자 : 그래, 최소한 두 가지는 동생에게 좋은 점이 있구나. 네 동생이 어떤 장점이 또 있을지 궁금하네. 네 동생의 장점은…

이 문장으로 상담자는 내담자가 부가적인 생각을 계속해서 탐색하도록 하기위해 미완성된 생각을 제공하고 멈추었다.

⑤ 질문

초보 상담자들은 위에 제시한 기법들보다 질문(questions)을 사용하고자 할 것이다. 상담을 할 학생들을 지도하는 지도 감독자(supervisor)들은 상담자가 다음에 무엇을 말해야 할지 확실치 않을 때 가장 자연스러운 반응이 질문하는 것이라는데 동의할 것이다. 질문이 상담에서 반드시 나쁜 것은 아니지만 질문을 과용하는 것은 역효과를 가져올 수 있다. Young(1992)는 초기 세션에서 사용하는 질문은 상담자와 아동 간의 관계에 긴장을 유발할 수 있기 때문에 비생산적이라고 한다.

㉠ 상담과정의 "평가단계"로 들어가는 신호로서의 질문(Young)한다.

> "내가 어떻게 너를 도울 수 있을까?"
> "너는 어디서 시작하기를 원하니?"
> "무엇이 오늘 네가 이 약속을 하도록 했니?"
> "지난 며칠이나 몇 주 동안 네가 도움을 받아야겠다는 생각이 들게 한 일이 있었니?"
> "네가 더 적게 하고 그만두고 싶은 것이 무엇이니?"
> "네가 더 많이 하기를 원하는 것이 무엇이니?"

㉡ 상담자들이 질문을 사용하는 경우: 단순한 정보를 탐색, 교정하기 위해서, 또는 반영하기 위해서 질문한다(Tomm, 1987).

- 탐색적 질문 : 상담자들은 정보를 추구

"엄마와 아빠는 어떻게 다르니?" 조사를 위한 질문은 누가, 왜, 언제, 그리고 어디서에 대해 질문한다. "반장이 안되었을 때 기분이 어땠니?"

- 교정적 질문: 아동이 다른 행동과정을 추구하도록 하는 것

"무엇이 네가 할 일을 제 시간에 못하게 하니?" 반영적 질문은 상담자 자신의 해결책을 제안하고자 하는 상담자의 시도이다. "만약 아빠가 너를 더 좋아한다면 공부를 더 열심히 할 수 있겠니?"

㉢ 아동의 질문 : 일반적으로 정보를 추구하는 질문이 아니라고 이해. 내담자의 질문은 감정과 생각을 표현한다.

- 대부분의 경우, 아동들은 자료보다는 상담자의 지지와 동의를 원한다. 아동들의 질문은 흔히 "내가 대회에 나가야 한다고 생각하지 않으세요?"라는 형식을 띤다. 아동이 말하는 것은 자신이 대회에 나가야 한다고 스스로 생각하는 것이고 그 질문의 목적은 상담자도 동의하고 인정하는가를 알고자 하는 것이다.

㉣ 아동들은 어떤 주제에 대해 상담자의 개인적 의견을 이야기하도록 상담자를 유도한다. 이럴 경우 상담자들은 내담자에게 "되돌리는" 반영적 진술을 사용할 수 있다.

> 아 동 : 나는 새엄마가 싫어요. 할머니와 할아버지도 새엄마를 좋아하지 않는다고 들었어요. 선생님은 우리 새엄마가 좋아요?
> 상담자 : 글쎄, 네가 새엄마를 어떻게 생각하는가가 중요하지. 그러나 대답을 꼭 해야 한다면, 나는 네 새엄마가 좋은 사람이라고 생각해. 그러나 정말로 중요한 건 네가 어떻게 생각하는가란다.

Gumaer(1948)는 상담 초기에는 상담의 방향을 아동이 원하는 방향으로 잡아 나가기 위해서 개방식 질문을 사용할 것을 권했으나, 상담 중기와 말기에 상담자가 상담에서 어느 특정한 방향으로 나아가거나 거기에 도움이 되는 직접적이고 구체적인 정보를 필요로 할 때 폐쇄식 질문을 사용해야 한다고 한다.

예를 들어 상담자는 아동학대가 아닌가 하고 의문시되는 모든 상황을 보고하도록 법으로 되어 있다. 이러한 경우 상담자는 아동학대 여부의 결정을 내리기 위해서 아동에게 "예"나 "아니요"의 간단한 대답을 요하는 질문을 한다. "아빠가 너를 벨트로 때렸니?"와 같은 폐쇄적 질문들은 일을 효과적으로 처리하게 해 준다. 이 반응기술이 상담 초기에 소개되지 않은 이유는 이러한 방법으로 조사할 필요가 있는 일은 치료관계가 형성된 후에야 비로소 드러나기 때문이다.

⑥ 임시분석과 임시가설

임시분석과 임시가설(Tentative Analysis and Tentative Hypothesis)은 상담 중기에서 효과적으로 이용될 수 있다. 상담자들은 아동들이 그들 행동의 목적과 원인을 이해하도록 돕기 위해 이 반응을 사용할 수 있다. 상담 중기에서 아동들은 자신의 행동(또는 나쁜 행동)의 목적과 함께 상담자에게 몇 가지 행동이나 생각을 노출할 것이다.

많은 경우, "네가 왜 그렇게 행동하는지에 대해 알고 싶니?"라고 말할 수 있다. 또는 상담자가 "철수야! 내가 틀릴 수도 있지만 네가 항상 대장이 되어서 규칙을 정하고 싶어 하기 때문에 아이들이 너를 어떤 팀에도 넣어 주지 않으려 하는 것이 아닐까?"와 유사한 문장으로 해석하는 임시적 방법으로 반응한다. 이 기법의 이용은 해석의 일종이기 때문에 "부드러운" 진술이 유용한다. "혹시 …가 아닐까?", "…라고 생각할 수 있을까?" 또는 "내 생각에는 …" 식의 표현법을 사용할 수 있다.

⑦ 자기노출

해석처럼 상담자의 자기노출(self-disclosure)은 상담 중기에 치료를 긍정적인 방향으로 전개시켜 나가게 하는 유용한 기법이다.

• 상담자의 자기노출 : 상담자의 과거 경험에 입각한 실제적인 정보를 제공해 주는 반응으로, 내담자의 자아나 문제에 직접적으로 관련된 것으로 치료를 향상시키는 것이어야 한다.
• 내담자의 자기노출기법 : 내담자를 위한 모델이 되어 내담자의 자기 노출 정도를 증가시키고 좀 더 깊은 수준으로 자기노출을 하도록 내담자를 격려하게 되고, 깊은 수준에 머무르면서 계속 자기노출을 하도록 내담자를 강화하며 치료적 관계와 변화하고자 하는 내담자의 몰입(commitment)을 견고하게 하는 이점이 있다(Gumaer, 1948).

자기 노출 기법의 유의할 점(Gumaer, 1948)

1. 촉진 단계에서는 상담자의 자기노출을 사용하지 않는다. 이러한 반응은 내담자에게 불안을 증가시켜서 저항이 커질 가능성이 있다.
2. 반응을 삼가 사용한다. 지나치게 사용하면 치료의 초점이 내담자에서 상담자로 바뀌고 아동이 걱정과 불안이 생길 수도 있다.
3. 상담자가 자기노출을 하는데 시간을 많이 소비하면 아동이 반응할 시간이 줄어들므로 상담자의 자기노출은 짧게 한다.
4. 상담자의 자기노출을 통하여 아동이 어떻게 해야 되는지 암시하지 않도록 한다. 왜냐하면 그것은 상담자에게 효과가 있었던 방법이기 때문이다. 아동 스스로가 자기의 행동을 결정할 수 있도록 한다.

3) 말기 단계

상담의 마지막 단계는 행동을 통하여 목표를 성취하는 단계로 아동들이 그들 자신과 다른 사람에게 건설적인 방법으로 행동하는 것을 배우고 익힐 수 있도록 돕는다. Glasser(1980)는 상담의 마지막 단계를 행동지향적 계획을 위한 시간으로 설명하였다.

아동이 문제가 있다는 것을 인정하고 변화하고자 마음을 먹었다면 상담자는 아동이 특정한 개인적인 문제에 대해서 파악하고 행동하게끔 도와줌으로써 행동단계에 들어갈 수 있다.

(1) 주요 상담목표

말기 단계에서는 지금까지 목표에 도달하기 위해서 작업해 온 결과와 성취들이 요약되고 평가된다. 이때 상담자들은 반드시 아동들이 자신의 문제와 문제에 작용하는 관련된 능력을 이해하는 수준을 평가해야만 한다. 이에 준해 아동이 수행할 수 있는 행동방침을 아동과 합의하여 마련한다.

상담을 종결을 결정할 수 있는 기준 - Siscoe(1990)

1. 통제 하에서 문제가 나타났는가?
2. 내담자의 대처기술로 스트레스 수준이 낮아졌는가?
3. 내담자의 자기인식과 타인과의 관계가 좋아졌는가?
4. 내담자가 더 행복해졌는가?
5. 내담자는 상담이 없어도 잘 적응할 수 있는가?

이 기간 동안 상담자는 상담의 종결이 거절이나 거부로 받아들여지지 않도록 하며, 언제든지 다시 도움을 받을 수 있다는 것을 주지시켜 주어야 한다.

(2) 주요 상담기술

말기 단계에도 많은 상담기법들이 사용된다. 상담기법을 어떻게 이용할 것인가는 각각의 기법이 이용되는 것에 대한 상담자의 관점과 목적에 달려 있을 것이다. 격려의 기술은 상담 초기부터 말기까지 상담과정 내내 가장 기본적인 상담기술로 사용될 수 있다. 그 외의 기술들도 경우에 따라 중기 상담과정 중에 사용될 수 있으나, 상담의 후반부 단계에서 좀 더 유용하기 때문에 여기에 소개하였다.

① 문제해결과 결정 내리기

상담자는 내담자의 문제를 해결해주는 것이 아닌 내담자 스스로 자신의 문제해결에 책임이 있음을 깨우치게 하고 문제해결능력을 신장시켜 주어야 한다.

- 상담자는 내담자의 기존 해결노력을 탐색하고, 내담자의 기존 해결노력을 위로하고, 격려하며, 기존 노력의 역할은 무엇이고 한계는 무엇인지 평가하며, 기존 해결노력보다 나은 대안 모색을 탐색해 보는 과정을 밟아 나가야 한다.
- 자기통찰과 탐색과정을 거친 아동이 실제활동의 변화를 위해서 문제해결과

결정 내리기 과정을 거쳐야 한다.

- 주도하기 : 아동이 주도적으로 생산적인 행동을 통해 생활의 방향을 발견하고, 생활에 의미를 부여하도록 돕는 기술로 상담자는 아동이 자신을 위한 행동을 하도록 돕는다(Carkhuff).

건전한 의사결정 단계 – Carkhuff

1. 아동의 가장 많은 문제를 파악한다.
2. 각 문제들의 순위를 매긴다.
3. 가장 중요한 문제를 뽑는다.
4. 문제에 대한 행동변화를 위해 대안을 탐색한다.
5. 각각의 대안에 따른 결과를 검토한다.
6. 가장 좋은 대안을 선택하여 행동과정을 계획한다.
7. 아동의 진전을 격려한다.
8. 계획을 재평가하고 필요하면 다시 수정한다.

② 직면

Devereux는 직면을 "내담자의 행동이나 말을 있는 그대로의 사실적 내용이나 내담자가 인지는 했으나 마음속에 명기되지 않은 혹은 명기되지 않았다고 진술한 사건에 내담자의 주의력이 쏠리도록 하는 장치"라고 정의한다. 즉, 직면은 내담자가 못보고 지나쳐서 문제상황에 그대로 처해 있게 되는 불일치(모순)를 검토하거나 깨닫도록 인도하는 기술이다.

아동을 직면할 때는 더욱 부드럽게 시도하고, 아동이 상담자의 의도를 더 잘 이해할 수 있도록 도와야 한다.

상담자가 내담자에게 직면시키는 11가지 범주의 직면내용 – Shulman(1999)

1. 주관적 기분상태와 감정
2. 숨겨진 이유
3. 사적 논리
4. 사적 목적
5. 좌우명

6. 즉각적 행동
7. 내담자에 대한 타인의 반응을 책임지도록 한다.
8. 자기-패배적 행동
9. 내담자에게 대안을 제시하면서 직면시킨다.
10. 내담자에게 변화에 대한 책임을 알려주는데 직면기법을 사용한다.
11. 내담자를 시간적 요소에 직면시킨다.

상담자에게 있어 직면은 다른 사람에 대한 공격이 아니고 카타르시스적인 경험의 형태도 아니다. 직면은 개인이 자신의 행동이 타인에게 미치는 영향을 알고 이해하도록 하는 진술임을 인지해야 한다(Corey & Corey, 1992).

상담자가 직면을 사용할 때 고려할 점-Gumaer(1984)

1. 직면하기 전에 치료적 관계에서 필수적인 조건들을 제시함으로써 직면할 권리를 얻는다.
2. 상담자가 관심을 가지고 있고 참여하기를 바라며 돕고 싶다는 것을 나타내기 위해 직면한다.
3. 상담자 자신과 먼저 직면한다. 자신의 편견과 선입관을 알아야 한다.
4. 직면의 강도는 아동의 요구와 민감성, 능력 등에 맞추어야 한다.
5. 아동이 변화시킬 능력이 있는 행동에만 직면한다.
6. 식면 받는 아동의 방어행동에 대비한다.
7. 이번에는 반대로 직면 받는 아동으로부터의 직면에도 준비한다.

③ 즉각성

즉각성이란, 상담자가 내담자의 대인관계양식을 탐색하는 기술로, 현재의 순간, 또는 '지금 그리고 여기'에서 상담자와 아동 사이에 무엇이 일어났는가를 설명하는 것이다. 형태로는 상담자와 내담자가 상담기간 동안 맺어온 관계양식에 초점 둔 것과 '그때 그 시간'에 일어났던 것에 초점을 두는 것으로 나눌 수 있겠다.

이러한 즉각성의 범위는 직접적으로 말하지 않는 높은 수준의 공감과 내담자의 말도 듣지만 자신의 말을 먼저 하는 자기공개, 내담자의 불일치 외에 상담자의 불일치에 직면하는 등의 기술적인 면을 포함한다.

즉각성을 위한 지침 – Carkhuff(1969)

1. 상담자는 치료적 상호작용에서 자신의 경험을 객관적으로 검토한 다음 내담자의 저항과 방어행동을 극복하기 위해 이 해석들을 말로 표현해야 한다.
2. 상담자는 내담자의 전달내용 밑에 깔려 있는 내용이나 그 이상의 내용을 찾아 내어 아동의 의식 안에는 있지 않은 전달내용에 초점을 맞추어야 한다.
3. 상담자는 '진전이 없는' 상호작용이 감정적인 면에서 일시적으로 모면하고자 하는 아동의 요구인지, 아니면 치료를 방해하려는 행동인지를 판달할 수 있어야 한다.
4. 상담자는 치료적 관계의 강도와 진행에 대해 계속적으로 평가해야 한다.

④ 격려

격려의 목적은 아동의 행동을 적극적으로 지지해 주고 강화해 주어서 아동으로 하여금 용기와 책임감, 그리고 부지런함을 일깨워 자신의 삶의 문제에 당당히 직면하여 자신의 문제를 해결할 수 있도록 돕는 것이다.

격려 받은 아동들은 자신이 가치 있고 힘이 있고 스스로를 잘 통제하며 잘 행동하고 있다는 느낌을 갖게 된다. 상담자는 내담 아동의 강점과 장점을 찾는 것으로 상담을 시작하는데, 그것은 인간이 자신의 단점에 기초하여 자신을 세우기 시작하기 때문이다. 하지만 부적절한 격려는 치료에 정반대되는 행동을 강화하게 되는 점을 유의해야 한다.

격려를 위한 기술 – Kottman(1995)

1. 아동의 능력에 대한 믿음 보여주기
   "너는 다른 아동들이 생각하지 못한 방식으로 문제를 해결했구나."
2. 노력을 인정해 주기
   "너는 그것이 너무나도 두려웠는데 도전해 보았구나."
3. 강점과 장점에 초점두기
   "선생님은 컴퓨터를 잘 못하는데 너는 너무나도 잘하는 구나."
5. 무조건 수용하기
   "괜찮단다. 그건 네 잘못이 아니야."
6. 행위자가 아니라 행위를 강조하기
   "오늘도 제시간에 도착했구나."

7. 긍정적인 면에 초점두기
   "와, 선생님이 생각하지 못한 것을 생각해 냈구나"
8. 아동의 흥미에 관심 표현하기
   "엄마랑 미술관에 갔었는데 즐거웠니?"
9. 불완전한 것을 보여 주기
   "화를 내서 미안하다. 사실 선생님도 사람이란다."
10. 실수로부터 배우기
    "넌 친구에게 한 행동이 잘못이라는 것을 아는구나. 그럼 앞으로 어떻게 해야 하지?"
11. 아동이 소속감을 형성하는 긍정적인 방법 배우기
    "넌 친구들과 있을 때 기운이 넘쳐 보인다. 친구들과 함께 있으면 즐겁지?"

제 4 부

아동상담의 주요 기법 및 실제

제 11 장

아동상담의 주요 기법

1 놀이치료

1) 개념

놀이에서의 자기표현을 통한 유력한 힘, 즉 치료적 힘을 믿을 수 있는 전제는 아동이라는 존재에 대한 깊이 있는 믿음이다. 이것은 아동이 자기 스스로 성장하고 발달할 수 있는 잠재적 능력을 가진 존재임을 믿음과 동시에 축소된 성인이나 보호받기만 하는 의존적 존재로 규정짓지 않는 자세와 태도이다. 또한 아동이 자기 내면에서 일어나는 깊은 정서적 고통과 즐거움을 경험할 능력이 있으며 자신의 삶에서 일어나는 방해적인 환경을 극복할 수 있는 힘을 가진 존재라는 점을 이해하고 수용하는 것이기도 하다(양선미, 2005).

이러한 믿음을 전제로 치료자는 아동에게 신뢰가 가는 분위기를 형성하고 깊은 이해와 수용을 해줌으로써 아동에게 특별한 치료적 관계를 형성하게 된다. 이러한 관계형성은 치료의 기초임과 동시에 특별히 중요한 과정이다. 왜냐하면 일반적으로 아동은 스스로 상담을 원하기보다는 성인인 부모나 주 양육자에 의해 의뢰되기 때문에 내적동기 형성이 성인보다 어려울 수 있다. 그러므로 치료자와의 특별한 신뢰가 가는 친밀감 형성은 아동이 치료에 임함에 있어 내적동기를 형성시키는 데 기초토대로 작용한다. 또한 놀이치료는 단지 아동의 언어적 행동만이 아니라 아동의 행동 전체에 반응할 수 있는 기회를 제공하여 아동이 나타내는 모든 것을 전면적으로 이해하는 과정이라 할 수 있다.

Axline(1969)은 놀이치료의 과정에서 아동이 감정을 놀이로 표출하여 표면상으로 감정이 떠오르고 그것을 개방할 수 있고 직면하게 되며, 감정을 통제하는 법을 배우게 될 뿐만 아니라 제거할 수도 있게 된다고 했다. 이는 놀이가 가진 많은 치료적 요인과도 연결되는데 아동은 놀이를 통해 자신의 감정의 표현과 해소, 또는 자아존중감 향상, 사회성 증진, 문제해결능력의 다양성 등을 성취해 나갈 수 있는 것이다.

한마디로 아동에게 놀이치료는 현재 자신이 서 있는 위치를 분명하게 할 뿐만 아니라 과거의 경험을 반복하는 과정에서 자신의 문제와 갈등을 해결하고 자기 자신을 발견하여 스스로 새로운 방향성을 가지게 해 주는 과정이다. 이는 놀이치료를 통해 아동이 자아존중감을 향상시키고 지금 아동이 서있는 그 자리에서 자기 자신의 문제를 알고 자신을 있는 그대로 수용하여 성숙하게 만들어 준다는 의미이다.

아동은 스스로가 변화될 힘을 갖고 있음과 동시에 최적의 성장과 발달을 할 권리를 가지고 있다. 이를 위해 놀이치료는 아동의 심리사회적 어려움을 방기하거나 예방하고, 해결하는 데 놀이의 치료적 힘을 사용, 아동과 함께 놀이행동에 참여하여 아동의 심리 사회적 능력을 재확립하는데 도움을 준다.

2) 목적

놀이치료가 궁극적으로 이루려고 하는 것은 아동이 자신의 어려움을 해결하고 스스로 자신의 성장과 발달을 도울 수 있는 힘을 가지게 하는 것이라고 볼 수 있다. 아동이 놀이치료 과정에서 놀잇감을 가지고 치료자와 상호작용하면서 신뢰로운 대인관계를 맺고 자신의 어려운 감정을 해소할 수 있는 것은 현재 자신이 갖고 있는 어려움을 해결하는 중요한 과정이다.

감정의 해소는 아동이 놀잇감을 통해 자연스럽게 표현하고 그 감정에 대해 직면하는 과정에서 이루어진다. 이러한 과정에서 아동은 자신이 건강하게 자라는 것을 방해했던 마음속의 매듭이 풀리는 경험을 하고 치료실 바깥의 상황에서도 잘 적응할 수 있는 것이다. 말하자면 놀이치료의 특별한 경험을 통해 아동이 자신에 대해 자신감을 갖게 하여 주변상황에 효과적으로 대처하도록 하는 것이다.

이러한 경험은 유독 정서상의 어려움을 가진 아동에게만 국한되는 것은 아니다. 발달상에 어려움을 겪고 있는 아동들은 놀이치료 상황에서 여러 가지 자극을 통해 발달을 촉진하여 전반적인 기능이 향상되는 경험을 하게 된다. 행동상의 어려움으로 학교에서의 적응이 어려운 아동의 경우에는 자신의 충동을 적절하게 조절할 수 있는 기술을 놀이과정에서 배우면서 자신감을 형성하게 된다. 이 외에도 아동이 겪고 있는 어려움을 최적의 조건에서 새롭게 경험하게 해 줌으로써 아동이 생활상에서 필요한 건강한 자세와 태도를 가지게 되고 자신이 겪어나갈 어려움들에 대해서 슬기롭게 대처해 나갈 수 있는 자신감과 대처능력을 형성하게 된다.

놀이치료는 아동의 내적인 행동만이 아니라 아동의 행동이 변화될 수 있는 환경을 개선하고 조정하는 데 도움을 주기도 한다. 아동이 변화하기 위해서는 아동 자신의 어려움을 해결하는 것에만 초점을 맞추는 것이 아니라 아동이 적응하는 데 도움이 될만한 환경을 만드는 것도 중요한 일이기 때문이다.

일반적으로 아동에게 가장 중요한 환경은 부모인데, 부모와 지속적인 상담을 통해 아동에 대한 이해를 돕고 부모가 바람직한 양육태도를 가질 수 있도록 도와야 한다. 뿐만 아니라 아동에게 중요한 영향을 미치는 환경, 즉 다른 양육자, 유치원 선생님이나 학교 교사와의 상담과 정보교환도 필요하다. 이러한 과정은 아동이 상담실 안에서만 변화된 행동을 보이는 것이 아니라, 자신이 생활하는 공간에서 얼마만큼 적응의 능력을 갖고 있는지를 파악하고 보다 더 성장과 발달을 촉진할 수 있도록 하는데 기여한다(송영혜, 1998).

3) 환경

(1) 놀이치료자

① 놀이치료자의 자격

전문적 자격이란 기술을 갖추는 것을 의미한다. 전문적인 놀이치료자가 되기 위해서는 전문적인 지식습득을 위한 이론교육, 상담과정에서 필요한 상담기법을 익히기 위한 임상경험, 상담자의 자질 향상을 위한 지도감독(Supervision)경험들이 반드시 필요하다.

상담의 기초토대가 되는 이론교육에서는 인간을 이해하기 위한 심리학(성격심리, 발달심리, 이상심리 등), 아동학, 가족학 등의 다양한 이론적 지식과 상담을 진행하는 기본적 틀인 각종 상담이론 등의 지식적 기반을 갖추는 것이 필요하다. 아동의 발달적, 사회적, 정서적 학습양상에 대한 철저한 지식과 이해는 아동들의 개인적 성장을 향상시키기 위한 개인의 목적, 목표, 전략 등을 개발하고 내담자의 치료과정을 평가하는 기본적 틀을 형성하므로 중요한 부분이다.

놀이치료자의 훈련에 대해 언급한 O'Connor(1991)에 의하면 치료자는 적어도 심리학이나 관련 분야에서 석사 정도의 수준으로 훈련되어야 하며 아동발달, 아동정신병리학, 심리평가, 가족체계이론, 놀이치료에 대한 과정을 이수해야 한다고 하였다.

뿐만 아니라 현재 한국에서 놀이치료사 및 놀이치료 전문가의 자격증을 수여하고 있는 한국놀이치료학회에서 규정하는 놀이치료전문가가 기본적으로 이수해야 하는 관련과목을 살펴보면 먼저 놀이치료사는 놀이치료이론, 상담이론, 성격이론, 발달이론을 이수(놀이치료전문가 자격규정 제5조)하여야 하고, 놀이치료전문가는 놀이치료이론, 놀이치료방법 및 기술, 놀이치료의 적용, 연구방법론을 기본적으로 이수하도록 명시하고 있다(놀이치료 전문가 자격규정 제6조).

② 놀이치료자의 자질

놀이치료에 영향을 미치는 치료자의 자질은 여러 가지 요소를 포함한다. 치료자의 이론적 지식과 기술은 물론이고 성격특성 및 인간적 특성, 즉 치료자가 갖고 있는 철학, 가치, 경험, 문화적인 배경, 가족적 배경 등이 놀이치료자로서의 자기역할을 수행하는데 있어서 큰 영향을 미친다. 또한 치료자의 자세와 태도 등은 치료에 있어서 아동을 대하는 태도와 자세를 규정짓기 때문에 무엇보다 중요한 치료자의 자질적 요소라 볼 수 있다. O'Connor에 의하면 치료자는 상담자로서의 성격특성을 발달시켜야 하는데 있다.

첫째, 치료자는 아동의 개인적 세상을 마치 자신의 것처럼 받아들이는 공감능력을 발달시켜야 한다.

둘째, 치료자는 비평, 평가절하, 제한 없는 비평가적이고 비판단적인 태도로 무조건적인 존중을 할 수 있어야 한다.

셋째, 치료자는 솔직해야 한다. 그리고 마지막으로 치료자는 특별한 감정과 경험을 유창하고 직접적이고 완전하게 표현하는 구체화된 능력을 발달시켜 나가야 한다고 강조했다. 여기서 알 수 있듯이 기본적으로 치료자는 객관적이고 수용적이며 융통성이 있어야 한다. 이를 위해서는 아동에게 어떠한 것을 강요하지 않고 판단하거나 평가하지 않는 자세를 견지하는 것이 무엇보다 중요하다. 치료자는 아동의 행동을 만들어주는 사람이 아니라 아동이 새로운 행동을 만들고 자기 안에 수용할 수 있도록 보조자, 협력자, 민감한 이해자의 역할을 하기 때문이다.

또한 치료자는 개방된 자세를 갖는 것이 필수적이다. 자신의 가치나 경험의 틀에 얽매여 아동을 보는 것이 아니라 아동의 내부 세계를 함께 경험할 수 있어야 한다. 이러한 개방적 자세만이 아동이 놀이치료 과정에서 보여주는 모든 것을 있는 그대로 받아들이며 그 의미에 대해 아동과 함께 생각할 수 있는 것이다.

이 밖에도 치료자는 자신의 실수를 인정하는 용기와 안정감을 가지고 있어야 한다. 놀이치료 과정에서 자신이 적절한지 아닌지에 대해 늘 두려워하거나, 자신의 한계에 대해 잘 대처하지 못하고 방어하거나 불안해한다면 아동에게 도움을 줄 수 없다.

치료자의 성격특성 및 못지않게 중요한 것은 치료자가 놀이치료에 임하는 태도 및 자세이다. Axline(1974)에 의하면 좋은 치료자란 아동에 대한 기본적인 태도, 즉 친절, 안내, 이해, 성실, 진실, 일관성을 중시하는 태도와 아동에게 책임과 신뢰를 부여하는 자세가 겸비되어 있는 사람이라고 강조하면서 이러한 태도는 치료자의 인격의 한 부분으로 아동을 향한 자세는 언제나 존중과 수용의 자세를 가져야 한다고 하였다. 즉, 치료에 있어서 아동을 향한 근본적인 태도와 치료자의 마음이 중요한 요소라고 보았다. 치료자가 놀이치료에 대해 가져야 하는 기본원칙을 다음과 같이 8가지로 제시하였다(Axline, 1969).

첫째, 치료자는 어린이와 따뜻하고 친근한 관계를 가능한 빨리 형성하도록 한다.

둘째, 치료자는 어린이를 있는 그대로 수용한다.

셋째, 치료자는 어린이가 자신의 감정을 완전히 자유롭게 표현할 수 있도록 하기 위해 허용적 분위기를 조성한다.

넷째, 치료자는 어린이가 표현하는 감정을 민감하게 느끼고 인정하며, 어린이가 자신의 행동에 대한 통찰력을 갖도록 느낌이나 생각을 반영해준다.

다섯째, 치료자는 어린이가 기회만 주어지면 자신의 문제를 해결할 능력을 갖고 있음을 존중하고 선택의 책임과 변화를 시도할 자유가 어린이에게 있다고 인정한다.

여섯째, 치료자는 어떤 방법으로도 어린이의 행동과 대화를 지시하지 않는다.

일곱째, 치료자는 치료를 서두르지 않는다. 치료는 점진적 과정임을 치료자가 인식한다.

여덟째, 치료자는 어린이가 다른 사람과 관계 맺는 것은 자신의 책임이라는 것을 알도록 하기 위해서만 제한을 가진다.

이러한 치료자의 특성, 자세, 태도 등은 많은 임상훈련과 함께 지속적인 슈퍼비전(전문가에게 지도감독 받는 것)을 받아 단련되고 검열되는 것이 필요한데 이는 치료자의 자기 이해와 자기통찰을 위한 것이다. 치료자도 실제 현실생활을 해나가고 있는 사회인임과 동시에 자신의 가치와 욕구를 가진 사람이다. 자신을 이해하지 못하고 자신의 모습을 잘 알지 못하면 치료과정에서 아동과 관계를 맺는데 있어서 자신이 가지고 있는 가치와 욕구뿐 아니라 자신의 과거사나 성장배경까지지도 투사되어 아동에게 영향을 미치게 될 것이다.

이런 측면에서 치료자는 계속적으로 자기 발견의 노력과 자기 평가를 수행해야 하고 그 안에서 과감하게 자신의 있는 그대로의 모습을 받아들이며 더욱 객관적이며 촉진적인 놀이치료자가 되기 위해 노력해야 한다. 아동은 놀이치료에서 사용되는 놀이치료자의 기술이나 지식이 아니라 놀이치료자 개인에게서 훨씬 큰 영향을 받는다는 사실을 늘 잊지 말아야 한다.

③ 놀이치료자의 역할

놀이치료자는 아동이 흔히 생활에서 만나는 어른, 즉 엄마와 아빠, 주변 성인들과는 달리 특별한 존재이다. 치료자는 아동이 경험하는 관계를 새롭고 다르게 만들기 때문에 재미있고, 아동의 생각이나 감정, 욕구, 상상 등을 충분히 존중해주기 때문에 치료시간은 독특하고 특별한 경험이다. 놀이치료실에서의 치료자는 아동의 모든 것을 수용해주고 아동의 감정과 놀이활동에 온전한 관심을 가진다는 점에서 항상 일상사에 바쁘고 그들의 관점에 아동을 맞추는 다른 어른들과는 다르다.

이렇듯 놀이치료자는 놀이치료 상황에서 아동의 모든 것을 반영하는 치료적 태도를 견지하고 치료상황을 만들며 아동이 자신의 문제를 새롭게 이해하도록 도와야 한다. 민감성을 잃지 않고 진정한 관심을 가지는 태도로 임해야 함은 물론이고 비지시적인 태도로 아동을 수용해주고 존중하며 정직하게 대해야 한다.

이러한 치료자의 역할에 대해 O'Connor(1991)는 다음과 같이 제시하고 있다.

- 치료자는 아동과 따뜻하고 친근한 치료적 관계를 가능한 빨리 맺어야 한다.
- 아동을 있는 그대로 수용해야 한다.
- 아동의 감정표현이 자유롭도록 허용적인 느낌을 전달해야 한다.
- 반응적이고 공감적이어야 한다.
- 오로지 아동에게만 집중해야 한다.

- 아동의 단서에 반응해야 한다.
- 자발적이고 융통성 있는 행복한 치료시간을 유지해야 한다.
- 시간, 장소, 놀이치료자 등에 대해 분명히 구조화해야 한다.
- 즐겁고 긍정적인 치료시간을 유지해야 한다.
- 아동이 치료자를 좋아하는지에 상관없이 치료를 유지해야 한다.
- 지나친 분노와 과잉행동을 조절해 주고 보호해 주어야 한다.
- 신체적 상처를 돌보아 주어야 한다.
- 아동 자체로 대하고 아동을 치료자의 전인대상으로 대하지 말아야 한다.

O'Connor가 지적한 대로 아동과의 신뢰로운 관계형성 속에서 아동을 온전하게 수용해주기 위해서는, 치료자의 지혜나 판단, 해결책에 의거하기보다는 아동의 생각과 창의성을 따르는 것이 중요하다.

또한 치료자는 아동이 말하는 것과 행동하는 것에 대해 잘 아는 것보다는 함께 느끼는 자세와 태도를 견지해야 한다. 이것이 치료과정에서의 치료자의 적극성이며 민감성인 것이다.

(2) 놀이치료환경

놀이치료를 하기 위해서는 물리적인 환경 또한 매우 중요하다. 치료의 목적에 맞게 고안된 치료실이 치료효과를 증진시키는 주요한 요소가 되기 때문이다. 치료를 위한 물리적인 환경으로는 대표적으로 놀이치료실, 부모상담실, 심리검사실, 부모 및 아동 대기실이 있으며, 놀이치료실을 구성하는 집기류(장, 책상)와 놀이도구를 볼 수 있다.

① 놀이치료실

아동들이 놀이치료실에 와서 처음 만나게 되는 것이 치료자와 치료실이다. 그렇기 때문에 치료실의 분위기는 아이에게 영향을 미치는 요소로 매우 중요하다. 놀이치료실은 다른 공간과 분리되어 마련되어야 한다.

교실이나 그 외 다른 공간과는 구분될 수 있도록 조정해야 한다. 놀이치료실은 다른 방으로부터 독립된 공간이어야 하고 다른 방에 피해를 주지 않아야 하며, 또한 비밀보장을 위하여 복도 쪽으로 난 창문이 없는 것이 좋으며, 대기실의 부모에게 아동의 목소리가 들리거나 놀이장면이 노출되지 않도록 세심한 주의가 필요하다.

놀이치료실이 자유를 최대화하고 제약은 최소화할 수 있는 공간일 때, 치료자는 훈육자로서의 역할을 줄이고 자유롭게 치료자로서의 역할을 수행할 수 있게 된다.

② 놀이치료실의 물리적인 설비

놀이치료실의 물리적인 설비로는 놀이치료실의 크기, 색상, 방음장치, 일방경과 커튼의 설치, 비디오 장치, 싱크대 설치, 창문, 냉・난방 설비 등이 포함된다.

㉠ 놀이치료실의 크기 및 색상

놀이치료실의 크기는 너무 크지도 너무 작지도 않아야 한다. 즉, 너무 큰방은 아동이 멀리 달아날 수 있어서 치료자가 아동의 행동을 관찰하기가 어렵고 너무 작은 방은 자유롭게 자기를 표현하는데 불편하므로 개인 치료의 경우는 약 4.7평 정도가 적당하다. 우리나라에서도 대부분의 놀이치료실은 3.4평과 5.6평인 경우가 가장 많으며, 아동문제의 특성, 아동의 연령을 고려하기 때문인데, 치료실의 크기나 놀잇감이 다른 것은 불안 수준이 낮은 발달문제를 지닌 아동의 경우, 정서문제를 지닌 아동에 비해 좀더 큰 놀이실을 선택해서 하기도 한다.

한편, 놀이치료실은 따뜻하고 편안한 느낌을 줄 수 있도록 바닥과 벽지의 색을 선택해야 하는데, 색은 부드럽고 밝은 톤으로 하며 복잡한 무늬를 피하는 것이 좋다. 그런 이유로 현재 우리나라 놀이치료실에서 주로 사용하고 있는 치료실벽은 아이보리 색을 가장 많이 선호하고 있다.

㉡ 일방경

일방경은 관찰자가 관찰실에서 상담과정이 방해되지 않거나 또는 주의산만의 원인이 되게 하지 않으면서도 놀이치료실에서 무슨 일이 일어나는지 볼 수 있는 장치이다. 일방경이 설치되었을 때 사운드 시스템 또한 필요한데 관찰자가 무슨 일이 일어났는지 뿐만 아니라 무슨 말을 하는지 들을 수 있다.

즉, 부모는 일방경을 통해 아동과의 치료과정을 관찰함으로써 아동의 정서를 이해하는 것을 도우며, 양육태도, 놀이방법, 상호작용 방법 등을 배울 수 있다. 일반경 사용의 목적은 다음과 같다.

첫째, 아이의 주의를 해치지 않으면서 동시에 상담가가 아동의 관찰을 가능하게 한다.

둘째, 특히 부모 또는 형제가 치료실에 아동과 함께 있을 경우 사용한다. 상담가는 아동의 놀이를 관찰할 수 있을 뿐 아니라 부모 또는 가족의 상호작용을 관찰할 수 있다.

셋째, 관찰실에서 공동 치료자와 상담하기 위해서 사용한다. 거울을 사용함으로써 공동치료자는 상담과정에 끼어들거나 아동이 주의 산만해지지 않으면서도 아동의 치료과정에 간접적으로 참여할 수 있다.

넷째, 슈퍼바이저가 직접적으로 상담을 관찰할 수 있게 하기 위하여 사용한다. 그러나 이 경우 우리는 일방경에 커튼을 칠 것을 권고하는데 관찰실이 사용되지 않을 때 커튼을 칠 수 있다. 따라서, 아동은 누구도 자신을 관찰하고 있지 않다는 확신과 함께 그의 사생활이 보장된다고 확신하다.

ⓒ 비디오 카메라

비디오 카메라는 아동상담의 실시를 보조해주는 또 다른 매우 유용한 도구이다. 이것은 다음과 같은 목적으로 사용될 수 있다.

첫째, 아동이 새로운 행동들을 배우고 연습해 볼 수 있게 하는 것을 돕는다(예를 들어, 우기는 행동을 하는 아동들을 가르칠 때 아동은 역할극을 할 수 있으며, 녹화 테이프를 다시 봄으로써 아동 스스로 그의 행동이 우기는 행동인지 아닌지 볼 수 있다.).

둘째, 부모들이 새롭고 더욱 효과적인 아동 양육의 방법을 찾는 방법을 돕는다(부모, 아동 또는 치료자, 아동이 상호작용하는 모습을 녹화한 비디오 테이프를 봄으로써 부모들은 유용한 그리고 유용하지 않은 양육행동을 인식할 수 있게 된다.).

셋째, 슈퍼비전을 통하여 상담 기술을 향상시키기 위하여 사용한다. 상담자 자신이 상담과정의 테이프를 봄으로써 종종 더 효과적인 방법에 대해 인식할 수 있게 된다. 그 과정은 동료치료자 또는 슈퍼바이저가 함께 검토할 때 더욱 도움이 된다.

비디오 카메라를 사용하기 전에 아동과 부모들은 반드시 그 사실을 알아야만 하며 치료자는 그들의 동의를 받아야 한다. 일반적으로 부모들은 유리한 점을 알아내고 기꺼이 동의를 한다. 우리는 서면 동의를 요구하기도 하는데 부모들은 동의의 세 가지 수준의 선택을 하게 된다.

첫째, 비디오 테이프는 단지 상담의 목적에만 사용될 수 있으며, 곧 지워야 한다.

둘째, 비디오 테이프는 상담목적을 위하여 그리고 상담가의 슈퍼비전 목적을 위하여 사용할 수 있으며, 곧 지워야 한다.

셋째, 상담가는 테이프를 교육과 훈련용으로 사용할 수 있다.

이 동의는 부모의 요구에 의해 어느 단계까지의 제한을 받게 될 수 있다.

4) 놀이치료실의 집기류

대부분의 놀이치료실을 구성하고 있는 집기류로는 장과 책상 및 모래상자가 있다.

(1) 장

① 진열장의 높이는 아동의 눈높이를 고려하여 1m 미만으로 구성하는 것이 좋으며, 1.5m 이상일 경우는 개방형과 일부의 폐쇄장을 함께 설치함으로써 공간 활용을 유용하게 할 수 있다.

② 장의 높이가 아동이 스스로 꺼내기 다소 높은 경우 받침대를 구비하는 것도 매우 중요하다.

③ 장의 일정한 위치에 일정한 놀잇감을 두는 것도 아동이 쉽게 놀잇감을 찾고, 안정감을 느낄 수 있도록 하는 데 중요한 요소가 된다.

(2) 책상

놀이치료실의 책상의 역할은 치료자가 아동의 치료과정을 관찰하고 기록하는 데 사용이 되며, 때에 따라 놀이의 공간, 대화의 공간이 되기도 한다. 대부분이 책상은 주로 좌식을 많이 사용하며, 의자를 사용하는 경우 아동용을 사용하는 경우가 많다.

5) 놀잇감

놀이치료실은 다양한 장난감들, 놀이재료들 그리고 매체들을 깆추어야 하는데, 이는 놀이의 다양한 형태를 이끌어내는 경향이 있기 때문이다.

(1) 실생활 놀잇감

아이들은 실생활 놀잇감을 통해 자신이 생활에서 경험한 갈등사건을 재연함으로써 교정적 경험을 하게 된다.

예를 들어 병원 놀잇감의 경우, 대부분의 아이들은 병원 가기를 싫어하고 두려워 한다. 몸이 약해서 어려서부터 병치레를 자주 한 아동일수록 병원은 공포의 대상이다. 이런 병원 경험을 치료자가 있는 안전한 공간에서 아동 스스로 다시 재연해 봄으로써 그 상황을 이해하게 되고 두려움을 극복하게 된다(신숙재 외, 2000)

① 소꿉놀이 세트

② 병원놀이 세트

③ 놀이터 놀이 세트

(2) 공격성을 표현할 수 있는 놀잇감

아동은 치료자가 함께 있는 치료실이라는 안전한 틀 안에서 놀잇감을 통해 자신의 분노감을 표출함으로써 정화를 경험할 수 있다. 그러므로 다양한 방식으로 공격성을 표출할 수 있는 놀잇감을 준비하는 것은 치료의 과정에서 매우 중요하다.

① 크고 작은 동물들

② 군인놀이 세트

(3) 창의적인 표현과 이완을 위한 놀잇감

긴장 수준이 높거나 위축된 아동의 경우 찰흙이나 물과 같은 놀잇감을 통해 이완하게 되며, 그림을 그리면서 창의적인 사고와 혼란스런 감정을 표현하기도 한다.

① 플레이 도우 세트

② 음악놀이 세트 – 실로폰, 피아노

(4) 신체활동 놀잇감

신체활동을 이용한 놀잇감의 경우 아동과 치료자 사이에 상호작용을 촉진할 수 있으며, 긴장하거나 퇴행이 필요한 아동에게 도움이 되며, 특히 발달장애아동의 상호작용과 발달 자극을 최대화해서 촉진시키는 역할을 하기도 한다. 신체활동을 자극하는 놀잇감들로는 볼풀공과 풍선, 볼링공, 덤블링 로션 등이 있다.

① 공놀이 세트–볼풀 공, 볼링

6) 게임 놀잇감

아동은 놀이치료 과정에서 게임을 통해 규칙을 지킴으로써 현실적이고 객관적인 반응을 강화하도록 하며, 기억, 집중 결과의 기대, 논리적 사고, 창조적 문제해결과 같은 인지적 기술을 발달시킬 수 있다. 또한 아동들 사이에 협동과 대화를 통해 사회적인 관계를 발달시킬 수 있다. 게임은 무엇이 승자를 결정하는가에 따라 세 가지 형태－신체기술 게임, 우연 게임, 전략 게임－의 게임도구들이 있다.

(1) 신체기술 게임

이 게임도구들은 대근육과 소근육을 이용한 게임들로 구분할 수 있으며, 게임의 결과는 운동신경에 의해 결정된다.

① 대근육을 이용한 게임

- 술래잡기, 볼링, 볼을 이용한 게임, 릴레이, 달리기, 고리 쌓기, 트위스터 게임

② 소근육을 이용한 게임

- 타트게임, 게임기를 이용한 농구게임, 축구게임, 낚시, 원숭이 매달리기

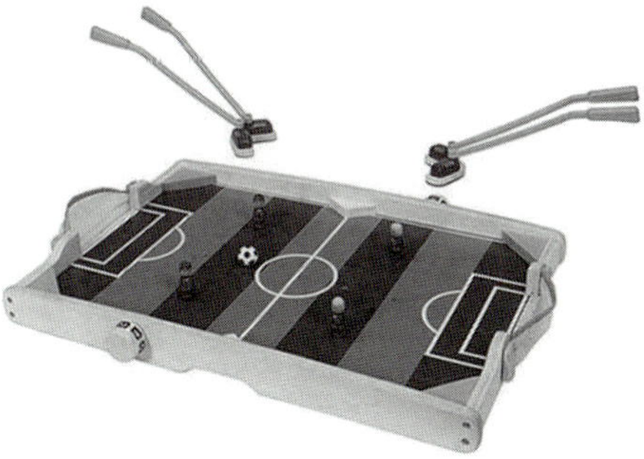

(2) 우연 게임

빙고, 룰렛 등의 보드 게임과 카드 게임들이 있으며, 게임의 결과는 지적 능력, 기술, 경험과 관련 없이 우연에 의해 결정된다.

- 터치마이 하트게임, 감정 행동 느낌 게임, 이웃사귀기 게임, 스토리 텔링 게임, 달팽이 다리기 게임, 윷놀이 주사위 놀이

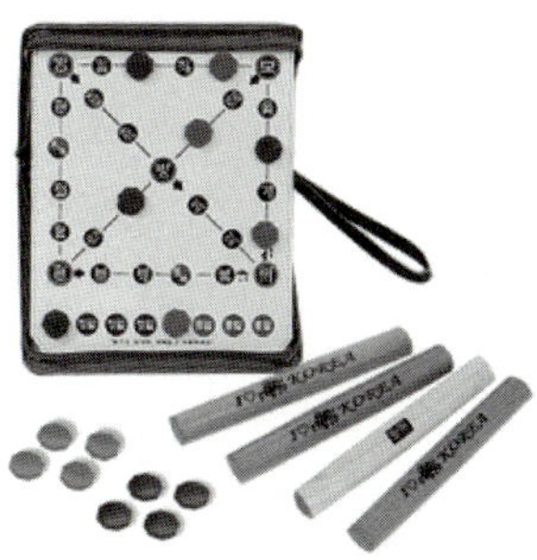

(3) 전략 게임

인지적 기술에 의해 게임의 결과가 결정되며, 지적인 노력, 집중, 자아 통제를 발달시킬 수 있다.

- 체스, 우노 게임, 트러블 게임, 막부사, 다이아몬드 게임, 카멜레온 게임

7) 과정

놀이치료를 시작하게 될 경우 전반적인 상담의 구조화, 즉 치료 회수, 치료 날짜, 치료 시간을 결정하게 된다. 치료과정은 아동의 심리치료와 부모상담으로 이루어진다. 대개는 아동에게 40분, 부모에게 10분 정도의 비율로 배정이 되지만 필요에 따라 달라질 수도 있다.

놀이치료가 시작되면 부모는 아동에게 치료실에서 있었던 일에 대해서 꼬치꼬치 캐묻지 않는 것이 좋다. 치료실은 아동과 치료자만의 특별한 경험이기 때문에 부모가 개입하는 인상을 주어서는 안 된다. 자기만의 특별한 경험을 안전하게 할 수 있다는 확신이 생겨야만 아동이 자신의 어려움을 자유롭게 표현하고 극복할 수 있게 되기 때문이다. 다만 부모의 요청이나 치료자가 필요하다고 느끼는 경우에는 비디오를 통해서 관찰할 수가 있다. 이는 치료자가 아동의 치료과정을 지속적으로 보고 치료에 도움을 줄 수도 있고, 교육자료도 활용할 수 있게 하기 위한 것으로 녹음을 하거나 비디오를 찍을 수 있다.

(1) 놀이치료 초기

상담 초기는 라포 형성기로서 치료자는 아동, 부모와 치료적 동맹관계를 발전해 나가는 시기이다. 이 시기는 아동과 치료자가 신뢰로운 관계를 구축하는 시기이며, 이 시기의 아동은 새로운 환경으로 인하여 빠른 변화가 오기도 하고 나름대로 행복한 시기라고 볼 수 있다.

아동의 경우, 부모에 의해 타의로 오는 경우가 많으므로 아동과 분명한 목표를 설정하는 일이 어려울 수도 있다. 특히 나이가 많은 아동과는 놀이치료가 시작되는 첫날에 명료하게 자신이 진정으로 원하는 변화는 어떤 것이며, 자신의 어려움을 어떻게 느끼고 있는지에 관해 이야기함으로써 치료자와 아동이 함께 할 목표를 정할 수 있다.

물론 처음부터 관계 맺기가 어려운 아동에게 이러한 절차는 힘들 수 있으므로 치료실에 대한 안내와 안전하고 편안한 곳임을 느끼도록 하는 것이 필요하다. 더불어, 아동 자신이 놀이치료 시간의 주인이며 치료자는 자신의 어려움을 함께 해결하도록 돕는 전문가라는 것을 알게 해 준다. 치료자는 아동의 감정을 모두 수용해주지만 행동의 허용한계를 분명하게 알려주는 일관된 반응을 하게 된다.

(2) 놀이치료 중기

치료 중기는 놀이가 다양하게 확장되면서 그동안 쌓여있던 문제의 핵심으로 접근해 가는 시기이다. 부모나 치료자에 대한 양가감정을 나타내기도 하고 불안, 적개심 등의 부정적인 감정들이 적극적으로 표출되기 시작한다. 또한 어떤 단계로의 퇴행이 일어나기도 한다.

현재까지 자신을 유지하고 있던 부정적 사고, 감정, 행동들을 버리고 새롭고 바람직한 모습으로 교정해 가는 과정은 매우 지루하고 힘든 과정일 수 있다. 왜냐하면 인간은 불편하고 괴로워도 본래 몸에 밴 습성으로 돌아가려는 특성이 있기 때문이다. 이 시기는 부모님이나 치료자가 견디어 내야 하는 가장 힘든 시간이며, 이 시기를 잘 넘기고 나면 치료 말기에 도달하게 된다.

(3) 치료의 말기

이 단계가 되면 아동은 자신의 문제를 있는 그대로 수용할 수 있으며, 자아존중감이 향상되고 적극적으로 현실에 대처하는 모습을 보이게 된다.

아동의 놀이에서는 긍정적인 태도와 화합하고 조화로운 장면이 많이 등장하고 건설적이고 편안한 놀이를 많이 하게 된다. 이때에도 급격하게 나빠지는 경험을 한두 번 하게 되는 경우가 있으나 크게 염려하지 않아도 된다. 아동은 이를 곧 극복하고 종료시기를 맞을 수 있게 된다. 즉, 아동이 현실에 바르게 적응하고 성장할 수 있는 힘이 생기면 치료는 종료된다. 종료를 하고 나서도 아동의 성숙은 계속되며, 상담이 종료된 후에도 아동에게 급격한 환경적·심리적인 변화가 있을 경우에 일시적으로 놀이치료를 받으면 건강하게 회복할 수 있다.

2 모래놀이치료

1) 개념

모래놀이치료는 내담자가 소품을 지니고 있는 상징을 이용하여 자신의 의식적·무의식적 세계를 모래상자 안에 표현함으로써 치료효과를 가져오는 상징적 치료법이다. 이는 스위스 칼프가 영국의 소아과 의사인 로웬펠트에 의해 창시된 세계기법과 분석심리학의 창시자의 융의 개성화 과정에 관한 가설들에 이론적인 바탕을 두고 발전시킨 놀이치료기법이다. 로웨펠트가 세계기법을 발표하던 때는 1929년이었는데, 그때 사용하던 보편적인 심리치료방법은 프로이드의 정신분석이론에 기반을 두고 있는 해석과 전이가 핵심을 이루고 있었다(양성미, 2005).

이에 비판을 가하고 나선 사람이 바로 로웬펠트였다. 그녀에 의하면 "어린이는 어른들과는 달리 사상, 감정, 감각, 관념, 기억이 불가사의하게 엉켜져 있어서 이것들을 충분히 표현하기 위해서는 시각뿐만 아니라 촉각과 같은 감각의 요소를 다 발휘할 수 있는 기법이 필요한데, 어린이들의 내적 세계의 표현을 가능하게 한다는 의미에서 이 기법을 세계기법이라고 불렀다"고 한다(Lowenfeld, 1939). 모래에서 장난감을 가지고 놀면서 마음이 이완된 아동들은 신체적인 병이 빨리 치료되는 경험을 하면서 모래놀이에 대한 확신을 굳히게 되었다.

칼프는 융의 소개로 로웬펠트의 치료법을 알고 난 후에 티벳에서 망명한 라마와 만나게 되었다. 그녀는 기존의 기독교적 정신세계에 불교적인 세계를 접목시키면서 영적인 체험세계를 확장시켜 나갔다. 라마의 가르침을 일상 안에서 수련하는 동안에 티벳의 모래 만다라와 그녀의 연구실에서 만들어지는 모래상자의 장면 사이에 비슷한 점이 있음을 감지하기 시작하였다. 다시 말해서, 모래상자놀이는 한 곳에 초점을 두고(one-pointed), 눈을 뜨고 하는 묵상(eyes-open meditation)임을 발견하였던 것이다(Shaia, 2001).

모래놀이치료에 대한 칼프의 업적 중에서 괄목할 점은 크게 두 가지이다(우종태, 2000). 하나는 치료자와 내담자의 관계에 주목했다는 점이다. 모래상자를 만들게 하는 것은 간단하지만, 그 사람 자신의 내면을 표현한다는 것은 안정된 기반이 없으면 불가능하다. 그 기반이 되는 것이 치료자와 내담자와의 모자일체적인 관계인데, 이와 같은 의미 있는 표현이 되어야만 치료과정이 진전되는 것이다. 따라서 '치료자'의 존재가 결정적인 역할을 한다는 것이다. 두 번째는 융의 심리학을 이용하여, 모래상자의 표현을 상징적으로 해석하는 길을 열었다는 점과 또한 융이 말한 '자기실현'이라는 관점에서, 치료자와 내담자와의 사이가 '모자일체성'과 같은 관계로 성립되면, 내담자의 지기실현과정이 촉진된다는 점이다. 말하자면 내담자는 자신의 힘에 의해 스스로 치유되어 간다는 것을 분명하게 말한 것이다.

2) 목적

모래놀이치료의 목적은 다음과 같다(이효정, 2012).

첫째, 내면의 무의식과 일상세계인 의식을 연결하여 의식화하는 것이다. 그래서 모래놀이치료는 아동의 주관적인 생각을 모래상자에 표현하여 객관적으로 볼 수 있어 자기를 반영함으로써 새롭게 자신을 볼 수 있고 통찰하도록 돕는다.

둘째, 모래놀이치료는 자기치유력을 활성화시켜 아동 스스로 치유하는 것이다. 즉, 모래상자에 내면의 무의식적인 심상과 대면하는 것을 통해서 자연스럽게 자기치유력이 스스로 활성되도록 돕는 것이다.

셋째, 모래놀이치료는 분열된 무의식과 자아를 통합하는 과정을 거치면서 개성화를 이루는 것이다. 모래놀이치료는 무의식과 자아의 단절이나 불균형의 표현으로 의식의 경직, 폐쇄, 분할을 통합하여 적절하게 균형을 이루도록 돕는다.

3) 환경

(1) 모래놀이치료자의 역할

모래놀이치료자의 역할은 다음과 같다.

① 분석심리학적 놀이치료에서는 모래놀이치료자의 전이·역전이의 흐름을 중요하게 여기므로 치료자는 4~8년 이상의 자기 분석을 받아야 하며, 자신의 정신 내적 갈등도 이해해야 한다(김광웅 외, 2006).

② 치료자는 내담자에게 항상 자유롭고 보호된 장면을 제공하며 내담자가 작품을 만들고 있는 동안 허용적인 태도로 마음깊이 존경과 신뢰로움을 품으며 함께 음미하고 느낄 수 있어야 한다(김보애, 2003).

③ Bradway(1985)는 모래놀이치료에서는 모래, 물, 상징물이 내부세계와 외부세계를 연결하는 교량 역할을 하지만 이것은 치료자와 함께 있을 때 치료적 의미가 있다(김유숙 외, 2005 재인용).

④ 치료자의 치료 경험의 축적과 훈련, 깊은 자기탐색은 매우 중요하며, 치료자의 절제력, 내담자에 대한 깊은 공감, 인간성에 대한 존중능력은 내담자의 심리적 에너지를 이해하고 존중할 수 있게 한다.

⑤ 모래놀이치료자의 역할은 촉진자, 적극적 상호작용자로서 내담자가 작품을 만들 때 함께 느끼는 것이 중요하다(김광웅 외, 2006).

⑥ 경험을 공유하는 것은 내담자와 치료자의 특성과 관련이 있으나 무엇보다도 치료자의 공감이 중요하다. 이는 치료자의 공감능력에 따라 내담자가 선택한 상징물이 기존의 한정된 이미지에서부터 무한한 상상을 할 수 있다.

⑦ 바람직한 치료자의 모습은 작품을 이해할 수 있는 충분한 지식을 갖추고 있어야 하는데 여기서 '지식'이란 자신의 경험을 근거로 한 지식으로 꿈 분석, 동화분석 등을 통해 이미지에 대한 지식이나 경험을 가진 자로서 다양한 경험이 자신을 성장시킨다고 생각하는 것이 치료자의 근본적 태도이다(김유숙 외, 2005).

⑧ 치료자는 내담자가 모래놀이에서 현상의 구체적인 증거를 보여주기 전까지 해석하는 것은 금해야 하며 단지 치료자는 내담자의 표현을 따라가며 숨어있는 원형을 자극해 주는 것과 연관된다.

⑨ 가와이(1988)는 치료자라면 내담자의 표현세계를 수용하고, 해석을 분별력 있

게 사용하며, 내담자의 상징적 자료를 공유하는 보다 진지한 자세, 즉 지식보다 자신의 존재를 중요시하는 자세를 가져야 한다(김광웅 외, 2006, 재인용)고 했다.

(2) 모래와 모래상자

모래가 가지고 있는 특성은 아동으로 하여금 심리적인 긴장을 완화시켜 줄 뿐만 아니라 놀이하는 자의 의도에 따라 자유롭게 변형이 가능하다는 점이다. 이 때문에 여러 가지 사물의 개념을 이해시키고 물리적 지식을 확충하는데 효과적이다. 아동들은 자연의 놀이재료인 모래를 가지고 놀 때 모래의 부드러운 질감을 통하여 반사회적이고 공격적인 감정을 해소하여 정서적 안정을 갖게 된다. 부모나 또래집단과의 관계가 원만하지 않거나 자신감이 없는 유아는 모래를 가지고 놀면서 용기와 자신감을 얻고 욕구불만의 감정을 해소하거나 발산시키는 기회를 갖게 되어 유아의 정서적 발달을 촉진시킨다(김광욱 외, 2006).

모래상자 안의 모래는 절반 정도만 채워져 있는 것이 좋으며, 반드시 깨끗하게 씻어서 미생물의 서식을 예방해야만 한다. 모래는 약간 거친 느낌을 주는 것에서부터 아주 고운 느낌을 주는 모래까지 다양하게 선택할 수 있다. 색상도 흰색, 갈색, 자연의 모레색 등 다양하지만 자연색을 띤 것이 좋다.

모래는 마른 모래와 적당히 물을 축인 축축한 모래 두 종류를 준비한다. 이것은 젖은 모래가 산이나 언덕 등 쌓아 올리기에 좋으나 어떤 내담자의 경우에는 젖은 모래를 거부할 수 있기 때문이다.

칼프는 모래상자의 크기를 세로(57cm)×가로(72cm)×높이(7cm)라고 제시하였으며 상자의 안은 물을 상징할 수 있도록 파란색이나 청록색을 칠하고 또 실제로 물을 부을 수 있어야 하므로 방수처리가 요구된다고 하였다. 상자의 크기를 제한하는 것은 모래영역이 클수록 내담자가 집중하고 형상화하는 것을 어렵게 만들기 때문이다. 모래상자는 상징적이고 반영적인 심리적 경험영역과 지금 현 시점의 물리적 경험영역을 모두 촉진시킨다. 모래상자를 놓은 탁자의 높이는 시각적으로 편하게 볼 수 있는 허리 높이 정도로 내담자의 키와 학교 급별에 따라 탁자의 높이를 조절하여야 한다.

모래상자의 역할은 공간을 한정하는 틀을 만들어 주어 이 공간이 내담자를 지키는 역할을 한다. 놀이치료실이라는 정해진 공간이 내담자를 보호하는 동시에 상자라는 이중의 공간이 다시 내담자에게 제한을 제시하여 규칙과 압력이 있더라도 안심하고 그러한 압력을 이용하여 다양한 변화를 모색한다(김유숙, 2005).

4) 장난감(소품)

모래놀이치료에 제공되어 모래상자 안에 꾸밀 장난감에는 실제 모형의 축소판을 나타내는 상징물이 사용된다. 생명력 있는 장난감을 통해 자신의 감정과 경험을 불러 일으켜야 한다.

인형의 크기는 일정한 기준에 맞출 필요가 없고 여러 가지 섞여 있는 편이 보다 표현을 풍부하게 하거나 의미를 명확하게 한다. 크기에 집착하는 아동, 크기를 전혀 무시하는 아동 등 각각의 인격특성이 반영되는 것이다.

장난감으로 반드시 준비해야 할 것은 사람, 동물, 나무, 꽃, 탈것, 건물, 다리, 울타리, 돌, 괴수 등이다. 사람으로는 군인, 인디언, 경관, 악대 등 특수한 것 이외에 남녀노소의 보통사람들도 필요하다. 자전거나 오토바이를 타고 있는 사람도 필요하다. 재질도 점토, 금속, 천, 플라스틱 등 여러 가지를 갖추는 것이 좋다. 군인의 크기나 색깔 등 다른 것을 마련해두면 적과 아군을 구별하는데 사용될 수도 있다. 불상, 그리스도, 마리아상, 천사, 십자가 등 종교적인 장난감이 상징적으로 쓰일 수도 있다. 동물은 들짐승과 가축, 조류, 조개, 물고기, 거기에 뱀이나 개구리도 대단히 중요하다. 가능하면 크고 작은 것들을 고루 갖추어서 어미와 새끼 간계가 나타날 수 있도록 한다. 같은 것도 5~6마리 준비하는 것도 바람직하다.

교통수단은 자동차, 기차, 비행기, 헬리콥터, 배, 탱크, 군함도 아주 중요하다. 그리고 자동차 중에서도 구급차와 소방차는 상징적으로 사용되므로 반드시 갖추어 놓아야 한다. 울타리, 벽, 담 등은 방어를 나타내는 것으로서 자주 사용된다. 특히 TV프로그램에서 눈에 익은 괴수라든지 초인간 등도 아동들이 상징적으로 사용하기 때문에 준비해야 한다. 흔히 보는 돌, 타일, 구슬, 나무열매, 조개껍질, 여러 종류의 나무와 꽃 등 무엇이든지 놓아두면 상담자의 예상과는 달리 유용하게 쓰인다.

적은 수의 장난감으로도 상당한 표현을 할 수가 있으며, 한정된 장난감 중에서 내담자가 궁리하여 놓은 것에서 의미를 찾아 낼 수도 있다. 장난감을 제시하는 형태에도 다양한 방법이 적용되고 있으나 현재 한국과 일본에서 주로 사용하는 장난감의 제시형태는 칼프가 제시하는 개방된 선반을 사용하여 장난감이 보이도록 전시하고 있다. 준비되어야 하는 장난감은 아래 표와 같다.

〈표 11-1〉 모래놀이치료에 필요한 상징물의 종류

구분	종류
사람	갓난아기, 남녀노소, 생활에 관련된 직업의 인물, 병정, 카우보이, 군악대, 기사, 신랑신부, 경찰관, 여러 가지 운동하는 인물, 원시인
특수한 캐릭터의 인물	슈퍼맨, 피터팬, 마녀, 요정, 난쟁이 등 동화, 만화, TV 등장인물, 예수, 마리아, 천사, 불상 등의 종교적 인물, 로봇과 같은 초인간
동물	개, 고양이, 소, 돼지와 같은 가축, 호랑이, 기린, 원숭이 같은 야생 동물, 닭, 까마귀, 박쥐, 펭귄과 같은 새 종류, 뱀, 개구리, 거북이, 물고기, 조개, 곤충
일상세계를 넘어선 동물	동물, 괴수
탈것	자동차, 기차, 비행기, 구급차, 소방차, 구명보트, 들것
건축물	한옥, 양옥, 빌딩, 가게, 소방서, 주유소, 성, 탑, 등대, 절, 교회, 성당, 다리, 터널, 우체통, 공중전화 박스, 우물, 비석, 여러 가지 표지판
가구	의자, 테이블, 소파 등의 가구, 피아노, 변기, 시계, 거울, 부엌가구, 개집, 유원지나 놀이터의 기구
방어를 표현하는 것	담, 철책
무기	총, 전투기, 군함, 탱크, 군용트럭, 대포, 로켓, 잠수함
식물	활엽수, 침엽수, 시든 나무, 과일나무, 풀, 꽃, 화분
자연물	풀, 조개, 돌, 나뭇가지, 열매
기타	구슬, 여러 가지 크기와 색깔, 재질을 가진 도구

5) 적용

모래놀이치료는 누구나에게 적용된다. 그것은 인간은 내면의 세계를 이루고 있고, 그 내면의 세계는 서로 통합하려고 최대한의 힘을 발휘하기 때문이다. 그러나 모래상자에 관심을 가지고 치료자와의 깊은 공감을 형성되어야만 가능하다(김광웅 외, 2006).

모든 계층에 모래놀이치료가 적용 가능하지만 그 가운데서도 특히 사춘기 청소년들에게 의미가 크다. 아동에게는 놀이치료, 성인에게는 상담이 행해지는데 그 중간에 존재하는 사춘기의 청소년에 대해서는 어떻게 접근해야 좋을지를 해결하지 못해서 고민할 때가 많다. 또한 그들도 자기의 내적 체험을 언어적으로 표현하는 것은 거의 불가능하다. 여기서 모래상자라는 비언어적인 의사소통의 장을 제공해 줌으로써 지금까지 이해가 제대로 되지 않아서 곤란했던 사춘기 청소년의 심성이 상당히 생생하게 표현되어 온 것으로 보인다.

모래놀이치료의 적용범위는 많이 확대되어, 현재는 정신분열증, 심리적인 문제 등에도 이용되며 발달지체아, 유사자폐 등의 문제를 가진 아동들에게도 적용되고 있다. 물론 이와 같은 것은 모래놀이치료가 소위 특효약과 같은 효과가 있다는 것이 아니고 그것에 상응하는 효과가 있다는 것이다. 다시 말해서 정신분열증 환자나 자폐증상을 가진 아동이 모래상자에 대해서 어떠한 흥미도 보이지 않을 때는 아무리 해도 효과가 없다.

심리적인 문제에 모래놀이치료를 적용하는 것도 심리적인 문제를 해결해가는데 크게 영향을 미친다. 일반적으로 심리적인 문제로 앓고 있는 사람은 이미지의 표현이 빈곤하다고 말하고 있다. 그렇다 하더라도 치료자와 내담자 사이에 이미 말한 바와 같은 깊은 관계가 성립될 때는 모래상자의 표현이 훨씬 수월해진다.

정상적인 사람의 자기실현 과정을 촉진하는 수단으로써 모래놀이치료를 사용하는 일도 있다. 이와 같은 목적을 위해서는 여러 가지 형태의 집단활동을 하고 있는데 이때 비언어적인 표현수단을 사용하고 후에는 집단구성원하고 대화도 하고 잠시 동안 혼자서 자기의 세계에 깊이 잠길 수 있다는 것 등의 특징의 가지고 모래놀이치료가 이용된다. 집단의 구성원들은 제각기 자신의 작품을 교대로 만드는데 그 후 그것에 대해서 다른 구성원하고 이야기를 나누게 된다. 이와 같은 과정을 통해 심리치료자를 위한 훈련에 모래놀이치료를 이용하고 있다.

6) 과정

(1) 교시

모래놀이 기법을 실시할 때의 교시는 가능한 간단하게 "이 모래와 장난감을 사용해서 어떤 것이라도 좋으니까, 만들어 보시오"라고 지시한다. 일반적으로 물건들을 보면 곧 이해할 수 있기 때문에 낱낱이 설명하지 않아도 곧 납득하는 경우가 많다. 특히 어린이들의 경우는 설명이 거의 필요하지 않다.

교시에 대해서 피험자가 "모래를 만져도 괜찮습니까?"라든지 "동물만 놓아도 되겠습니까?" 등의 질문을 해 올 경우는 모든 투사법 테스트를 할 때와 마찬가지로 "아무 것이나 좋은 대로 하시오."라고 허용적인 대답을 하면 된다. 어쨌든 강제적이 아니고, 자유롭게 표현할 수 있는 기회를 주도록 하는 것이 좋다.

(2) 관찰의 기록

치료과정을 관찰하는 목적은 치료자가 내담자의 창의적 과정을 이해하도록 돕는데 있다. 치료자는 내담자의 작업에 온전한 관심을 기울여야 한다. 치료자의 참여행동은 다차원적인 자각수준에서 이루어진다. 가장 분명한 역할은 관찰자, 즉 기자와 같은 사실 관찰자로서의 역할이다. 사실적 관찰은 연령에 관계없이 모든 내담자에게 근본적인 치유 효과가 있다. 모래놀이 과정을 기록하고 스케치하고 사진을 찍는 일련의 활동은 내담자에게 외부의 관심과 이해 그리고 실제적인 보살핌으로 받아들여질 수 있다.

관찰시 일반적인 유의사항으로는 다음과 같다.

첫째, 초보 치료자의 경우, 작업과정에서 치료자와 내담자가 활동이나 언어, 상호작용 등을 하지 않는다.

둘째, 장난감들이 만들어지고 선택되고 사용되고 거부되고 바뀌지고 대치되는 순서는 의미가 있으며 장난감의 위치도 의미가 있으므로 내담자가 장난감을 다루고 탐색하는 태도를 기록한다.

셋째, 장난감을 어떤 식으로 배치하는가를 관찰하고 등장한 인물이나 동물들을 수뿐 아니라 집단의 수도 기록한다.

넷째, 내담자의 집중력이 갑자기 깨어지며 작업을 중단할 때가 있다. 놀이 중 리듬과 움직임을 방해하는 일시적인 정지 상태를 주목하고 감정상태의 변화를 관찰한다.

※ 기록하는 원리와 순서는 다음과 같다.

① 내담자가 어떤 순서로 무엇을 선택했는지 그 차례와 소품의 이름을 쓴다.
② 전개되는 세계를 간단하게 스케치하고 내담자와 관찰자의 위치를 표시한다.
③ 내담자의 언어, 신체적 태도 및 치료자와 주고받는 대화 등을 기록한다.
④ 치료자의 생각이나 느낌을 기록한다.

(3) 질문

작품이 완성되었을 때 "이것이 무엇을 나타냅니까? 좀 설명해 주세요." 또는 "이것에 주제가 있나요?"라고 물으면 보통 내담자는 여러 가지의 설명을 해준다. 작품에 대해서 이외의 여러 가지 질문을 할 수는 있겠지만, 현재 이 이상의 질문은 하지 않고 있다. 왜냐하면 서투르게 질문을 하다 보면 치료관계를 망치거나, 모처럼의 치료해 나가는 흐름을 왜곡시키는 위험이 있기 때문이다. 물론, 아무리 생각해도 이해하기 어려운 것이 놓여 있을 경우에는 "이것은 무엇입니까?"라든지 "이것은 어떤 뜻입니까?"라고 질문을 하기도 한다.

내담자 중에서 작품을 만들고 나서 스스로 작품에 대한 설명을 하면서 "이것이 납니다."라든지 때로는 "이것이 선생님입니다." 하고 치료자까지도 작품 속에 넣어 일러 주는 경우도 있지만 작품 속에는 반드시 작자와 동일시되는 사람(물건)이 있다고는 말할 수 없으므로 "이 중에서 당신은 어느 것입니까?"라는 질문도 하지 않고 있다. 물론 어떤 연구, 조사를 위해 질문한다면 별문제이겠다.

3 미술치료

1) 개념

요즘 들어 텔레비전 광고나 문화센터 광고마다 자주 등장하는 단어 중의 하나가 심리라는 말이다. 또 어떤 과민한 어른들은 종종 "우리 애가 빨강색을 너무 많이 써요. 무슨 문제가 있는 게 아닐까요?", "그림이 작으면 소심한 건가요?" 등등의 질문을 하기도 한다. 이처럼, 최근의 미술활동은 정서와 심리적인 측면에 그 관심이 고조되면서, 미술교육에 심리치료적 의미가 더해지고 있다(최재영 외, 2000).

미술치료는 시각매체를 사용하여 인간 내면의 심상을 표현하게 함으로써 무의식을 활성화하고 그 속에 묻힌 창조적 기능을 자극하여 인간의 무의식에 잠자는 자가치료능력을 발휘하게 한다. 이를 통하여 인간은 그의 내면에 왜곡, 상실, 억제되었던 부분을 재발견하고 통합시킴으로써 인격의 발전을 가져올 수 있게 된다. 그러므로 미술치료는 작품의 예술성보다는 작품활동을 통한 카타르시스, 승화과정, 그리고 의사소통에 관심을 두고 충동과 통제, 사랑과 증오 등 무의식과 의식 사이의 필연적인 갈등요소들을 미술의 전체성과 상징성을 통하여 통합시킴으로써 인격의 발전을 더욱 촉진시켜 줄 수 있다.

'아이들은 그림으로 말한다'라고 한다. 어린 아동이 자신은 무엇을 그리는지 모른 채 끄적거린다고 해도 아동의 감정은 드러난다. 그것은 언어표현이 성숙치 못한 아동에게는 미술이 내면감정을 표현해내는데 훨씬 쉽기 때문이다. 하지만 아동의 미술활동 결과물만을 가지고 쉽사리 단정하는 것은 옳지 않다. 여기서 미술교육과 미술치료의 차이점을 설명할 수 있는데, 미술교육은 미적 능력 함양이 그 교육목표 중 하나이다. 그러나 미술치료는 인격성장이란 큰 목표가 있고 미적 능력이나 기술 습득은 경우에 따라 할 수도 있고 안 할 수도 있는 종속적인 것이다. 아동이 보이는 결과보다는 과정중의 태도와 설명이 매우 중요하게 여겨진다.

미술치료는 시각매체를 통해 내면의 손상된 부분에 올바른 변화를 주는 것이다. 이것은 '이해－수용－관계'의 과정 중에 일어난다. 치료자는 작품, 즉 마음을 이해하고 아동의 시각적인 표현을 언어나 행동으로 읽어줄 수 있다. 이러한 수용을 통해 치료자와 아동 사이에 신뢰적 관계가 형성되는데, 이것은 아동에게 심리적 안정과 함께 비로소 자아개념을 이루는데 도움을 주게 되는 것이다.

그러면 미술이 치료적 도움을 줄 수 있는 이유는 무엇인가?

첫째, 아동에게 미술은 친숙하고 편안한 표현방법이기 때문이다. 아동들은 미술에 대한 흥미도가 높기 때문에 거부감 없이 치료가 이루어질 수 있고 언어도 다 하지 못한 내면의 미묘한 표현까지도 할 수 있다. 그래서 미술표현은 편안하게 아동의 감정, 생각 등을 전달하는 도구가 된다.

둘째, 미술 자체가 가진 정화기능이 아동의 손상된 감정을 완화시키는데 도움을 줄 수 있기 때문이다. 물론 정화기능이 치료의 전부는 아니지만 내면에 억압된 내용이 많으면 그 억압을 위해서 아동이 성장 발달하는데 사용되어야 할 에너지를 낭비하게 된다. 따라서 적절한 미술재료를 통한 정화활동은 아동의 에너지 소통을 원활히 하는데 큰 도움을 줄 수 있다.

셋째, 결과물(구체적 자료)이 있어서 변화를 관찰하고 진단하는데 도움이 된다. 아동이 만들어낸 작품들은 그들의 분신들이다. 아동의 모든 작품들은 소중히 다루어져야 하고, 작품의 변화과정을 보면서 아동의 변화과정을 이해하고 치료자는 적절한 치료적 중재를 할 수 있으며 아동 스스로도 자신의 달라진 모습들을 느끼면서 자존감을 높일 수 있다.

넷째, 다양한 재료를 경험하고 조절하면서 성취감을 느끼고 자신감을 가질 수 있다는 점이다. 아동은 몸을 통해 사물을 경험하면서 스스로를 알고 사물의 개념을 습득하면서 자신이 살고 있는 현실을 파악하게 된다. 따라서 아동의 신체적 경험은 모든 발달의 바탕이 되고 그것이 부족하면 성장하여 성인이 되어도 현실을 파악하고 적응하는 능력이 떨어질 수밖에 없다. 미술은 그 자체가 다양한 사물을 재료로 하여 아동의 신체적 경험을 풍부히 하고 있다.

특수교육 분야에서도 여러 발달이론을 배경으로 한 "발달 미술치료"가 Wood와 Williams를 중심으로 개발되어 각 발달단계에 적합한 미술치료 프로그램을 적용함으로써 특수아동의 운동, 인지, 정서능력을 신장시키는데 도움을 주었다. 또한 언어장애가 있는 아동들에게 시각매체를 사용하여 공간(space), 분류(class), 순서(order) 등의 기본 인지 개념을 학습시킬 수 있는 인지적 미술치료도 Sillver에 의해 개발되어 효과적으로 사용되고 있다.

우리나라에서는 정신과와 학교, 사회복지관 및 개인 연구소 등에서 미술치료가 시행되고 있고, 한국미술치료학회(1992)와 표현예술치료협회(1999), 임상예술학회(1982) 등에서 미술치료사를 양성하고 있다.

미술치료가 최근 들어 유행처럼 각처에서 일어나고 있는데, 이때 주의해야 할 것은 아동 개개인의 특성 및 배경에 관한 정확한 파악과 치료에 대한 이해 없이 치료가 이루어지는 경우이다. 중요한 것은 치료대상에 대한 이해와 애정이다. 이것이 바탕이 되었을 때만 목적과 접근방법이 계획된다.

미술치료라고 해서 거창하게만 생각할 필요는 없다. 그림을 못 그려서 자신감을 잃은 아동에게 미술지도를 잘하여 성취감과 함께 자신감을 주었다면 그 또한 미술치료의 기능을 한 것으로 볼 수도 있다. 미술치료는 아동들이 스스로를 더 잘 이해하고 바람직한 자아를 형성하도록 도울 수 있을 것이다.

2) 필요성

장난감의 사용이나 놀이치료와 마찬가지로 미술치료도 아동에게 매력적이고, 재미있는 치료적 분위기를 제공해 준다. 아동에 따라서는 미술활동에 참여하는 것을 처음에는 두렵게 여길 수도 있으나 자기의 작품이 평가의 대상이 아니라 오히려 인정받는 대상인 것을 이해하게 되면, 또 자신이 자기의 미술활동에 대해 전적으로 통제권을 가지며 마음대로 폐기할 수도 있음을 알게 되면, 기꺼이 미술활동에 참여하게 된다(최재영 외, 2000).

미술은 아동으로 하여금 그들의 정신과 감각을 사용하도록 하며, 과거와 현재의 사건과 관계되는 생각이나 감정, 미래에 대한 생각까지도 미술을 통하여 나타낼 수 있다. 또한 미술을 통하여 분노, 적대감 등을 해소시킬 수 있으며, 아동의 자아를 고양시켜 줄 수도 있다.

대부분의 아동은 미술을 통해 자신을 표현할 수 있고, 정서적으로 만족한 경험을 할 수 있으므로 미술을 좋아한다. 미술은 특히 자신의 장애로 인해 놀이활동에 잘 참여하지 못하는 아동에게 특별한 의미가 있다. 또한 미술치료는 아동으로 하여금 선택과 표현의 자유를 주며 환상 및 상상놀이와 밀접한 관계를 가진다. 미술을 통해 아동은 감추어둔 소망을 상징적으로 표현할 수 있고, 고통스런 경험을 동화시키고 통합시킬 수 있으며, 적개심이나 공격심을 안전하게 나타낼 수 있다.

아동은 남의 보복에 대한 두려움이나 일상생활에 대한 파급을 우려할 필요없이 자신의 부정적인 충동과 긍정적인 충동을 표현하고 경험할 수 있어야 한다. 미술치료는 바로 이러한 표현의 자유를 주면서, 또한 아동이 자신을 신뢰하고 자신을 스스로 통제하며 상담자와의 관계를 다스리는 데 도움이 되는 외적 구조와 조직을 제공해 주어야 한다. 또한 상담자는 미술을 통해 자기를 표현하도록 환자에게 적용시켜야 한다. 그러므로 미술치료자는 환자의 미술활동을 방해하지 않고 '자유로운 표현' 및 그 표현에 대한 설명을 북돋아주어야 한다.

3) 환경

(1) 미술치료실의 환경

미술실은 적당한 공간과 충분한 채광, 다양한 미술도구가 필요하며 물을 쉽게 사용할 수 있어야 한다. 미술활동은 책상이나 이젤에서도 이루어지지만 바닥이나 벽에서도 할 수 있다. 따라서 바닥과 벽은 청소하기 편한 것이 좋다.

(2) 미술치료의 시간

통상적으로 주 1, 2회 실시하며 1회에 약 60분에서 90분 정도로 실시된다. 그러나 시간은 내담자의 집중력에 따라 조절될 수 있다.

(3) 미술치료자의 역할

치료자의 역할은 지도자, 보조자, 집단원으로 다양하고, 그 성격은 내담자의 성향, 치료목표, 치료기간 등에 의해 결정된다. 기술적 보조자는 내담자가 미술재료를 사용하여 자신을 표현할 때 기술적으로 좌절하지 않도록 도와주는 역할을 한다.

내담자가 아동일 경우에는 치료자의 강화가 필요하다. 이때 치료자는 작품결과에 비중을 두는 칭찬의 말을 하지 않도록 주의해야 한다. 모든 심리치료는 현재의 불만족스러운 삶에 변화를 주기 위해 새로운 시도를 해보는 것이 중요하다. 그러나 새로운 시도는 항상 위험이 따르고 불안을 줄 수 있다. 미술치료에서는 미술재료를 사용한 새로운 표현의 시도가 실제생활에서의 새로운 태도로 일반화되는 것이다. 따라서 불안을 극복하고 새로운 표현 시도를 하려면 미술활동의 과정에 대한 강화가 필요하다. 과정에 대한 강화는 대개 내담자가 시각적으로 표현하는 내용을 치료자가 언어적으로 반영해 주면 충분하다.

치료자의 미술활동 참여 여부는 상황에 따라 다르나 대개 개별활동이 강화된 자아개념 프로그램에서는 치료자가 내담자를 계속 주시해야 하기 때문에 치료자가 미술활동에 참여하지 않는 것이 좋고, 관계형성을 위한 Art game과 같은 경우에는 내담자의 참여의식을 높이고 치료자가 모델이 될 수 있어 함께 참여하는 것도 효과적일 수 있다.

(4) 미술치료의 재료

미술재료는 치료시간, 공간, 내담자의 성향 등에 따라 다르게 적용될 수 있다. 미술치료는 다른 심리치료와 달리 작품이 완성되지 못하였을 때 느껴지는 미해결된 느낌이 있어 주어진 시간에 완성될 수 있는 재료가 제공되어야 하며, 바닥과 벽의 상태에 따라 청소가 용이하지 않을 수 있으므로 이런 점도 고려하여 재료를 선택해야 한다.

내담자의 성격은 재료를 선택할 때 주의 깊게 고려해야 할 부분이다. 미술재료 중 물감, 핑거페인트, 물기가 많은 점토 등은 퇴행을 촉진시킬 수 있는 재료로서, 성격이 경직된 내담자에게는 매우 유용하지만 충동적이고 자아경계가 불분명한 내담자에게는 충동적 성향을 더욱 심화시킬 수 있다. 반면 색연필, 사인펜과 같은 딱딱한 재료는 높은 통제력을 지닌 재료로서, 충동적 성향을 통제하기 용이하다. 이렇게 내담자의 성격과 반대성향의 재료를 제공하는 것은 그의 내면세계에 억압되어진 부분을 재통합하는 기회를 줄 수 있기 때문이다.

4) 기법

(1) 미술매체의 선택과 사용

미술치료는 다양한 도구를 선택하여 사용할 수 있다. 놀이과정이나 발달적 놀이치료에서와 같이 미술매체도 목적을 염두에 두고 선택을 하여야 한다. 매체의 선택에서 유의해야 할 것은 상담받는 아동의 발달수준에 맞고 동시에 아동의 성장과 조절을 촉진시킬 수 있는 것이어야 한다는 점이다.

아동은 자라면서 각기 다른 운동기능과 인지능력을 발달시켜 가는데 이들 기능과 능력의 발달은 미술치료의 모든 면에 일반화시킬 수 있다. 아주 어린 아동은 세세한 운동협응력이 부족하여 붓으로 그림을 그리거나 색칠하는 경우 좌절감을 느끼게 된다. 그렇지만 유아용 크레용을 이용하면 재미있게 즐길 수 있고, 창조적인 그림을 그릴 수 있다. 어느 경우이든 어린 아동이나 장애아동에게는 쉽게 조작할 수 있는 재료를 주어야 한다. 이들 어린 아동을 위해서는 간단한 재료일수록 더 좋다.

나이가 든 아동은 미술재료 선택에 융통성이 더 많다. 미술재료를 진열해 두고 아동으로 하여금 선택하게 할 수도 있다. 또 미술재료 목록표를 제시하여 아동으로 하여금 좋아하는 활동을 고르게 하는 것도 좋은 방법이다. 때로 어떤 아동은 너무 많은 재료를 받으면 당황한다는 점을 상담자는 알아야 한다. 치료자는 각 내담자의 개성을 존중하며 아동에게 불안을 주는 재료를 사용하지 않도록 민감해야 한다. 상담자는 여러 가지 다른 재료가 각 아동에게 어떤 행동과 느낌을 불러일으키게 하는지 잘 알고 익숙해져야 하며 어떤 재료를 사용하기 전에 먼저 그 장·단점을 고려하여 선택해야 한다.

(2) 지각

지각하는 기법에는 치료적 관계를 수립하는 것을 포함한다. 우선 이 세상을 아동에게 보여지는 대로 보는 것이 필요하다. 아동의 세계를 지각하는 것이 중요하지만 더욱 중요한 것은 정확하게 지각하고 반응해 주는 것이다.

치료 진행속도는 상담자가 얼마나 정확하게 지각하고 반응하는가에 비례한다. 치료적 관계를 수립하기 위해 상담자는 자신을 아동의 세계에 두려고 노력하며, 아동의 관점에서 보고 그것을 이해하려고 노력해야 한다. 아동의 생각과 감정에 반응하면서 얻는 경험을 중요하게 본다.

(3) 반응

아동의 감정에 반응하는 공감적이고 이해심 많고 수용적이며 비판적이지 않은 치료자가 만드는 지지적인 분위기는 치료관계를 형성하고 치료과정을 유지하는 데 중요하다. 지지적인 분위기를 만드는 것 외에도 상담자는 내담자로 하여금 새로운 아이디어와 기능을 시험해 보도록 언어적으로 격려하고 지원해 주어야 한다.

지금까지 미술재료, 지각하기, 반응하기의 세 가지 기법을 통해 미술치료에서 상담자가 아동에게 얼마나 몰입해야 할 것인가를 간접적으로 알아보았다. 그 외에도 치료자는 아동의 활동추이를 지켜보고, 아동의 비언어적 표현에 주의를 기울이며, 아동의 말을 들어주는 데 대부분의 시간을 보내는 것이 좋다. 이렇게 함으로써 정확히 지각하고 반응할 수 있으며 명료화하고, 더 많은 정보를 얻기 위해 작품에 대해 질문을 할 수 있게 될 것이다. 아동이 이끄는 대로 따라가면서 치료자는 아동과 함께 하고 아동의 세계에 들어가도록 최대한의 노력을 해야 한다.

5) 과정

(1) 치료계획 단계

① 치료문제의 선정

치료대상자가 면담과정과 심리검사를 통해 나타낸 문제가 많다고 해도 치료사는 그 중 가장 중요하고 긴박한 문제를 찾아내야 한다. 그 밖의 다른 문제는 중요하고 긴박한 문제가 해결된 뒤로 미루어야 한다.

치료문제의 선정에 치료대상자의 의견을 포함시키는 것이 중요하다. 치료대상자 스스로 변해야 되겠다는 동기가 치료에 큰 영향을 미친다. 또한 치료에서 정해진 목표를 치료사가 계속 고수하는 것은 위험하다. 치료목표는 치료과정 동안 점검되고 수정되어야 한다.

② 치료목표의 구성

치료목표는 광범위하게 구성하되 분명하고 구체적으로 정해야 한다. 그리고 치료목표를 달성했을 때, 그 달성이 객관적으로 평가될 수 있는 것이 좋다.

치료목표는 치료가 종료되었을 때 평가하는 것뿐만 아니라 치료의 중간과정에서 치료가 제대로 잘 진행되고 있는가를 점검하는 모니터링 과정에도 사용된다. 목표는 초기면접과 심리검사, 그 외의 추가적인 평가를 통해서 구체적으로 구성된다.

③ 목표의 체계

치료목표는 상위목표와 하위목표로 체계적으로 분류하면 좀 더 분명한 치료과정을 만들 수 있다.

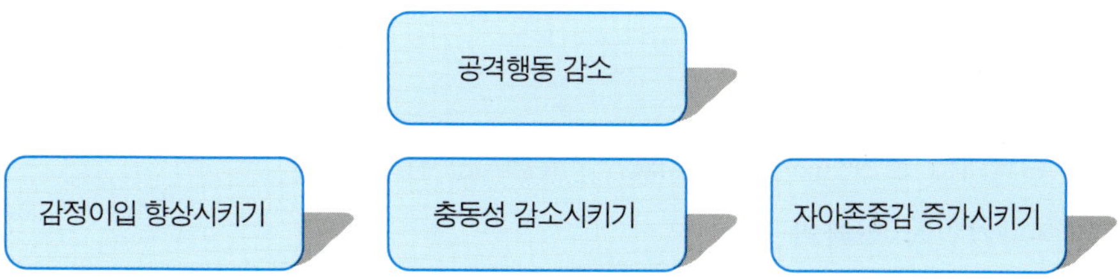

④ 목표의 설정

치료목표는 세 가지 범주로 분류될 수 있다.

첫째, 현재 문제를 해결하게 하는 것이다. 이는 가장 당면한 문제로 치료과정에서 잘 측정될 수 있고 관찰될 수 있는 목표다.

둘째, 심리적인 적응을 돕는 것이다. 전반적인 심리적응의 목표로 시간이 오래 걸릴 수 있다. 측정이 불가능하지는 않으나 쉬운 것도 아니다.

셋째, 행복한 삶을 느끼도록 해주는 것이다. 이 목표는 달성한다기보다는 그렇게 될 수 있는 기반을 형성해 준다고 보아야 할 것이다.

구체적이고 분명한 목표가 제시되면 치료사는 그 목표를 이루기 위한 치료과정으로 들어가게 된다. 치료사는 치료목표를 잘 인식하고 치료과정을 계획하게 된다.

(2) 치료과정

목표가 구성되면 목표를 달성하기 위한 구체적 치료과정으로 미술치료 프로그램을 계획하게 된다. 치료사들마다 자신의 이론적 배경과 임상경험에 따라 선호하는 프로그램 내용과 진행전략이 다를 것이다. 진행내용과 전략은 경우에 따라서 수정도 가능하고 새로 고안해 낼 수 있도록 언제나 융통성이 있어야 한다.

① 치료도입기(서로를 소개하고 탐색하는 시기)

- 치료자와 치료대상자 간의 관계형성

- 미술표현 촉진과 매체에 적응

② 치료진행기

- 자유로운 욕구 표출
- 다양한 미술표현
- 치료적 태도

③ 강화내성 형성기(본격적인 치료가 이루어지는 시기)

- 자기인식 명확화
- 문제와 자신에 대한 탐색과 분석, 해석

④ 통찰기(심리적 상황이나 갈등에 대한 치료적 접근이 효과를 보이는 시기)

- 자신에 대한 이해와 수용, 통찰
- 현실 대처능력
- 결과, 성취에 대한 요약과 평가

⑤ 정리기(이미지 표출보다 언어화의 비중이 높아지는 시기)

- 변화 느끼기
- 치료 종결(단, 중도 종료의 경우 자세한 설명과 함께 체계적인 절차가 필요하다.)

(3) 회기당 미술치료의 진행과정

① 도입부분

서로 친밀해지면서 편안한 분위기를 조성하는 것이 중요한데 이를 위해 긴장이완을 위한 호흡법이나 음악을 사용하기도 한다. 만약 치료가 처음 시작될 경우에는 이 시기에 치료목표를 설정하고 미술치료에 대한 전반적인 설명과 규칙을 정할 수 있다. 이미 진행중인 경우에는 그 시간의 활동에 대해 간단히 설명하는 정도가 좋다.

② 활동부분

내담자가 적극적으로 작업에 들어간 단계로서 내담자가 활동 자체에 몰입하여 깊은 경험을 할 수 있도록 불필요한 대화를 하지 않는다. 미술은 의식과 무의식의 세계를 오가며 이루어지는 것이기 때문에 치료자의 잦은 질문은 그 흐름을 끊을 수 있다. 내담자가 아동일 경우에도 시각적 표현을 언어적으로 반영해 주는 정도가 적합하다.

③ 토론부분

먼저 자신의 작품을 다시 살펴보는 과정이 필요하다. 이 과정에서 치료자와 내담자, 내담자와 작품 사이에 상호작용이 일어나는데 관계가 신뢰롭고 안정되어 있을수록 작품 안에서 더 많은 정보와 느낌을 가질 수 있다. 토론내용은 다음과 같다.

- 작품을 시작할 때와 만들 때 그리고 끝났을 때의 느낌이 어떠한가?
- 어떤 부분이 마음에 드는가? 그리고 어떤 이유인가?
- 만약 작품을 수정한다면 어느 부분을 어떻게 수정하겠는가?
- 그림 요소 간에 상관관계는 어떠한가?

제 12 장

아동상담의 다양한 기법

1 음악치료

1) 개념

음악치료실을 찾는 어린이들의 주 호소는 신체, 뇌 기능, 정서 및 행동상의 장애 등 참으로 다양한 양상을 띠고 있지만, 대부분 의사소통과 인간관계형성의 어려움을 갖고 있다는 공통점이 있다. 어린이 음악치료는 장기간에 걸친 정기적이고 지속적인 과정이므로 보호자(주로 어머니)와의 긴밀한 협조 없이는 진행이 어렵다.

어린이들의 어머니와 정기면담 외에도 치료 후 피드백 시간을 통해 자주 접해오면서, 많은 어머니와 아동의 관계성에서 관찰되어지는 특이한 현상에 주목하게 되었다. 음악치료실을 찾는 대부분의 어머니들은 자신의 장애아동에게 매우 헌신적인 어머니들이다. 그러나 대부분의 경우 이들 어머니들은 아동에게 알맞은 치료와 교육의 기회를 제공하는데 급급할 뿐, 근본적으로 자신이 해줄 수 있는 중요한 것이 무엇인가, 특히 가정에서 어머니가 공감대를 형성하면서 아이들 수준에서 놀아주는 것이 얼마나 중요한 것인가를 모르고 있다.

현대의 유아발달학자들과 정신분석가, 소아정신과의사들(Stern, 1985; Segal, 1999; Brockman, 1998; Trevarthen, 1979)은 어머니와 아기 간의 상호주관적인 감정상태의 공유(intersubjective sharing of affective states)의 거듭되는 경험, 즉 쌍방 간의 정서적 의사소통이 얼마나 아동의 전반적 발달에 중요한 영향을 미치는가를 거듭 강조한다. 그러나 음악치료실을 찾는 어머니와 아동 간에 이와 같은 상호 주관적 공감대는 찾아보기가 쉽지 않다.

사실 공감대는 한 사람의 노력만으로 생기지 않는다. 적어도 두 사람의 공동 노력이 필요하며, 음악치료실을 찾는 어린이들이 신체 또는 정서, 사회적 장애로 인해 자기표현이나 의사소통능력이 정상아동들보다 낮은 것도 사실이다. 하지만, 아동의 필요에 맞춰 하루의 일과를 보내는, 또 겉으로 보기에도 더할 나위 없이 헌신적인 이들 어머니가 아동과 함께 있을 때 나타나는 두 사람 사이의 정서적 괴리감은 뜻밖의 현상이었다.

음악치료란 무엇인가? 라고 묻는 사람들에게 음악치료를 한 마디로 설명하는 것은 간단한 문제가 아니다. 왜냐하면 우선 음악치료가 시행되는 환자의 영역이 정신질환에서부터 발달장애, 노인질환 등으로 다양하며, 심지어 발달장애에서도 정신지체, 신체장애, 정서장애로 세분되기 때문이다. 나아가 이들 대상환자의 연령층도 어린아이에서 노인에 이르기까지 다양하기 때문에 그들에 대해 제각기 다른 치료목적을 위해 참으로 다양한 음악과 음악활동이 다양한 방법으로 적용되기 때문이다.

음악치료가 쉽게 이해되지 못하는 이유 중의 하나로 음악치료를 이루는 배경을 들 수가 있다. 우선 '음악'은 본질적으로 예술에 속한 단어이다. 반면에 '치료'란 과학에 속한 단어이다. 예술의 속성은 주관성과 개인성, 창조성에 바탕을 두고 미를 궁극적 대상으로 하지만 과학은 그와 정 반대적 개념인 객관성과 보편성, 그리고 재현성을 바탕으로 하고 있다. 또한 과학은 그 속에 내재된 원리나 지식으로 이루어진다.

미국 음악치료협회(American Music Therapy Association)에서 음악치료는 치료를 목적으로, 즉 정신과 신체 건강을 복원, 유지시키거나 향상시키기 위해 음악을 사용하는 행위이다. 이것은 치료하는 환경에서 치료 대상자의 행동을 바람직한 방향으로 변화시키기 위한 목적으로 음악치료사가 음악을 단계적으로 사용하는 것이라고 정의한다.

한국 음악치료학회(Korian Music Therapy Association, 1997)에서 음악치료는 음악활동을 체계적으로 사용하여 사람의 신체와 정신기능을 향상시켜 개인 삶의 질 향상을 추구하고 더 나은 행동의 변화를 가져오게 하는 음악활동의 전문 분야라고 정의한다.

캐나다 음악치료협회(Canada Association for Music Therapy)에서는? 음악치료는 개인의 신체적, 심리적, 정서적 통합을 돕고 병과 결함을 치료하는 데 음악을 사용하는 것이다. 이것은 다양한 치료형태를 가지고 모든 연령의 환자영역에 적용된다. 음악은 비언어적인 속성을 지니고 있지만 언어와 소리 표현에서는 광범위한 기회를 제공한다라고 정의한다.

영국전문음악치료사협회(Association for Professional Music Therapists in Great Britain)에서 음악치료는 치료의 한 형태로서, 이를 통해 환자의 현재조건에 치료를 가하여 변화를 일으키는 치료사와 환자 상호 간의 관계형성과정이다. 치료사는 다양한 환자들과 함께 일하게 되는데, 정서적, 신체적, 정신적 심리적인 결함을 지닌 아동이나 성인 모두를 그 대상으로 한다. 임상적 상황에서 음악을 독창적으로 사용함으로써, 치료사는 환자의 상태에 따라 설정된 치료목적의 달성을 위해 음악적 경험이나 활동을 나누고 형성해 나간다라고 정의한다.

프랑스 음악치료협회(French Association for Music Therapy, 1984)에서 음악치료는 심리치료적인 관계(psychotherapertic relation)형성을 위해 음악과 소리를 사용하는 것이라고 정의한다.

이처럼 음악치료에 대한 정의는 다양하며 그 내용을 종합하여 볼 때 음악치료는 음악이 변화의 매개체로서, 체계적인 음악활동을 통해 사람의 신체와 정신기능을 향상시켜 개인의 삶의 질을 추구하고 보다 나은 행동의 변화를 가져오게 하는 과정, 이것이 바로 음악치료라고 할 수 있겠다.

2) 필요성

인간이면 누구나 음악에 반응할 수 있는 능력을 타고난다. 이 능력은 어떤 장애나 질환에도 손상되지 않고 남아있는 경우가 대부분이어서 음악치료는 넓은 영역의 장애인의 재활에 사용될 수 있다.

음악은 인간에게서 생리적, 정서적, 사회적 반응을 불러일으킨다. 음악이 혈압, 뇌파, 피부반응, 면역체계 등에 영향을 미치며, 신체적 질병이나 그에 동반되는 통증을 완화시키는데 사용될 수 있다는 연구는 지난 수십 년 간 계속되어 왔다. 그러나 이 경우에도 음악치료는 모든 문제를 치료하기 위함이 아니고 다른 임상치료와 함께 쓰여질 때 그 진가를 발휘할 수 있다. 여기서 일반인이 주목해야 할 점은 어떤 특정 음악작품이 특정 질병에 효과적인 것은 아니라는 것이다. 개개인의 음악에 대한 반응과 표현양식은 그 사람의 기질, 환경, 연령, 유전, 음악적 선호경향 등에 따라 다양하게 나타날 수 있는 것이다. 음악치료사는 그러한 개인의 특이성을 잘 파악하여 음악을 임상에서 적절히 적용시켜야 한다.

음악의 영향은 신체적 반응뿐 아니라 정서적 반응도 불러일으킨다. 음악은 오랜 세월 가장 자연스러운 자기표현과 비언어적 의사소통의 수단으로 사용되어 왔다. 이러한 음악의 특성은 정신적, 신체적 장애나 질환으로 인하여 말을 사용할 수 없거나 의사소통이 어려운 사람들에게 강력한 치료의 매개체가 되어준다. 특히 즉흥연주를 위주로 하는 치료방법의 과정은 언어로서 표현하기 힘든 자시의 내면의 문제를 발견하고 표현, 해결하도록 도와주며, 궁극적으로는 언어적 의사소통을 자연스럽게 이끌어 내기도 한다. 따라서 음악치료는 다른 치료에서 보기 힘든 예술적, 창조적 치료의 수단을 제공한다.

음악치료의 핵심은 치료자와 치료대상자 간의 음악적, 비언어적 상호작용의 과정으로 치료대상자는 이 과정을 통해 자신의 존재 외에 다른 사람의 존재에 대해서도 반응하게 되며 넓게 나아가 사회와 환경에 대한 인식과 적응력이 발달될 수 있다.

음악은 무엇보다도 치료대상자에게 아름다움과 즐거움을 경험할 수 있게 하기 때문에 어떠한 장애인도 쉽게 받아들일 수 있는 매개체가 된다. 음악치료의 이 같은 특성들은 장애인 개개인에 알맞은 다양하고 총체적인 치료목적을 달성하는데 유용하게 쓰일 수 있는 것이다.

3) 기본원리

(1) 동질의 원리

정신적 감정이 어느 한 쪽으로 치우친 불안정한 상태일 때 같은 종류의 감정을 다시 외부로부터 가하여 감정의 과잉상태로 만들면 카타르시스가 일어나서 감정이 역전된다는 것이다. 예를 들면, 기분이 우울할 때는 더욱 가라앉은 음악을 들음으로써 감정이 회복되어 기분이 나아지는 경우를 말할 수 있다.

(2) 카타르시스 효과

정화 혹은 배설(해로운 것을 몸 밖으로 내보내는 것)을 의미한다.

(3) 이질의 원리

정신적 감정이 불안정한 상태에서 반대 종류의 감정을 다시 외부로부터 가하여 감정의 상쇄상태를 이끌어 내어 마음에 카타르시스를 불러오는 상태로 감정이 역전된다는 것이다. 예를 들면, 피로한 마음일 때는 상쾌한 분위기나 발랄하고 생동감이 있는 곡을 들음으로써 감정의 상쇄로 인한 카타르시스로 마음이 한층 나아지는 경우를 들 수 있다.

(4) 비언어적 의사소통의 효과

음악치료는 언제나 음악치료임과 동시에 신체요법이 된다. 즉, 음악치료는 언어가 생기기 이전의 방식으로 의사소통을 할 수 있게 해 준다. 예를 들어 음악치료는 우리로 하여금 감각이 지배하는 언어 이전의 과정에 해당하는 생후 수개월간의 시기로 퇴행하는 체험을 할 수 있게 한다.

4) 접근방법

(1) 중요점을 어디에 두느냐에 따른 분류

① 관련적 음악치료

게스턴은 사회적인 관점에서 음악을 통한 치료사와 환자, 그리고 환자들 간의 교류를 통한 관계확립 또는 재확립을 강조하였다. 음악치료의 그룹활동을 통해 자연스럽게 다른 동료 환자들과 관계를 형성하면서 그룹의 한 구성원으로서의 자신의 존재와 음악활동이 이루어지는 다른 사람과의 관계형성에 구체적인 교훈을 받는다.

개인이 집단 속에서 바람직한 관계를 형성하기 위해서는 누구라도 참여할 수 있는 안전한 환경이 되어야만 한다. 특별히 음악은 '비언어적 교류'라는 수단이라는 특징을 가지고 있기 때문에 음악을 통해 감정을 표출한다. 다시 말해 음악을 통한 표현은 그 내용을 다른 사람에게 직접적인 판단을 받지 않으면서도 자신의 감정이 솔직하게 표출되는 안전한 환경이다.

② 경험적 음악치료

시어즈는 음악치료의 치료적 목적은 클라이언트가 음악활동의 경험을 가지면서 이루어진다고 말한다. 즉, 치료의 과정이 다른 것과 연관이 되어 치료의 목적을 달성하는 것이다. 그는 무엇보다 음악이 시간에 입각한 행동을 요구하기 때문에 환자들이 현실감각을 깨우며 '지금 이 시간 이 자리' 적합한 행동을 요구한다고 한다.

또한 음악은 능력에 따른 행동, 정서적인 행동, 감각과 관련된 행동을 이끌어 내며, 심리적인 면에서 자신을 조직하고, 보상적 행동제공, 자신의 자랑을 증대시킨다. 사회적인 영역으로는 사회적으로 허용되는 자기표현의 방법을 제공, 집단에서의 선택 기회, 책임감을 받아들이는 기회, 의사소통 강화, 협동과 경쟁의 경험 등을 제공한다고 한다.

(2) 누가 치료의 중심이 되느냐에 따른 분류

① 클라이언트 중심의 치료

클라이언트가 중심이 되는 치료방법으로서 일반적으로 방향이 설정되지 않은 상태의 치료그룹으로, 클라이언트 스스로 문제를 찾고, 해결을 위한 방법을 발견하는가를 우선에 두어, 치료자는 치료방향에 개입되지 않고 보조적인 역할을 한다. 장점은 치료자가 클라이언트 개개인에게 고유한 결정을 내리게 허용하는데 있으며, 이를 위해서는 클라이언트가 보내는 메시지와 비언어적 단서까지 민감하게 받아들여 그들이 나아가기 원하는 방법을 정확히 파악하여 안내해주는 역할을 수행해야 한다(단체연주-합주, 싱어롱, 합창 등).

② 치료사 중심의 치료

이 과정에서는 치료사의 역할이 매우 큰 비중을 차지하며 대부분의 경우 클라이언트들의 치료목표까지 결정하게 된다. 마치 교사와 학생 간의 관계와 유사하여 자연적으로 치료자의 가치관이 크게 영향을 미친다(즉흥 연주, 음악과 미술, 음악과 릴렉세이션).

③ 역할무제한 치료

이상의 두 극단적인 방식 중 어느 것이 더 나은 방법이라고 단언할 수 없으며, 그룹의 성경이나 클라이언트의 기능 정도에 따라 두 방식을 적절히 혼합한 것이 역할무제한 치료이다. 이때 환자나 치료사가 선입견을 갖는 어떤 역할도 일단 배제하고 서로 간에 존중과 인식으로 치료를 시작한다(가사 토의, 노래쓰기, 즉흥 연주 그룹).

5) 치료기법과 절차

음악치료집단에서 시행되는 음악의 기능 면에서 볼 때 내담자는 음악감상, 연구, 작곡하거나 음악에 따라 움직이기도 하고, 악보를 읽거나 노래를 부르며 참여하는 행동을 보인다. 어느 활동이 중시되었느냐에 따라 임상영역에서 적용되는 치료방법이다(이장로 외, 2006).

(1) 감상을 이용한 치료방법

차분해진 몸과 마음의 상태에서 고전음악을 감상하는 동안 일어나는 상상을 통해 내부 상태를 표출한다. 이 방법을 GIM이라고 부르며 의식세계에서 평소 느끼지 못했던 문제해결을 위한 상태의 변화를 경험하여 자아실현을 경험하게 하는 것을 목적으로 한다. GIM의 이론은 Jung과 Maslow의 이론을 지원받은 것으로 내담자가 GIM과정을 통해 자신의 절정적인 순간을 경험하게 될 때 자기실현의 치료적 효과가 동반됨은 물론 자신의 문제에 대한 해답도 스스로 발견하게 된다는 것이다.

① 정서나 심리상태를 안정시킬 수 있는 음악감상법

아침, 저녁 중 한때를 정해서 하루 한 차례씩 10~20분 정도 고전음악을 듣는 방법이다.

- 앉거나 누운 자세로 천천히 두 팔을 들어 눈높이까지 올린다.
- 다섯 차례 심호흡을 한 후에 눈을 감고 천천히 숨을 들이마셨다가 내쉰다.
- 마음 상태에 맞는 음악을 선정한다(우울, 시험불안, 분노, 안정 등).
- 음악을 듣는다.

② 음악을 들을 때 해보는 질문

- 당신은 이 음악을 좋아하는가? 싫은 점은 무엇이고, 좋은 점은 어떤 것인가?
- 이 음악이 지금 이 순간 당신의 마음속의 속도와 맞는가? 또는 빠르거나 느린가?
- 멜로디의 상승과 하강이 당신에게 영향을 끼치는가?
- 당신 생각에 이 음악은 지나치게 협화음인가 또는 불협화음인가? 하모니에 대하여 어떻게 느끼는가?
- 음악이 커지거나 부드러워질 때 당신은 어떻게 느끼는가?
- 이 음악이 당신에게 어떤 기억을 떠오르게 하는가? 만약 있다면 무엇이 지금

그 기억을 떠오르게 하는가?

- 이 음악이 얼마나 집중시켜 음과 마음을 하나로 느끼게 하는가?

(2) 즉흥연주

즉흥연주는 음악적 훈련이나 배경 없이도 내담자의 심리상태를 소리로 표현해 내는 과정이다. 내담자 개개인의 감정적 경험을 즉각적으로 표현함으로써 비언어적 커뮤니케이션을 하고 상호 교류가 일어나, 감각의 세련화, 현실적응, 창조성, 질서와 협동심을 가져 오게 하는 대표적 방법이다. 즉흥연주를 통해 내담자는 환기, 사정, 반응의 과정을 거침으로써 치료의 목표를 달성한다.

내담자는 자신의 신체적 · 정신적 · 사회적 상태를 '소리'로 표현하고 소리로의 표현에 대한 관찰과 평가를 통해 연주의 경험과 관련된 의미를 언어로 묘사하며 내담자의 연주를 모방하거나 상호 반응하는 단계를 거침으로써 치료가 이루어진다.

(3) 음악연주집단

가장 일반적으로 행해지는 음악활동으로 피아노나 기타 등의 악기를 배우고 가르치는 활동과 그 외 집단 악기연주활동이 포함된다. 또는 함께 노래 부르는 시간이나 합창 또는 합주 시간도 이에 포함된다.

(4) 창작, 작곡, 노래 만들기

전형적 음악치료집단에서는 치료사가 네 마디 여덟 마디의 간단한 노래를 만들어 노래를 통해 질문하고 내담자의 답을 듣는 방법을 사용한다. 이는 언어를 통한 상호작용보다 델핀 효율적으로 내담자와 유대관계를 형성하면서 자연스럽게 진행되도록 해 준다. 내담자는 간단한 노래에 자신의 느낌을 넣어 즉석에서 만들기도 한다.

(5) 적극적 음악감상과 인식, 말하기 유도

음악치료사가 부르는 노래의 곡명을 알아맞히거나 합주곡을 들으면서 연주에 사용된 악기의 소리를 찾는 활동이 포함된다. 또한 음악이 주는 느낌이 달라질 때마다 내담자가 이야기를 만들어 가서 심리과정에 대한 탐색과 치유를 한다.

2 부모놀이치료

1) 개념

인간은 태어나면서부터 부모와의 관계를 어떻게 형성하느냐에 따라 앞으로의 인간관계를 맺어 가고 사회의 일원으로서 역할을 배워 간다. 그렇기 때문에 부모들이 자신들에 대해 어떻게 느끼는지, 즉 한 인간으로서 그리고 부모로서 적합한가에 대한 느낌은 자녀들과의 상호작용에 그리고 자녀들의 발달에 상당히 영향을 준다. 이처럼 부모-자녀관계는 아동의 삶에서 가장 중요한 것이다. 그러므로 만약 아동이 부모와 같은 영향력 있는 사람들이 존재하는 가운데 표현, 통찰 그리고 어른들이 온전히 수용되는 경험을 한다면, 부모들이 치료적인 역할을 수행하는 데에서 성취하는 성공의 모든 부분들은 치료자에 의해서 얻어지는 것보다 훨씬 더 강력할 것이다. 따라서 부모와 자녀 간의 놀이치료를 통해 아동의 정서발달을 촉진시키고, 수용적인 부모가 되도록 훈련하고, 경험시키는 것이 필요하며, 이러한 기능의 습득은 일상생활 내에서도 적절하게 반응하여 아동에게 긍정적인 영향을 줄 수 있도록 하는 것이 필요하다(장선철, 2012).

부모-자녀놀이치료는 넓은 범주의 사회적, 정서적 그리고 행동적 어려움을 경험하는 아동을 위하여 부모를 치료적 대행자로 훈련하는 것으로, 부모-자녀관계 증진훈련, 부모-자녀놀이치료, 부모놀이치료로 번역되고 있다(김경희, 2002). 그러나 Filial Therapy의 목적이 부모-자녀관계의 어려움을 회복시키는 치료방법으로 부모-자녀 간의 직접적인 관계 향상을 증진시키는 데 그 목적을 두기 때문에 Filial Therapy를 부모-자녀놀이치료로 번안하여 사용하고 있다.

놀이치료자의 기술들을 제공하는 것이, 부모들이 그들의 아동들과 보다 긍정적이고 적절한 관계를 맺을 수 있게 하고, 동시에 치료자가 대신 그들에게 효과적인 치료를 제공하는 이상적인 방법이 될 것이라고 기대하였다. 그래서 부모-자녀놀이치료는 아동중심 놀이치료의 개념과 기술을 부모-자녀관계에서 놀이치료자와 아동 사이의 관계와 유사한 방법으로 적용하고 있다. 이 방법은 놀이치료자의 긍정적인 영향력이 부모에게 부여되는 것을 허용하며, 치료적인 라포를 형성하기 위한 부모-자녀 간 유대의 힘을 충분히 이용할 수 있게 하는 것으로 믿었다. 또한 거니는 부모와 아동 사이의 유대는 종종 관계의 문제가 있을지라도 어떤 형태로든 그러한 관계를 지속시킬 만큼 충분히 강력하다는 것을 깨달았다(Axline, 1947, 1965).

그러므로 거니는 어려움을 가진 아동의 행동을 부모가 함께 다룰 수 있도록 하는데 주안점을 두어, 부모에게 아동중심 놀이치료를 가르칠 수 있을 뿐 아니라 부모는 이러한 기술을 이용하여 부모-자녀관계를 증진시키며, 더 나아가 부모가 자기 아이의 삶에 치료적인 중재자가 되게 한 것이다(유미숙 외, 2003). 따라서 부모-자녀놀이치료는 거니를 통해 이처럼 부모를 상담의 중요한 역할자로 인식하게 되었다.

2) 원리

부모-자녀놀이치료는 부모들을 12세 이하의 자녀들을 위한 아동중심 놀이치료의 일차적인 제공자로 포함한다. 부모들은 놀이 회기의 전 과정에서 지속적으로 지도감독을 해주는 훈련된 부모치료자들로부터 독립적으로 치료를 배운다. 따라서 부모-자녀놀이치료의 원리는 엑슬린의 아동중심 놀이치료가 토대가 되어, 부모들은 아동중심 놀이치료 과정을 교육받는다.

부모-자녀놀이치료는 엑슬린의 아동중심 놀이치료를 사용하는데, 아동에게 구속하거나 간섭하지 않으면서 아이에게 전면적인 관심을 가지는 허용적인 태도, 아동의 사고와 감정을 공감하며 수용할 수 있는 자세와 기술, 아동의 안전과 적응을 위해 적절한 제한을 사용할 수 있는 기술을 배우게 하므로 부모에 대한 아동의 신뢰감과 확신감을 형성해 준다.

아동의 감정이나 태도, 행동, 발달에 대한 부모의 이해를 증가시킴으로써, 부모-자녀관계를 강화시킬 수 있다는 원리로, 이러한 교육은 로저스(Rogers, 1951)의 내담자 중심 이론에 근거하여, 공감과 수용이라는 내담자 중심 원칙을 강조하여 감정을 움직이도록 지향하고 있다. 때문에 부모-자녀놀이치료의 원리는 아동의 행동을 보는 부모의 관점을 아동의 입장에서 어떻게 받아들이고 이해할 수 있는가를 배우고 터득할 수 있도록 상담기법을 활용한다. 이처럼 부모-자녀놀이치료에서 부모는 놀이활동을 주도하거나 지시하지 않으므로, 아동으로 하여금 자신의 발달하는 창조성, 풍부한 자원을 충분히 표현하며, 이에 수반되는 책임을 경험하게 한다.

3) 치료목표

부모–자녀놀이치료는 문제가 있다고 생각되는 아동뿐만 아니라 아동의 문제를 다루는 부모 되기 경험을 하는 것이므로 가족 모두에게 잠재적으로 이득이 있다는 가정에서 출발한다.

따라서 문제가 있는 아동에게 직접 영향을 주는, 아동을 위한 치료목표와 아동 발달에서 가장 영향력 있는 환경으로 작용하는 부모를 위한 치료목표로 나누어진다. 이를 통합하면 부모–자녀놀이치료의 일반적인 치료목표가 된다. 다음의 치료목표들은 거니(Guerney)와 밴 플리트(Van Fleet)가 제시한 치료목표이다.

(1) 부모–자녀놀이치료의 치료목표

밴 플리트는 부모–자녀놀이치료의 구체적인 치료목표를 다음과 같이 요약하였다.

첫째, 아동이 자신의 감정을 더 잘 인식하고 어떻게 의사소통해야 하는지를 알게 한다.

둘째, 부모에 대한 아동의 신뢰감과 확신감을 확립한다.

셋째, 아동 스스로에 대한 확신감과 스스로 행동을 선택할 수 있게 한다.

넷째, 아동의 감정, 태도, 행동, 전체적인 발달에 대해 부모의 이해를 증가시킨다.

다섯째, 비위협적인 놀이환경에서 부모가 자녀를 다루는 새로운 기술을 습득하도록 돕는다.

여섯째, 부모는 자녀의 행동을 변화시키는 1차 전달자이므로 부모–자녀관계를 강화해 준다.

(2) 아동을 위한 부모–자녀놀이치료의 치료목표

부모–자녀놀이치료는 다음과 같은 치료목표를 갖는다(Van Fleet, 1995).

첫째, 아동이 자신의 감정을 충분히, 분명하게 인식하고 표현할 수 있게 한다.

둘째, 아동에게 경청 받을 수 있는 기회를 준다.

셋째, 아동이 효과적으로 문제를 해결하고 문제해결을 위한 극복기술을 발달시키도록 돕는다.

넷째, 아동의 자기확신감과 자신감을 증가시키도록 한다.

다섯째, 부모에 대한 아동의 신뢰감과 믿음을 증가시킨다.

여섯째, 부적응 행동과 나타날 문제를 감소시키고 제거시킨다.

일곱째, 아동이 1차적으로 학습에 의해 영향 받은 행동들을 발달시키도록 돕는다.

여덟째, 사회적 · 정서적 · 지적 · 행동적 · 정신적인 면에서 건강하고 균형 잡힌 아동발달을 길러 줄 개방적이고 응집력 있는 가족 분위기를 촉진시킨다.

(3) 부모를 위한 부모-자녀놀이치료의 치료목표

부모를 위한 부모-자녀놀이치료의 치료목표는 다음과 같다.

첫째, 아동발달에 관한 일반적인 지식을 부모에게 전달하여 부모의 이해를 증진시킨다. 특히 자기 자녀에 대해 이해를 증진시킨다.

둘째, 아동의 생활에서 놀이와 정서의 중요성을 인식하도록 도와준다.

셋째, 자녀에게 가지고 있는 부모의 갈등 감정을 감소시킨다.

넷째, 아동을 더욱 잘 키울 수 있는 다양한 기술을 개발하도록 도와준다.

다섯째, 좋은 부모가 될 수 있다는 확신감을 증가시켜 준다.

여섯째, 자녀와 대화의 문을 열고, 또 지속적으로 열어 두도록 부모를 도와준다.

일곱째, 부모와 아동이 팀으로서 보다 잘 일할 수 있도록 돕는다.

여덟째, 자녀에 대한 온화함과 신뢰감을 증가시킨다.

아홉째, 자녀 및 양육과 관련된 부모 자신들의 문제를 다룰 수 있도록 위협적이지 않은 집단 분위기를 만든다.

4) 대상

(1) 적절한 대상

부모-자녀놀이치료는 아동의 다양한 사회적, 정서적, 행동적인 문제들을 다루는데 적절하다. 부모-자녀 간의 관계를 돈독히 하고, 효과적인 부모 되기 기술을 부모에게 제공하고, 아동과 잘 지낼 수 있는 부모 되기 기능을 증진시킨다. 하지만 밴 플리트는 부모-자녀놀이치료를 적용할 수 있는 아동을 다음과 같이 보았다.

- 부모가 이혼한 아동 : 다른 놀이치료와는 달리 부모-자녀 간에 이루어지는 것이므로 부모의 문제가 먼저 해결되어야 아동의 문제를 다룰 수 있다. 부모-자녀놀이치료를 통해 부모가 아동의 요구에 집중할 수 있을 정도로 그들의 감정을 충분히 다루고, 아동과 부모 간의 관계를 재형성하며, 아동의 감정을 풀어 주는 수단이 되게 한다.

• 학교 부적응아 : 학교문제는 사회적, 정서적, 행동적, 혹은 가정문제에서부터 발생할 수 있다. 부모-자녀놀이치료는 정서적 측면에서 이러한 문제를 극복하도록 도와줄 수 있다고 본다.
• 우울증 아동 : 아동이 자신의 말을 하지 않으려고 할 때 놀이를 통해 표현할 수 있고, 놀이치료자(부모)는 이것을 관찰할 수 있다. 아동의 우울에 미친 영향을 찾아서 교정할 수 있다.
• 배설문제(유분증, 유뇨증)를 갖고 있는 아동 : 이러한 증상은 심리적인 원인으로 생길 수 있다. 생물학적 원인이 없는 아동은 놀이를 통해 아동의 감정을 표현하고 탐색할 수 있는 기회를 제공한다. 부모에게는 지지적인 태도로 반응하게 한다.

(2) 부적절한 대상

부모가 놀이치료의 전달자가 되기 때문에 부모-자녀놀이치료를 실시할 수 없는 대상의 기준은 우선 부모에게 둔다.

• 부모의 능력 부족 : 부모-자녀놀이치료 기술을 지적으로 이해할 수 없는 부모에게는 권유할 수 없다. 부모의 능력에 맞추어 이러한 기대를 조정해야 한다.
• 자신의 문제가 해결되지 않은 부모 : 부모 자신의 문제 때문에 자녀의 요구에 초점을 맞추지 못하는 부모는 부모-자녀놀이치료를 실시하기 전에 치료를 받아야 한다. 현재 이혼이나 사별로 불안해하는 부모는 자녀를 도와줄 마음의 여유가 없기 때문에 부모의 문제를 먼저 해결하기 위한 개별 치료를 먼저 받아야 한다.
• 아동을 학대한 부모 : 부모 중의 한 사람에게 피해를 당한 아동에게는 적절치 않다. 그러한 아동들은 부모에 대한 외상을 치료하기 위해 개별놀이치료가 필요하다. 건강한 방식으로 상호작용할 준비가 되어 있는 가족들에게 성공적으로 사용된다.

따라서 부모의 문제가 심각하거나 인지능력이 떨어지는 경우를 제외하고는 부모-자녀놀이치료의 대상에 포함된다(송영혜, 1997).

5) 과정

부모-자녀놀이치료에서는 부모가 변화의 치료대행자로서 역할을 하면서 부모와 아동 사이의 관계를 강화하도록 구성되어 있다. 따라서 강의, 비디오테이프 시청, 역할극을 통해 아동에 대한 부모의 민감성을 강화시키고, 부모는 무비판적이고, 이해적이고, 수용적인 환경을 만들 수 있게 되며, 그러는 동안 아동들은 안전함을 느끼면서 개인적으로 자신들의 다른 면들과 부모와 다르게 관계 맺는 방법을 탐색하게 된다.

부모는 수용하고 중립적인 관계를 형성하는 방법과 자녀를 특별한 놀이 회기 과정의 방향으로 이끌 수 있는 방법을 배우게 될 것이다. 부모가 치료자의 역할을 함으로써 부모의 권위가 생긴 후, 가정에서 놀이세션을 실행하는 일반화의 과정을 통해 부모가 아동의 상담결과에 긍정적인 영향을 줄 수 있는 능력과 자질을 갖출 수 있도록 그 방법을 살펴보고자 한다(이경숙, 2009).

(1) 평가단계

평가는 치료자가 문제를 파악하는 데 도움을 주며, 적절한 치료방법을 사용하도록 도움을 준다. 부모-자녀놀이치료에서는 3단계 평가과정이 수행되며, 이 평가과정은 필요에 따라 변형도 가능하다. 부모-자녀놀이치료를 제안하기 전에 아동과 가족들에 대해 조심스럽게 평가하여야 한다.

① 1단계 : 부모 혼자의 면접

1단계에서 치료자는 부모들과 면접한다. 놀이치료자는 부모가 방문한 이유를 경청하고, 나타난 문제를 탐색하고, 아동과 가족의 전체적인 발달력과 사회력을 탐색, 정보를 수집한다.

밴 플리트는 실제 부모-자녀놀이치료의 1단계 치료과정에서 다음과 같은 활동을 권하고 있다.

- 부모놀이치료의 소개 : 놀이치료자와 부모 간의 친밀감을 형성한다.
- 비밀성 언급 : 부모놀이치료와 관련하여 얻은 개인적인 정보를 다른 사람에게 노출할 때에는 동의와 서명을 받을 것이라는 점을 알린다.
- 연구를 위한 관찰, 테이프 기록의 허락 : 연구를 위해 수집한 자료를 어떻게 사용할 것인지, 또는 사용목적을 설명한다.

- 부모의 의뢰사유 경청 : 아동의 발달력과 신체, 사회, 정서, 인지영역에서의 현재 기능에 대해 질문하고, 사회력과 가족력의 확인, 부모의 요구를 치료목표(원하는 결과)로 재형성한다.
- 다음 단계에 대한 설명 : 부모의 관심을 요약하기, 이용할 수 있는 중재의 선택, 가족놀이 관찰의 형식과 필요성에 대해 설명한다.
- 약속 : 앞으로의 계획에 대해 부모가 동의하고 부모놀이치료를 받기로 한다.

② 2단계 : 가족놀이 관찰

2단계에서는 실질적인 가족놀이의 관찰로 구성된다. 아동과의 면담 후에는 일방경을 통해서 관찰하거나 혹은 적당한 장소에서 관찰한다. 상호작용 형태를 지켜보고, 목표 아동과 가족의 일반적인 행동과 아동의 특이한 행동을 관찰한다.

밴 플리트와 거니가 제시한 구체적인 사례에 의하면 이 과정은 다음과 같이 요약할 수 있다.

- 아동에게 소개하기 : 친밀감을 형성한다.
- 가족들이 놀이실에서 노는 것을 지켜볼 것이라는 점을 아동에게 설명한다.
- 주의 깊은 관찰을 한다. 목표 아동을 중심으로 가족들의 상호작용을 살핀다. 이때 생물의학적으로 가능한 사인들(산만성, 언어 곤란, 협응의 문제)의 관찰이 포함된다.
- 부모가 응답한 질문지를 수납한다.
- 부모가 갖고 있을지도 모르는 당면한 관심에 대해 논의한다.
- 다음 회합의 날짜를 정한다.

③ 3단계 : 부모와의 재만남

놀이치료자는 다시 부모와 만난다. 부모는 집에서의 아동행동과 놀이치료자가 관찰했던 가족놀이 장면들을 비교하고, 놀이치료자가 관찰한 것에 대해 질문을 서로 교환한다. 부모와 아동과의 관계에서 나타날 문제점을 부모에게 인식시키고 치료를 위해 상세한 방법을 추천한다.

부모에게 부모-자녀놀이치료를 권유할 때, 놀이치료자는 부모가 보는 아동의 문제와 관련지어 부모놀이치료로 얻을 수 있는 효과에 대해 이야기한다. 놀이치료자는 부모를 위한 훈련에 초점을 두고, 놀이 세션에 대해 자문을 해 주고, 놀이 세션을 집으로 전이시키고, 부가적인 부모 되기 기능이나 중재를 적용하고, 단계적으로 종료하는 활동으로 구성된다고 설명한다.

놀이치료자는 부모-자녀놀이치료를 실시하기 위해서는 4~6개월 동안은 매주, 또는 2주에 한 번씩 부모-자녀놀이치료가 지속되어야 하고, 치료가 끝난 후 집에서도 지속되어야 한다는 것을 설명하여서 부모에게 요구되는 노력이나 시간의 소요에 대해 준비하게 한다.

(2) 부모 훈련단계

평가단계가 지나면 부모는 놀이 세션을 진행하는 데 필요한 기술을 배울 준비가 된 것이다(이효정 역, 2012).

① 부모가 갖추어야 할 기초기술

부모-자녀놀이치료는 부모가 치료자 역할을 훈련받아 가정에서까지 확장하여 놀이치료를 실시할 수 있도록 돕는 상담방법이다. 따라서 치료자가 놀이치료를 실시하는 방법을 부모가 훈련받아야 하는 것이 1차적으로 수행된다.

부모-자녀놀이치료에서 부모를 훈련하는 것은 주요한 과정이며 핵심이다. 부모 훈련단계에서 부모가 배워야 할 4가지 기초적 기술은 구조화, 공감적 경청, 아동중심 상상놀이, 그리고 제한 설정 기술이다.

㉠ 구조화 기술

구조화는 놀이치료를 실시하기 위하여 부모가 놀이 세션 상황을 어떻게 전개할 것인가에 대한 틀을 짜는 것이다. 부모들은 놀이실 입실, 화장실 문제, 놀이 세션을 끝내야 할 때 등의 적합한 방법과 놀이실에서 퇴실하는 방법과 관련된 사항을 아동에게 설명하기 위한 방법을 배운다.

- 놀이실 입실 : 부모는 놀이실에 들어가기 전에 아동에게 놀이실에 대한 간단한 메시지를 전하는 방법을 배운다. "○○야(아동의 이름), 이곳은 아주 특별한 놀이실이야. 너는 이 놀이실에서 네가 원하는 것은 대부분 할 수 있어. 만약 네가 해서는 안 되는 것이 있다면 너에게 알려 줄 거야."라고 말한다.
- 화장실 문제 : 놀이실에 들어가기 전에 화장실에 다녀오도록 권하고 놀이회기 동안 화장실은 한 번만 갈 수 있다고 알려 준다. 아동이 화장실에서 되돌아왔

을 때 부모는 아동에게 "화장실 갔다 왔구나."라고 말하여 놀이 세션의 경계와 시작을 알려 준다.

- 놀이실 퇴실 : 부모는 세션이 거의 끝나간다는 것을 아동에게 알려 준다. 세션 끝나기 5분 전에 부모는 "○○야(아동의 이름), 우리는 이 방을 떠나는 데 5분 남았다." 다시 세션 끝나기 1분 전에 아동에게 "○○야, 오늘 여기서 노는 데 1분 남았다."라고 말한다. 놀이치료 시간이 끝났을 때에 부모는 즐겁고 확고한 어조로 "○○야(아동의 이름), 오늘 놀이 시간은 끝났다. 우리는 지금 놀이실을 나가야 한다."고 말한다.
- 자녀가 놀이방을 떠나려 하지 않을 경우 부모는 놀이방을 나가고 싶어 하지 않는 아동의 감정을 반영해 주고 난 후, 놀이시간이 끝났다는 것을 확고하게 재 진술한다. 그리고 부모가 자리에서 일어나 나오는 행동을 취함으로써 놀이 시간이 끝났다는 것을 비언어적으로 동시에 표현한다.

㉡ 공감적 경청

부모-자녀놀이 치료자들은 부모에게 공감적 경청기술을 가르친다. 공감적 경청기술은 아동의 감정과 요구의 수용을 전하는 방법으로 자녀에게 부모의 예민함과 이해를 보여주는 데 도움이 된다. 부모-자녀놀이 치료지는 아동중심 놀이치료를 모델로 하고 있으므로, 부모가 아동의 성장을 격려하고 촉진적인 인간관계를 형성할 수 있는 상담기법을 가르친다(김경희, 2002).

밴 플리트는 공감적인 경청기술의 장점을 4가지로 제시하고 있다.

- 아동에 대한 부모의 관심을 나타낸다.
- 아동으로 하여금 부모가 갖고 있는 의도나 감정에 대한 오해를 분명히 해 준다.
- 아동의 감정에 명칭을 붙이게 하여 건설적인 방법으로 그들이 정서를 표출하는 능력을 증가시킨다.
- 아동이 부모에게서 인정을 받고 있다고 느낄 때 자신을 수용하게 도와준다.

따라서 부모는 놀이 세션 동안 아동에게 관심을 주는 방법을 배우고 아동이 표현하는 주된 감정을 자신의 단어를 사용하여 재 진술하는 것을 배운다.

㉢ 아동중심 상상놀이

아동중심 상상놀이의 부모-자녀놀이치료 기술은 아동이 부모에게 놀이하기를 요구하는 다양한 역할을 어떻게 표현하고 있는 것인가를 가르친다. 부모와 자녀의 노는 모습을 기록한 비디오테이프를 분석하는 것은 아동의 상상놀이에서 부모역할을 이해하는 데 도움이 된다. 아동은 놀이의 연출자이다. 부모는 아동의 결정에 따라 아동의 지도하에 배우가 된다. 부모가 이 기술을 습득함에 따라 아동의 부모는 아동이 나타내는 단어에 대해 보다 예민하고, 아동과의 상상놀이에 쉽게 열중한다.

상상놀이는 아동의 표현놀이의 주제가 무엇인가를 설명하는 것이다. 따라서 상상놀이를 통해 아동에게 현재 갈등과 좌절, 부정적 정서를 일으키는 주제를 알 수 있게 된다.

㉣ 제한 상황 기술(제한 설정)

밴 플리트는 제한을 사용할 때 다음과 같은 사항을 중시하였다.

- 제한 사항은 경고를 한 후에 제한을 깨트려서 생긴 일에 대해 책임감을 배우도록 한다.
- 놀이 세션을 하는 동안 부모는 제한을 최소화한다. 이것은 감정을 자유롭게 표현하는 분위기를 만들어 준다.
- 제한을 결정했을 때, 아동의 안전, 타인의 안전, 가치 있는 장난감의 보존을 위해 필요한 제한인가를 고려한다.
- 부모는 가능한 한 일관되게 진술하여 부모가 말하는 것의 의미를 배우도록 한다.

이 외에도 기본적인 제한으로 "안에 있는 시설물을 파괴하지 않는다. 놀이치료자에게 신체적인 공격을 하지 않는다. 상담시간이 끝나면 놀이실을 나간다. 놀이실 밖으로 장난감을 옮기지 않는다. 창문 밖으로 물건을 던지지 않는다." 등이 있다.

(3) 부모 훈련과정

부모-자녀놀이치료의 놀이치료자들은 간결한 강의, 실연, 모델링, 역할극, 기술 훈련, 구조화된 피드백, 강화를 포함한 다양한 방법을 사용하여 부모에게 기법을 가르친다. 놀이치료자는 놀이 세션의 4가지 기본 기술-구조화, 공감적 경청, 아동중심 상상놀이, 그리고 제한 설정-을 소개하고, 세 단계로 부모를 훈련시킨다.

〈표 12-1〉 제한설정의 3단계

1단계	제한 말하기	• 아동이 제한을 깨트리면 분명하고 간단하게 특별한 태도로 말함 • 목소리는 밝지만 엄격하고 강하게 • 이름을 부르고, 금지된 행동을 하려 하는 아동의 욕구를 반영한 후 미리 정한 제한을 말한다. • 이는 놀이를 재구조화한 다음 아동 스스로 놀이를 다시 하도록 돕는 기술이다.
2단계	경고 주기	• 이미 설명한 제한을 어기면, 부모는 아동에게 경고를 줌 • 제한을 재진술, 제한을 깨트리면 어떤 일이 일어날 것인지 말함 • 경고 후 다시 한 번 제한을 재진술하고 놀이를 재구조화하여 말해줌
3단계	결과를 시행하기	• 세 번째까지 제한을 어기면, 방을 떠나야 한다고 행동의 결과를 강조 • 즐겁지만 확고한 어조로 말함 • 부모는 필요하다면 아동을 놀이방에서 퇴장시킬 수 있음 • 아동은 자신을 반응과 그에 따른 결과, 즉 행동을 배울 수 있음

① 놀이 세션의 실연

놀이치료자가 아동을 데리고 15~20분 길이의 아동 중심 개별 놀이 세션을 실시하고 부모는 이를 관찰한다. 관찰은 대부분 CCTV나 일방경을 통해 이루어지고, 후에 논의할 때를 대비하여 질문을 준비한다.

놀이 세션의 실연 후에 논의를 위해 놀이치료자들은 부모하고만 만난다. 놀이치료자는 부모의 비평과 질문에 대해 함께 이야기하고, 부모의 이야기를 공감적으로 경청하고 놀이 세션에 대한 부모 자신의 반응을 이야기하도록 이끈다.

② 첫 부모 훈련

부모-자녀놀이치료의 다음 단계는 구조화, 공감적 경청, 아동중심 상상놀이, 그리고 제한 설정에 관한 부모 훈련이다. 놀이치료자는 놀이 세션 시연 동안, 그들이 사용한 예를 다시 들어가면서 그 기법들을 강조하고 몇 가지의 장난감을 사용하여 놀이를 하면서 부모가 공감적 경청을 연습할 기회를 만든다.

부모가 감정을 표현하지 않는다면, 놀이치료자는 '내가 느낀 것에 대해 당신은 어떻게 느끼시죠?'라고 감정 표현을 유발시킬 수 있다. 놀이치료자는 부모가 기본을 알고, 감정 반응이 이루어질 수 있을 때까지 이러한 연습을 계속한다.

훈련과정 동안 부모가 자신의 감정과 관심을 표현할 때마다, 놀이치료자는 부모를 이해하고 수용한다는 것을 전달하기 위해 공감적 경청기술을 적극적으로 사용한다. 놀이치료자는 4개의 기본기술뿐만 아니라 이때의 부정적 반응이나 놀이세션

동안에 아동이 가질 수 있는 질문을 어떻게 다룰 것인가도 이야기한다. 놀이치료자는 아동의 행동에 대한 제한을 강조하면서 감정을 수용할 수 있는 방식들을 강조한다. 따라서 부모는 반영적이고 비지시적인 질문을 다루는 것을 배운다(송영혜, 2001).

③ 모의 놀이 세션

훈련과정의 다음 단계에서 부모는 놀이치료자가 되고 놀이치료자는 아동의 역할을 구성하여 함께 놀이 세션을 개별적으로 연습한다. 각 부모의 처음 놀이 세션은 10~15분 정도 지속되고, 이때 놀이치료자들은 몇 가지 주의가 필요하다(송영혜, 2000).

첫째, 놀이치료자는 처음 놀이 세션을 주도하는 부모가 압도되는 것을 피하고, 기법을 응용하여 도전할 수 있을 정도로 놀이와 내용을 구성한다. 부모가 처음 시도하는 놀이가 성공을 거둘 수 있도록 구조화한다.

둘째, 놀이치료자는 개개 부모가 놀이 세션의 주요 측면을 모두 연습해 볼 수 있도록 아동 역할을 한다. 이때 놀이실 입실부터 공격적 놀이를 포함하여 다양한 놀이형태에 대해 공감적 경청, 아동이 제공하는 상상적인 역할을 하는 것, 적어도 한 번 제한을 깨트리는 것, 5분과 1분의 경고를 주는 것, 그리고 놀이실을 떠나는 것을 연습한다.

셋째, 10~15분 정도 지속되는 첫 번째 모의놀이 세션은 예의바른 아동의 역할을 하고, 두 번째 모의놀이 세션은 이전보다 좀 더 대응하기 어려운 아동의 역할을 한다. 즉, 부모-자녀놀이 치료자는 부모의 기법이 숙련됨에 따라 아동의 곤란한 정도를 높인다. 대부분 두 번의 모의놀이 세션으로 충분하지만, 부모가 혹은 개념을 파악하지 못했다면 이 기간을 연장할 수도 있다.

넷째, 각각의 모의놀이치료 훈련과정 동안, 그리고 훈련과정 후 부모에 대한 치료자의 자문과 놀이치료와 관련된 피드백을 하는 것이다. 가상적인 놀이치료 훈련과정에서 치료자가 즉각적인 피드백을 부모에게 제공하기 위해 아동 역할에서 잠시 치료자의 역할로 돌아올 수 있다. 이것은 기법의 발달을 촉진시키고, 부모가 놀이 세션을 실시하는 것에 대해 갖고 있을지도 모르는 불안을 경감시킬 수 있다.

다섯째, 치료자는 가상적 놀이치료자 훈련과정에 대해 부모가 토론할 수 있는 기회를 주고 공감적 경청을 사용하여 부모 감정을 이해하고 수용하는 태도를 가질 수 있도록 돕는다. 즉, 부모－자녀놀이치료에서 치료자는 상담자, 내담자 역할을 동시에 번갈아 하면서 부모가 놀이치료자 역할을 습득하도록 돕는다.

④ 부모의 첫 놀이 세션

훈련단계가 끝나면, 부모－자녀놀이 치료자들은 부모와 아동과의 첫 놀이 세션을 준비시킨다. 부모가 자녀와 함께 하는 첫 놀이 세션은 20분이다. 부모는 놀이치료자의 감독 하에 자녀 하나와 놀이 세션을 구성한다. 놀이치료자는 놀이 세션을 관찰하고, 부모의 행동 이후에 자문을 해준다. 다음은 밴 플리트가 제시한 사례의 관찰을 기록하는 것이다. 괄호 안은 놀이치료자의 반응이다.

⑤ 지도 감독하의 놀이 세션

아동과의 놀이 세션이 능숙해지면, 부모－자녀놀이 치료자는 기술 발달에서 치료의 문제로 초점을 옮긴다. 놀이치료자는 부모의 기술 사용에 대해 의식하고 강화의 피드백을 계속 제공하지만, 아동과 가족의 역동성을 찾는 데 점점 많은 시간을 사용한다.

㉠ 주제

부모－자녀놀이치료 놀이 세션이 3~4회 진행되면 아동의 놀이에서 주제가 나타나기 시작한다. 일반적으로 1~2세션은 탐색놀이를 한다. 놀이 주제는 대체로 실생활과 관련되고, 분노 표출이 억제된 가정의 아동들은 치료기간 동안, 공격적인 주제를 나타낸다. 이때 놀이치료자들은 이러한 공격놀이의 증가는 흔하며 일시적이라고 설명할 필요가 있다.

㉡ 역동적 논점 다루기

아동이 표현하는 놀이의 주제들에서 공통적인 것은 가족 내의 역동적인 주제들이다.

㉮ 아동과 관련된 문제

아동의 놀이 주제에 대해 불안해하는 부모에게 치료자는 아동을 이해하는 방법을 설명하고, 놀이가 아동의 문제해결력을 신장하는 데 도움을 주고 있다고 설명하여 준다. 또한 놀이를 재구성할 수 있도록 도움을 준다.

예를 들면, 어린 소녀가 밥백(보보인형)을 주먹으로 때리는 놀이장면을 보고 걱정하는 부모에게 이러한 공격적 놀이가 이 시점에서 있을 수 있는 것이라고 안심시키고, 집에서 적합한 분노 표현을 더 많이 하도록 하는 방법에 대해 토의하는 시간을 갖는다. 또한 놀이치료자는 부모가 아동의 놀이를 잘못 해석하기 쉽기 때문에, 부모의 걱정에 대해 자유롭게 이야기하도록 격려한다.

㉯ 부모와 관련된 문제

아동의 행동에 대한 부모의 의문은 부모로서의 능력에 관한 걱정이다. 또한 자녀의 놀이의 의미를 이해하려고 하고, 놀이가 무엇을 의미하는지에 대해 궁금해 한다.

놀이치료자는 부모의 관심거리에 대해 듣고, 부모의 감정을 반영하여 주며 아동의 놀이와 관련하여 가능한 설명을 부모와 함께 검토하여 안정감을 준다. 또한 부모가 자신의 느낌에 대하여 방어를 줄이도록 한다.

⑥ 가정에서의 놀이 세션

㉠ 장난감 준비

치료자는 아동이 가지고 있는 장난감과 구분되는 독립된 장난감을 준비하도록 부모에게 권한다. 그리고 그것을 치료시간에 사용하도록 한다. 예를 들면, 자와 마분지 상자는 인형 집의 내부를 대신할 수 있다. 또한 폐품을 활용하여 저렴하게 인형가족을 만들 수 있고, 벼룩시장과 중고 장난감에서 저렴하게 구입할 수도 있다.

㉡ 가정에서의 놀이 세션

놀이 세션을 가정으로 이동시키는 계획은 부모-자녀놀이치료의 초기에 시작된다. 훈련기간 동안 놀이치료자는 가정놀이 세션을 위해 준비해야 할 장난감 목록을 부모에게 준다.

부모가 놀이 세션이 이루어질 장소 결정, 놀이 세션의 계획표 만들기, 놀이 세션의 중단을 방지하며, 놀이 세션을 위해 필요한 시간의 약속, 아동 놀이에서 변화를 주의해서 지켜보는 등의 계획을 세운다. 놀이치료자는 부모에게 매주 아동과 각각 30분 놀이 세션을 계획하게 한다.

가정환경에서는 놀이 세션의 진행이 방해받기 쉬우므로 당면할 수 있는 방해의 유형을 예상하고, 어떻게 그것을 처리할 것인지를 결정한다. 부모는 놀이 세션 동안에 자녀보다 더 중요한 것은 없다는 것을 자녀에게 전할 필요가 있고, 이러한 감정은 놀이 세션이 계획된 대로 계속되어진다는 것으로 전달한다. 마지막으로 놀이 세션에서 변화 가능한 행동에 주목한다.

⑦ 부모놀이치료의 종결단계

부모-자녀놀이 치료자는 가정에서 놀이 세션에 대해 토의하고 일상생활로의 기술의 일반화를 촉진하기 위해서 정기적으로 부모와 만난다. 치료가 목표대로 향상되면 종결을 계획한다(장선철, 2008).

㉠ 종결의 결정

부모-자녀놀이 치료자는 교육과 능력 모델에 기초를 두며, 놀이치료자는 아동 가족의 불필요한 의존이 길러지는 것을 경계한다. 그들은 치료 종결을 나타내는 요인들에 주목한다.

첫째, 만약 부모-자녀놀이치료와 가족문제가 잘 맞지 않거나, 가족이 부모-자녀 놀이치료 놀이 세션을 수행할 수 없다면 일찍 종결한다.

둘째, 놀이치료자는 당면한 문제가 해결되었을 때 종결을 계획한다. 치료목표를 세우고 시작하였다면 그 목표에 도달되는 시점을 결정하기 쉽다.

셋째, 부모-자녀놀이치료가 종결단계에 도달되었다는 또 다른 사인은 아동에게서 나타난다. 이동의 흥미 삼소는 놀이 주제의 내용이 놀이 세션의 치료적 가치가 없어졌다는 신호가 될 수 있다.

넷째. 눈에 띄게 나아졌고 부모도 부모-자녀놀이치료에 대해 이해하고 부모 되기 기술의 적용이 계발되었다고 생각되면, 치료는 단계적으로 끝낸다.

㉡ 종결의 과정

종결 계획은 놀이치료자와 부모가 진보된 면을 평가하고, 남아 있는 문제가 무엇인지를 찾으면서 시작된다. 놀이치료자는 실제 놀이 세션을 관찰해서 각 부모의 기술과 놀이 세션의 질, 아동과 부모 간의 상호작용, 임상적으로 중요한 행동이나 놀이 주제의 출현 유무를 파악한다.

종결이 결정되면 놀이치료자의 감독 없이 놀이 세션을 사용할 수 있도록 준비시키고, 만약 아동이 놀이 세션에 흥미를 잃어버린다면 부모는 놀이 세션 대신에 적어도 매주 30분 동안 아동과 특별한 시간을 갖도록 한다.

3 게임놀이치료

1) 개념

놀이치료에서 사용하는 '놀이'와 '게임'은 다른 의미로 사용된다. 놀이란 일반적으로 자발적인 표현이며 특별한 목적이나 동기없이 행하는 흥미로운 활동이다 (Csikszentmithalyi, 1976; Erickson, 1950; Garvey, 1977). 그러나 게임이란 보통 규칙이 있고 형식이 있으며 조직화된 형태를 갖고 있다. 일반적으로 게임의 규칙들은 역할과 행동의 제한, 그리고 기대감을 포함하고 있다. 이러한 게임들이 놀이치료에서 치료적 도구로 사용되고 있다.

게임놀이는 유아교육의 관점으로 볼 때, 형식적 학습과 비형식적 놀이를 연결시켜 주는 중요한 교수활동이며, 유아들은 게임을 통하여 새로운 지식과 기술을 배우고, 이미 배운 지식과 기술을 능동적으로 연습하고 강화하는 경험을 하게 된다. 게임은 놀이의 발달단계에서 가장 높은 수준의 놀이 형태로 혼자 혹은 집단으로 규칙과 방법을 협의하여 설정하고 적용할 수 있어야 한다. 그러므로 게임은 높은 수준의 인지 및 사회인지적 발달이 요구되며, 인성 및 정서적인 발달에서도 중요한 역할을 한다(박경애, 2007).

게임놀이는 즐거운 활동이며 '만약 …라면(as if)'이라는 가정의 특성을 가지고 있고 규칙이 있기 때문에 자율적 통제하에서 놀이를 하게 되며 정서적 통제와 지시 따르기, 사회적 기술 등을 습득할 수 있는 기회를 제공한다. 더불어, 아동은 게임을 통해 서로 양보하고 이해해 나가야 하는 또래사회에 적응해 나갈 수 있고, 결국 아동은 게임을 통해 사회적 기술을 습득해 나간다.

이러한 게임은 사회적 기술만을 습득할 기회를 제공하는 것이 아니라, 게임이라는 가상의 세계에서, 현실에서는 표현할 수 없었던 세계를 표출해 낼 수 있으며, 나아가 자신 내부 깊숙이 억압된 감정들을 조금씩 분출해 낼 수 있는 기회를 제공한다.

2) 필요성

정서 및 발달장애아동은 또래아동들에 비해 대인관계 능력이 부족하고 언어적인 표현의 어려움 등으로 인해 여러 부적응 행동들이 나타나 환경에 대해 적응하는데 어려움이 있다. 또한 심리적으로 점점 위축되어가거나 그와 반대로 공격적인 성향을 표출하는 경우가 많다. 아동의 내면에 잠재된 이와 같은 여러 가지 문제들은 아동의 생활 그 자체라고 할 수 있는 놀이를 통해 흔히 발산된다.

따라서 놀이를 매개로 치료적 관계를 형성해 나가는 놀이치료는 아동의 적응력을 향상시킬 수 있는 치료적 개입을 해 나가는데 매우 효과적이다. 아동은 놀이치료를 통해서 자신의 억눌린 감정, 긴장감, 불안 등을 표출하는 기회를 갖고, 그 치료과정을 통해 점차적으로 안정감을 찾아가며, 적절한 놀이기술을 습득하여 타인과 상호작용을 할 수 있는 틀을 형성해 갈 수 있다.

3) 치료적 요소

치료자는 아동의 행동, 언어를 통해 아동의 무의식적 갈등을 알아차리고 해석을 가하게 된다. 그리고 아동과 치료자와의 대화는 일종의 은유적인 표현이 되는데, 게임과정에서 자신의 무의식적 갈등이 언어화되면서, 아동은 무의식 속에 있는 갈등을 의식 속에서 자각을 하게 된다. Schaefer와 Reid(1986)는 게임의 치료적 요소를 다음과 같이 7가지 요소로 제시하고 있다. 자세히 살펴보자.

(1) 진단

치료자는 게임을 평가나 진단의 도구로 사용할 수 있다. 아동의 게임태도를 관찰하면서 아동의 인지적 수준, 아동의 행동 특성들을 이해할 수 있다. 이를테면, 수동 공격적인 아동은 사사 건건 치료자에게 도움을 요청하거나 치료자에게 잘 보이기 위해서 노력한다. 강박적인 아동은 게임의 목적을 망각하고 규칙에만 얽매여 있기 때문에 게임을 즐기지 못하고 시간을 보내는 경우가 많다. 또한 경계선급 아동은 게임에 임하는 것보다, 게임에서 등장하는 인물이나 사물을 통해 자신의 상상력을 펼치는 데 온 정성을 쏟는다.

(2) 즐거움

게임은 아동에게는 자연스러운 일이고 즐길 수 있는 활동이다. 치료적 개입이 없이도 게임을 한다는 그 자체가 정서적인 성장에 촉진제의 역할을 한다. 심리적 장애라는 질병을 치료하는 데 즐거움은 명약이 될 수 있다. 또한, 즐거움은 심리적 장애의 예방적 차원에서 중요한 요소가 된다.

(3) 치료적 동맹

게임은 아동에게는 친숙한 놀이이기 때문에 비교적 아동들에게 편안함을 느끼게 해 준다. 반항과 저항으로 쉽게 자신의 감정을 표현하지 않는 아동과 청소년의 경우에 게임놀이치료가 효과적이다.

치료에 임하는 아동들은 자신의 부모에 의해 치료실을 방문하는 경우가 대부분이므로, 치료에 대한 준비가 충분하게 되어 있지 않다. 그래서 그들의 심리적인 문제를 쉽게 노출하거나 인정하지 않으려는 경우가 많다. 또한 어떤 아동은 자신의 문제가 무엇인지 인식조차 하지 못하는 경우가 있다. 게임은 이런 아동들에게 좀 더 편안함을 제공하면서 문제에 접근하도록 도와준다.

(4) 자기표현

게임은 현실이 아니라 구조화된 환경에서 일어나는 가정이기 때문에 아동들은 좀 더 자신의 문제를 느긋하게 받아들일 수 있다. 방어와 저항이 줄어들면서 감정, 사고, 태도의 표현이 나타나기 시작한다(Cappell, 1968).

현재 직면해 있는 자신의 문제를 노출하게 되는데, 즉 또래와의 갈등에서 나타나는 자신의 감정, 부모의 이혼으로 상처받은 마음, 부모의 죽음으로 인한 절망감과 외로움을 표현하게 된다. 아동은 게임이라는 매개체를 통해 어려움을 토로하고 치료자와 함께 어려움을 해결해 갈 뿐 아니라 스스로의 대처방법을 터득하게 된다.

(5) 자아통제

아동은 게임을 시작하면서 자신감, 무기력, 경쟁력, 좌절을 견딜 수 있는 힘, 인내력을 검증받게 된다. 게임의 규칙들을 따르면서 이러한 측면에 부딪히고 극복하게 되면서 터득하게 되는 자신감은, 아동의 치료를 도와주게 된다.이것은 곧 현실세계에 적용하게 되고, 아동은 점차 새로운 자신을 찾아가게 된다.

충동적인 아동은 게임에서 여러 번 실수를 되풀이 한다. 자기 차례를 기다리는 것이 어렵고 그것을 알고 있을지라도 자꾸 잊고 주사위에 손이 먼저 가기가 일수이다. 또한 주사위에 나온 숫자가 3임에도 불구하고, 말판을 놓을 때 그 이상을 가거나, 심지어는 자신의 수가 3인 것조차 모르는 아동도 있다. 아동의 지적 발달수준이 정상임에도 불구하고 집중력과 조절능력의 부족으로 이러한 현상을 보이는 경우가 있다.

게임을 반복해서 실시하면서 아동은 좌절을 인내하고 자신을 조절하는 방법을 배우고 연습하게 된다. 이때 치료자는 아동을 격려하고 긍정적인 강화를 제공함으로써 아동에게 많은 기회를 제공해 주어야 한다. 한편 아동은 치료자와 게임을 계속하는 동안에, 순서를 기다리고, 규칙을 지킴으로써 자신의 욕구를 조절할 줄 아는 힘을 배우게 된다.

(6) 인지능력발달

아동이 게임에서 보이는 문제를 해결하기 위한 전략 사용이나 기억, 집중력, 행동결과의 예측 등은 인지적인 측면을 발달시키는 데 도움을 제공한다. 아동은 자신의 인지능력을 최대한으로 발휘하여 게임에 이기려고 노력하므로, 조직화되고 계획적인 전략들은 논리적인 사고를 개발할 수 있다. 그래서 학교장면에서도 인지적인 능력을 향상시키기 위해 노트와 필기도구를 사용하는 대신, 게임을 활용하는 경우도 있다.

(7) 사회화

게임을 실시함으로써 아동은 사회적 학습의 기회를 터득하게 된다. 게임은 혼자서 즐기기보다는 사람과 사람과의 만남에서 시작되는 대인관계과정이다. 그러므로 아동은 게임놀이치료에서 만나는 치료자, 나아가서 또래아동들과의 만남에서 사회적으로 수용할 만한 방법을 배우게 된다. 위협적이지 않은 편안한 환경 속에서 또래의 긍정적인 피드백을 받고, 권위자로부터의 수용적인 경험들을 통해 새로운 사회적 행동을 경험하게 된다. 특히 비행아동과 청소년의 경우, 게임 자체가 저항을 줄일 수 있으므로, 전통적인 치료방법을 사용하는 것보다 효과적이다.

4) 게임놀이치료의 유형과 종류

(1) Sutton-Smith와 Roberts(1971)의 분류체계

Sutton-Smith와 Roberts(1971)의 분류체계는 세 가지로 구분지을 수 있다. 참여자의 운동능력에 의해 결과가 결정되는 신체적 기술을 요하는 게임, 참여자의 인지적 기술에 의해 결과가 결정되는 전략게임, 마지막으로 우연한 기회에 의해 결과가 결정되는 기회게임이 있다.

① 신체적 기술게임

이 범주는 대근육, 소근육 운동을 사용하는 게임에 의해 분류된다. 대근육운동을 사용하는 게임에는 땅따먹기, 그네뛰기, 윷놀이, 줄넘기, 달리기, 술래잡기, 오재미 등이 속한다. 소근육운동을 사용하는 게임에는 공기, 다트 던지기, 탁자 위에서 하는 농구게임이나 축구게임 등이 포함된다.

신체적 기술게임의 목적은 아동들이 단순하고 쉽게 게임에 참여할 수 있다는 점과 신체활동은 에너지를 발산하여 정화작용을 한다는 점이다. 또한 과잉행동과 충동성의 문제를 갖고 있는 아동에게 치료적인 효과를 얻을 수 있다. 감정을 언어로 표현하는 것 대신 행동화함으로써 자신의 공격적인 감정을 발산하는 데 도움을 줄 수 있다.

② 전략게임

아동의 인지능력수준을 평가할 수 있으며, 아동은 자신의 인지능력을 활용하여 게임에 임할 수 있다. 여기에는 단어나 숫자가 포함된 게임이 속하는데, 오목, 오델로, 막부사, 카멜레온, 다이아몬드게임, 체커 등을 들 수 있다.

전략게임의 목적은 신체적 기술을 요하지 않아도 공격성을 표출할 기회를 제공한다는 것이다. 그러나 너무 복잡한 전략게임은 시간이나 에너지를 낭비하기 때문에 선택하지 않는 편이 좋다. 전략게임을 사용할 때에는 아동의 인지수준, 발달수준 등을 고려하여야 한다.

③ 우연게임

우연게임은 아동의 지적 능력을 사용하는 전략게임과는 달리 우연하게 승자와 패자가 결정되는 경우이기 때문에 지능과는 관련성이 높지 않다. 윷놀이, 땅따먹기, 공기놀이, 다양한 주사위놀이, 빙고, 룰렛 등이 기회게임에 해당한다. 이 게임의 장점은 경험, 기술, 지적 능력이 필요 이상으로 요구되지 않기 때문에 비교적 치료자와 아동이 대등한 위치에서 게임에 임할 수 있다는 것이다. 게임을 할 때에 치료자보다 불리하다고 생각되는 아동들은 이 게임을 선호하는 경향이 있다. 반면에 전략이나 기술부족 때문에 아동이 쉽게 지루해 하는 경향이 있다.

〈표 12-2〉 게임 놀이의 종류에 따른 장단점

	장점	단점
신체기술 게임	• 규칙이 간단하고 쉽게 설명 가능 • 신체활동이 많은 아동에게 에너지의 정화적 이완으로 제공 • 행동문제에 대해 치료적으로 사용	• 정서나 감정을 언어로 표현하지 않고 행동으로 표출 • 좁은 공간에서 하기 어려움
전략게임	• 좁은 공간에서도 사용 가능 • 지적 강, 약점의 관찰 가능 • 신체적 게임과 연관시키지 않고도 공격성 표출 가능 • 간단한 수준	• 복잡한 전략의 게임은 많은 시간과 지적 소진이 발생 • 게임 후 놀이치료 세션에서 치료작업을 할 시간과 에너지가 소진
우연게임	• 기존의 능력이 게임의 결과에 영향을 미치지 못함	• 전략이나 기술이 요구되지 않음 • 쉽게 흥미 상실

(2) Schachfer & Reid의 분류

쉐퍼와 라이더(Schachfer & Reid, 1986)는 게임 놀이 도구를 네 분류로 정의하였다. 즉, 의사소통 게임, 문제해결 게임, 자아강화 게임, 사회화 게임이다.

첫째, 의사소통 게임은 전형적으로 자기표현을 격려하기 위한 것이므로 경쟁을 덜 강조한다. 이런 게임 유형들은 종종 다른 치료 게임보다 덜 구조화되고, 비위협적이고, 허용적인 분위기를 촉진하도록 고안되어 있다.

둘째, 문제해결 게임은 특별한 문제를 논의할 기회를 제공하는 매우 고도의 구조화된 활동이다.

셋째, 자아강화 게임은 서로 기량을 발휘하며 도전하도록 하며 주요 초점은 경쟁과 전략에 있다 좀 큰 아이들은 동료 간에 자아상을 형성하거나 기술의 특별한 비교를 증가하도록 하는 청소년 자아정체성 발달과 관련된 많은 이슈들을 반영하기 때문에 자아강화 게임에 대해 특히 강하게 끌리는 경향이 있다(Baumeister & Senders, 1988).

넷째, 사회화 게임은 일반적으로 집단치료에 사용되며, 친사회적 상호작용을 실습하도록 방향을 설정하고 자기 노출의 기초가 되는 역동성에 대한 민감성을 증가시킨다.

(3) 경쟁 게임

체스, 도미노, 카드 게임인 '전쟁 게임'과 같은 경쟁 게임의 경쟁관계는 어른과 아동이 같은 조건에서 게임을 함께 할 수 있게 한다. 성인에 의해 충분한 감정의 표현을 표출할 수 있게 되고 그것을 후에 아동이 모방하게 된다.

경쟁 게임에서 아동들은 놀이에서 느끼는 즐거움 이상으로 이기기 위해서 자신의 모든 것들을 사용하게 된다. 그러므로 치료자는 아동과의 게임에서 아동의 유능감, 자신에 대한 신뢰 정도, 충동통제, 좌절인내, 현실검증, 지적 기술, 자기상 집중 정도 등 자아과정을 관찰할 수 있다. 반면, 치료상황에서 아동의 속임수를 쓰려는 욕구 등 주의해야 할 점들이 있다.

하지만 경쟁 게임은 발달문제, 특수한 정신병리를 가지고 있어서 일반적인 놀이나 "대화" 치료에 참여하기 어려운 아동과 치료적 동맹을 맺게 하는 수단이다. 그러므로 치료자는 아동의 심리적 역동성을 이해하고 치료전략을 세워야 한다.

(4) 협동 게임

협동 게임은 협동적 상호작용을 촉진하는 게임으로 타인의 도움이 있어야 성공할 수 있으며, 여러 사람의 잘 조화된 노력이 필요하다. 협동 게임은 친사회적 기술을 배우는 강력하고 중요한 수단으로, 실제로 어린 아동이 협동적 게임을 했을 때, 친사회적 행동이 증가하고 공격행동은 감소한다는 연구가 있다. 정기적으로 협동 게임을 하는 아동은 지속적으로 친사회적 행동에 대해 훈련과 강화를 제공받고 있는 것이다.

어떤 게임이든지 협동 게임으로 구조를 바꿀 수 있고, 수많은 협동적 보드 게임, 활동 게임, 행동 게임, 워크북들이 시중에 나와 있다. 이들 게임의 대부분은 'Town Game Company'(캐나다)나 'Childs work/Child play'(미국) 회사에서 제작한다. Orlick이 지은 『협동 스포츠와 게임 책』(1982)에서 협동임의 다양한 예들은 찾을 수 있다. 이러한 책은 협동적인 목표를 구조화하는 데 유용하다. 협동 보드 게임은 서로 원하는 목적을 이루기 위해서 모든 아동이 보드 판 주변을 움직이며 함께 작업하고, 문제를 풀고, 협동하고, 나누고, 서로 돕는 것이 필요하다.

학령 전기에 적합한 협동 보드 게임으로는 '맥스(Max)', '수확철(Harvest Time)', '그래니의 집(Granny's House)', '잠자는 심술보(Sleeping Grump)' 등이 있고, 보드 게임이 아닌 협동 게임으로는 '협동 의자 빼앗기' 같은 것이 있다.

① 맥스(Max)

맥스 게임에서 모든 아동들은 고양이 맥스로부터 숲속 동물들을 보호하기 위해 협력해야 한다. 매번 맥스가 먹이에 가깝게 갈 때마다 참가자들은 그들이 준비해 둔 미끼(즉, 우유, 치즈)를 이용해서 맥스를 집 쪽으로 불러들인다. 게임의 목적은 모든 집단원이 보드를 돌면서 맥스로부터 숲의 동물을 구하는 것이다.

② 수확철(Harvest Time)

수확철은 4명에서 8명까지 참여할 수 있으며, '겨울 노인(Old Man Winter)'이 오기 전에 모든 집단원이 각자의 땅에 추수를 하도록 협동해야 한다. 집단원은 각자의 땅에서 추수를 하기 위해 협동하는 것이 유익하다는 것을 빠르게 배운다.

③ 그래니의 집 게임(Granny's House)

'그래니의 집 게임'에서 모든 아동은 장애물을 지나 그래니의 집에 도달하기 위해서 협동한다. 집단원은 제한된 재료로 여러 장애물을 극복해야 하며 이를 위해 집단원이 결정을 해야 한다. 그래니의 집에 도착하면 참가자의 승리이지만 도착 전에 재료가 바닥이 나면 참가자는 지게 된다.

④ 잠자는 심술보(Sleeping Grump)

'잠자는 심술보'는 4~7세 아동의 게임인데 잠자는 심술보가 깨기 전에 협동하여 나무에 올라 보물을 되찾는 것이다. 모든 참가자가 사다리 꼭대기까지 도착하면 게임에서 이기지만 사다리 꼭대기에 도착하기 전에 심술보가 도달하면 참가자가 진다.

⑤ 의자 빼앗기 놀이

협동 신체 게임의 예로는 협동 의자 빼앗기 놀이가 있는데, 이는 전통적인 의자 빼앗기 게임과 정반대다. 아동이 의자 주위를 돌다가 음악이 멈추면 혼자 앉을 의자를 찾거나 의자 한 개에 여럿이 같이 앉는다. 이러한 방식의 게임에서는 어느 누구도 그 놀이에서 제외되지 않고 대신 의자가 제거된다. 마지막 한두 개의 의자가 남을 때쯤이면 (집단의 크기에 달려있지만) 아동들은 자기 그룹이 성공하기 위해서 한 의자에 기대고, 붙잡고, 조그만 공간이라도 어떻게든 달라붙어 있어야 한다.

의자 빼앗기 게임은 아동들이 서로 짝을 지으려고 하지 않고, 파벌을 만들고 왕따시키는 것처럼 보일 때 사용하기에 적절한 게임이다. 이 게임에서 보통 다른 아이를 따돌리는 아동이 물리적으로 그들을 자기 그룹내로 잡아당기고, 의자를 나눠 앉으며, 서로 기대고, 따돌림 당하는 아동을 도우면서, 모든 놀이 참가자를 참여시키기 위한 전략을 짜는 모습을 볼 것이다. 이 경험은 전형적인 왕따에게 도움을 주며 패거리와 '조직'을 무너뜨리기 시작한다.

⑥ 기타 협동 게임

그 외에도, 실제 산 오르는 경험을 흉내 낸 모험 보드 게임으로 등산 놀이 (Mountaineering)란 게임은 아주 추운 날씨에 모든 집단원은 동상 및 설맹을 피하면서 함께 정상에 도착하기 위해 협동을 해야 하는 게임이다. 협동 미스터리 게임으로는 비밀문(Secret Door)이라는 게임이 있다. 탐정 게임(Investigators Game)은 8세 이상의 아동이 좋아하는 게임으로 범죄를 해결하는 과정에서 협동을 배운다.

'캔디랜드', '미끄럼과 사다리'나 의자 빼앗기 게임처럼 오랫동안 인기 있는 경쟁 게임들은 협동 규칙과 협동 목표가 있는 게임으로 재구조화하면 협동 게임으로 활용할 수 있다.

(5) 대화 게임

대화 게임은 게임을 진행하면서 치료자와 아동이 표현하는 언어를 가지고 치료를 하는 게임의 유형을 말한다. 이 게임은 경쟁 게임이 지닌 특징을 포함하면서 특별한 문제를 특별한 목적을 가지고 아동에게 접근해야 할 때 유용하다.

대화 게임에서의 치료자의 역할은 다음과 같다.

치료자는 아동이 감정과 생각을 언어화하도록 격려하며 허용적인 분위기를 만들어야 한다. 치료자는 아동의 적절한 모델이 되어 자기표현에 어려움이 있는 아동에게 자극제 역할을 하여야 한다. 치료자가 자기자신을 노출시키는데 부자연스럽거나 주저하게 되면 아동 역시 흥미를 느끼기가 어렵고 자기노출을 꺼려하기 때문이다. 그러므로 치료자도 게임에 흥미를 가지고 자신을 솔직하게 노출시킬 줄 알아야 한다. 이것은 치료자와 아동의 신뢰로운 관계형성에 도움이 된다.

아동이 내놓은 문제든 그렇지 않은 문제이든 그것을 편안하게 드러낼 수 있도록 치료자는 적절한 순간에 반영이나 질문을 하여 아동이 자신의 문제를 볼 수 있도록 도와주어야 한다. 대부분의 대화 게임은 승리에 목적을 두기보다는 게임과정이나 내용에 초점을 두기 때문에 비교적 경쟁 게임보다는 경쟁이 덜 강조된다. 그러나 아동의 특성이나 치료자의 특성에 따라서 게임에 쉽게 접근하고 흥미를 유발시키기 위해 경쟁의 요소를 포함시키는 경우가 있다. 치료자는 아동의 발달수준이나 치료적 상황을 고려해서 게임의 종류를 선택하고 융통성 있게 게임의 규칙을 정할 수 있어야 한다.

일반적으로 경쟁적 요소가 적고 놀이의 기본요소인 즐거움을 포함시켜 아동에 쉽게 접근할 수 있는 대화 게임에는 '알고싶어요', '당신의 기분은?(Ungame)', '말하기, 느끼기, 행동하기(Talking, Feeling, Doing)', '이웃사귀기(Neighborhood Game)', '내 마음을 느껴봐요(Touch My Heart)' 등이 있다.

① 당신의 기분은?(Ungame)

100가지 정도의 질문을 상자에 넣고 한 가지씩 뽑아 질문에 답하게 한다. 질문은 어떤 상황을 만들어 주고, 그 상황에 자신이 어떻게 할 것인가를 이야기하게 한다. 자신의 생각이나 가치관이 잘 드러날 수 있는 질문을 만드는 것이 좋다.

② 말하기 느끼기 행동하기(The Talking, Feeling, & Doing Game)

말하기, 느끼기, 행동하기 게임은 전형적인 보드게임으로 아동들에게 익숙한 형태와 모양으로 되어있다. 게임은 아동과 치료자가 출발점에 말을 가져다 놓고 시작한다. 서로 번갈아 주사위를 던져서 나오는 수만큼 말을 네모난 칸이 있는 구불구불한 길을 따라 움직인다. 도착지점에 말이 먼저 도달하면 이긴다. 도중에 흰색 칸으로 말이 들어가면 대화카드, 노란 칸이면 감정카드, 그리고 빨강 칸에 멈추면 행동카드를 가져간다. 말이 회전 표시칸에 놓이면 회전판을 돌리고 지시하는 방향에 따라 앞으로 또는 뒤로 이동하거나, 칩을 받거나 잃기도 한다.

추가로 앞으로 가시오 또는 뒤로 가시오라는 칸은 아동의 흥미를 더해 주어 아동의 참여도를 높이고자 하는 것이다. 대화, 감정, 행동 카드의 질문과 지시사항은 기본적으로 중요하며 아동이 반응하면 그에 따라 보상 칩을 받는다. 도착지점에 먼저 도착한 사람은 추가로 보상칩 5개를 얻는다. 시간이 다 되어 도착지점에 도착한 사람이 없이 게임이 중단될 경우 가장 많은 칩을 모은 사람이 이긴다. 하지만 칩을 얻기 위해 지나친 경쟁을 하지 않도록 조심하고 속도를 서서히 진행하고 각각의 반응에 치료적 변화를 위한 출발점으로서 사용하도록 노력해야 한다. 보다 깊이 있고 넓은 영역에서 토론하게 될수록 치료가치의 가능성이 점점 커진다.

게임의 핵심은 각 카드에 따른 지시문에 있다. 대화카드는 아동들에게 인지적이고 지적범위에 기초하는 것들을, 감정카드는 아동의 정서문제에 관한 이슈를, 행동카드는 신체활동이나 놀이행동을 포함한다. 총 104장으로 구성되어 있으며 실제 어떤 아이들도 대답할 수 있는 "네가 가장 좋아하는 아이스크림은 어떤 것이니?"와 같이 덜 위협적인 질문부터 "만일 집의 벽들이 말할 수 있다면 너의 가족에 대해 뭐라고 할까?"와 같은 적당한 정도의 불안을 일으키는 것까지 있다.

치료자는 아동에게서 어느 정도 대화를 이끌어 내야 할지 정할 때 신중해야 한다. 많이 저항하고 방어하는 아동은 자아강도가 강한만큼이나 심도 있는 대화를 참지 못한다. 또 치료자도 질문에 솔직히 답변해야 하나 무분별해서는 안 된다. 아동의 문제에 관련되어 있고 치료자 자신이나 치료자 가족신상의 비밀을 손상시키지 않는 것으로 선택하여야 한다. 이때 그 당시의 치료자의 경험 또는 과거경험을 이야기하면 아동이 치료자의 대답에 관심있어 하고 재미있어 한다.

③ 내 마음을 느껴봐요(Touch My Heart)

각각 다른 표정의 얼굴 카드 3장과 많은 수의 왕관 칩을 모으는 게임

※ 활동목표

자신과 타인의 정서를 인지하고 자신의 생각과 감정을 표현하는 능력이 향상된다.

※ 놀이방법

- 분리된 게임판 조각 4개를 맞추고 왕관칩을 각 게임자가 2개씩을 가진다.
- 게임자는 현재의 기분을 표현한 칩 하나씩 가지고 게임말로 사용한다.
- 게임자는 주사위를 던져서 게임말을 이동한다.
- 게임말이 느낌카드, 행동카드, 의견가크 자리 중 한곳에 도착하면 게임자는 보관함에서 카드를 가져와 크게 읽고 지시대로 따라하는데 카드를 원하지 않으면 2번까지 새로운 카드를 가져올 수 있다.
- 다른 게임자에게 왕관칩을 주어야 할 경우 자신이 가지고 있는 왕관칩이 부족하면 은행에서 빌려온 후 되돌려준다.
- 왕관칸과 얼굴칸에 도착하면 해당 카드를 가져온다.
- 각각 다른 표정의 얼굴카드 3장과 왕관칩을 가장 많이 모은 게임자가 이긴다.

5) 과정

게임놀이치료는 어떤 하나의 이론적 접근과 관련 있지 않으며, 어떤 특정한 일련의 절차나 적용 등으로 규정되지 않는다. 게임놀이치료는 아동들의 정서적 고통을 완화하는 데 도움이 되는 다양한 게임의 형태들을 활용하는 심리치료적 방법으로써 정의되는 것이 가장 좋다. 게임놀이치료에서 '치료'는 단지 아동과 게임을 하는 것 이상의 것을 포함한다. 게임놀이치료자는 아동들이 정신건강을 향해 제계적으로 나아가도록 돕기 위해 자신의 이론적 지향을 일련의 치료적 게임 소재들에 통합하는 고도로 훈련된 임상가다.

게임놀이치료는 전통적인 놀이치료 접근법들로부터 분리된 것이 아니다. 게임놀이는 이론적으로 전통적인 놀이치료와 구별될 수 없다. 이는 전통적인 놀이치료의 대안이 아니라 잠복기 연령에 해당되는 아동들의 발달적 요구를 보다 잘 충족시키기 위한 놀이치료의 확장 및 연장으로 볼 수 있다.

이론적인 지향과 상관없이, 다른 것들과 더 고유한 치료적 효과가 있는 게임을 선택하는 데는 어떤 지침들이 있다(Reid, 1992). 지나치게 복잡하고 지적으로 자극이 되는 게임은 아동들에게 상호작용보다는 놀이 기제에 집중하게 하는 경향이 있기 때문에 게임놀이치료에 적합하지 않다. 또한 두 명보다 많은 게임자가 요구되는 게임과 혼자 하는 게임의 경우는 적용하는 데 제한을 둔다. 게임은 그 공간에 적합해야 하며 과도하게 시끄럽지 않아야 한다. 게임 지속기간은 치료 시간에 맞아야 한다. 치료에서 대부분의 아이들은 오랜 시간이 걸리는 게임에 집중할 수 없다. 한

회기 내에 하나의 게임을 여러 차례 하는 것은 학습을 증진시키고, 이전 게임에서 잘하지 못했던 수행을 즉시 만회할 기회를 제공한다. 치료자는 필요하다면 아동이 진전하거나 퇴행할 수 있는 다양한 게임을 갖추어야 한다.

속이기(Cheating)는 종종 게임놀이치료에서 문제가 된다. 대부분의 치료자들은 속이기가 아동의 부적절감에서 나온다는 데 동의한다. 그러나 속이기를 어떻게 다룰지에 대한 치료자들의 의견은 매우 다양하다. 어떤 치료자들은 치료자를 속이는 것을 허용하는 것은 아동들에게 현실에 대처하는 것을 회피하도록 한다고 주장한다(Cooper & Wanerman, 1977; Meeks, 1970). 반면 다른 치료자들은(Berlin, 1986) 치료자가 아동의 이기고자 하는 욕구를 인식한다면 약간의 속이기는 허용해야 한다고 주장한다. 라이더(Reid, 1993)는 게임에서 속이기를 허용해서는 안 된다고 말한다. 왜냐하면 속이기는 오직 그곳에 내재된 아동의 느낌들을 강화하고 지속하게 하는 역할을 할 뿐이기 때문이다. 예를 들어, '나는 잘하지 못해서 규칙을 어기지 않고서는 이길 수 없다.'와 같은 생각이다. 그렇지만 치료자는 아동의 속이기를 제거해야 할 필요가 있는 문제로 여기기보다는 아동의 성격과 대처양식의 표현으로서 보아야 한다. 속이고자 하는 욕구가 강한 아이의 경우 속이기를 다루는 한 가지 방법은 그 문제를 개방적으로 꺼내서 두 명의 게임자 모두 속이기를 할 수 있다고 제한해 보는 것이다.

유사하게 게임에서 아동이 이기도록 해 주는 것에 대해서도 불일치를 보인다. 한쪽에서는 아동을 이기게 하는 것이 자존감과 숙달감에 도움이 된다고 하고(Berlin, 1986) 다른 한쪽에서는 아동에게 혼자 힘으로는 이길 수 없다는 메시지를 전달할 수도 있다고 한다(O' Connor, 1991). 이러한 관점에서 게임놀이치료자가 선택할 수 있는 하나의 방법으로는 우연 게임을 선택하거나, 가능하다면 선택한 게임을 수정해서 우연히 이기도록 하는 것이다. 우연의 요인에 의해 지는 것은 자존감에 훨씬 덜 위협적이다.

제 5 부

영유아교육기관에서의 상담적 접근 실제

제 13 장

영유아교육기관에서의 상담

1 바람직한 영유아교사의 역할

최근의 영유아는 주로 맞벌이를 하는 부모님 밑에서 양육되어지고 있는 바, 영유아교육기관에서의 생활과 아동상담 및 부모상담이 중요해지고 있다. 이에 보육교사는 영유아의 성장·발달 과정에 보호와 교육 전문가로서 신체적, 사회적, 정서적, 지적 발달을 균형 있게 격려할 수 있도록 교육방법을 연구하고 적용해야 하며, 교실환경을 구성하고 영유아를 가르치는 교육자로서 영유아의 연령과 발달수준에 따른 적절한 자극을 제공해야 한다.

역할이란, 사회에서 특정한 지위에 있는 사람들이 의식적으로 수행하고 다른 사람들에 의해서도 인정받고 있는 포괄적인 행동양식(곽영우 외, 2001)을 의미한다. 때문에 보육교사들은 부모들이 자녀걱정 없이 안심하고 사회경제 활동을 할 수 있도록 부모와의 정보교환 교류자로서 원활한 의사소통을 통해 교사나 영유아교육기관에 대한 신뢰감을 형성하도록 하는 역할도 담당하여야 한다.

1) 보호 및 양육자로서의 역할

영유아들은 부모를 떠나 영유아교육기관에서 집단으로 생활할 때 대부분 불안감을 떨치기 어렵다. 영유아가 보육교사를 마치 부모처럼 의지하고 신뢰할 수 있다면 이런 불안감은 곧 제거될 수 있다. 따라서 보육교사는 부모대리자로서 영유아의 보호와 양육을 위한 요구를 충족시키며, 성장과정에서 당면하는 불안과 긴장을 해소시키고 안정된 느낌을 갖도록 상황을 통제하고 자아를 옹호해주는 역할을 한다.

2) 학습촉진자로서의 역할

보육교사는 단순한 지식의 전달자가 아닌 학습의 촉진자로서 영유아들에게 다양한 학습자료와 학습경험을 마련해주고, 학습활동의 촉진을 위해 개개의 발달수준에 적절한 질문을 하고, 영유아 스스로 해답을 발견할 수 있도록 격려해 주어야 한다.

3) 훈육자로서의 역할

보육교사는 영유아들에게 사회에서 요구하는 태도, 가치관, 사회규범, 인성 등을 갖추게 함으로써 건전한 사회생활을 할 수 있도록 도와주어야 한다. 그것은 교육이 사회의 공공적 체제이며, 그 사회의 성원을 육성하고 충원하는 기능을 갖기 때문이다.

자기 주변을 잘 정리·정돈하지 못하여 다른 영유아에게 방해가 되거나, 놀잇감을 부수거나, 남의 것을 빼앗거나, 낮잠시간에 자지 않고 이리저리 돌아다니며 다른 아이를 잠들지 못하게 하거나, 집단이 공동학습을 할 때 참여하지 않고 큰 소리로 떠들어서 방해를 할 때 보육교사는 긍정적인 훈육방법으로 훈육해야 한다.

4) 의사결정자로서의 역할

보육교사의 하루는 수없이 많은 의사결정의 순간들로 이어진다. 학습활동의 계획과 조직뿐만 아니라 영유아 생활지도, 혹은 여러 가지 상황에서 보육교사는 의사결정자로서의 역할을 담당해야 한다.

5) 환경조성자로서의 역할

보육교사는 영유아가 건강하고 안전하며, 학습에 몰두할 수 있는 환경을 조성해 주어야 한다. 돌출물이나 위험물을 없애 사고를 미연에 방지하고, 실내·외 놀이시설의 안전점검 및 청결하게 유지할 수 있도록 신경을 써야 한다. 뿐만 아니라 다양한 학습이 이루어질 수 있도록 풍부한 자료와 교구를 마련해 주어야 한다.

6) 상호작용자로서의 역할

사회의 가치 및 규범, 생활양식 등을 보육교사와 영유아, 영유아와 영유아, 영유아와 교구 및 시설 등의 끊임없는 상호작용을 통하여 당면하는 문제의 어려움을 해결하게 된다. 그러므로 보육교사는 긍정적인 가치관을 가지고서 영유아와의 상호작용을 해야 한다.

7) 상담자로서의 역할

보육교사는 영유아에게 부정적 영향을 미치는 그의 가족문제를 발견하여 상담서비스를 제공해줌으로써 문제해결을 도와 궁극적인 보육의 목적인 건전한 성장·발달을 도모하여야 한다.

보육교사는 아동학대·무관심·영양실조·실업·질병 그리고 가족해체 문제 등 여러 가지 문제들에 관한 조기 개입하여 상담서비스를 제공하거나 타 사회복지기관에 의뢰하거나 지역사회자원과 연결하는 등의 전문적 지도계획을 세우고 실천해야 한다.

8) 지지자 및 모델로서의 역할

보육교사는 영유아들과 신뢰감 있는 상호작용을 통하여 발달과 학습에 필요한 정서적인 지지를 제공해야 한다. 모방능력이 급속하게 발달하는 시기에는 영유아들에게 교사의 지식이나 기술뿐만 아니라 교사의 가치관과 태도를 배우게 할 수 있도록 바람직한 모델이 되어야만 한다. 사이퍼(Saifer, 1990)는 문제행동의 출현을 예방하기 위한 유능한 교사의 학급운영 전략을 다음과 같이 제안하였다.

첫째, 프로그램의 목적에 따라 수행해가더라도 교사로서 자신의 역할을 알고 있어야 한다.

둘째, 기관에서의 하루가 즐겁게 시작되도록 하여야 한다.

셋째, 집단활동을 할 때에도 아동의 개인적 욕구를 같이 충족시킨다.

넷째, 아동 간에 유대감을 키워 성공적으로 집단에 소속되었다는 소속감을 갖도록 한다.

다섯째, 자유선택활동을 통해 아동이 자신의 일에 몰두하는 경험을 하도록 한다.

여섯째, 급·간식 시간이 편안하고 즐거운 시간이 되도록 한다.

일곱째, 계획에 갑작스러운 공백이 생기더라도 전이활동으로 아동들이 즐길 수 있도록 한다.

여덟째, 이 모든 전략에도 불구하고 아동이 자신과 타인 그리고 물리적 환경에 공격적 행동을 보였을 때에는 모두의 안전을 위하여 원칙에 따른 훈육이 이루어지도록 한다.

2 발달관련 문제

1) 자폐스펙트럼장애

자폐성 장애에 대한 Kanner의 최초 임상 보고가 있은 이후로도 많은 학자들은 여전히 자폐성 장애를 모호한 정신병적 질환, 정서장애, 아동기 정신분열증의 초기 증상 등으로 간주하였다. 이러한 관점은 1975년에 제정된 미국의 공법 94-142에도 반영되어, 자폐성 장애는 정신분열증 정신병이 포함된 심한 정서장애 serious emotional disturbance로 분류되게 된다. 그러나 대다수 자폐성 장애아동들이 대인관계 형성에 있어서 곤란을 지니는 등의 정신분열증(schizophrenia)이나 정신병(psychoses)을 앓는 성인들과 유사한 특성을 보이긴 한다.

자폐성 장애의 발병시기는 3세 이전이고 아동기 정신분열증 정신병의 발병시기는 그 이후인 점, 망상(delusion), 환각 hallucination 현상이 정신분열증 정신병에는 나타나나 자폐성 장애에서는 나타나지 않는 점, 정신분열증 정신병을 앓는 개인의 경우는 정상 또는 정상에 가까운 기능과 정신병적 기능이 혼재되어 나타나나 자폐성 장애아동들의 기능 특성은 일관되게 나타나는 점 등을 고려해볼 때, 자폐성 장애를 정신분열증 정신병과 같이 취급하여 심한 정서장애로 분류하는 것은 그릇된 결정이라는 미국자폐증협회(The Autism Society of America)의 강한 반발이 있게 된다. 그리하여 1981년 미 연방의회는 자폐성 장애를 잠시 기타 건강장애(other health impairments) 영역에 포함시켰다가, 1991년 이후부터는 별개의 장애 영역으로 분류하여 장애인 교육법에 명시하고 있다.

자폐스펙트럼장애는 사회적 상호작용과 의사소통 발달의 질적인 손상과 제한적이고 반복적이며 상동적인 행동 등을 주요 특성으로 한다. 자폐스펙트럼장애의 복합성으로 인해 35~40% 정도가 구어가 나타나지 않으며, 의사소통, 사회적 상호작용, 흥미 및 활동 범위에서의 일탈을 나타낸다. 3세 이전에 의사소통, 사회적 상호작용, 흥미 및 활동의 영역에서 반드시 비정상적인 행동을 보여야만 판별이 된다.

자폐스펙트럼장애의 약 25~33%가 평균 또는 그 이상의 지적능력을 보이기도 하지만(Fonbonne, 1999), 정신지체 범위의 발달지수(quotients)에 많은 수가 나타난다(Chakrabarti & Fombonne, 2001; White, Oswald, Ollendick, & Scahill, 2009).

사회적 상호작용의 질적 손상은 자폐스펙트럼장애의 가장 두드러진 특성 중 하나이다. 자폐스펙트럼장애 아동은 사회적 관계에서 언어적·비언어적 의사소통의 결함으로 비정상적이고 제한적인 눈 맞춤으로 눈을 마주치지 않고, 안아 주어도 신체적인 접촉에 특별한 반응을 보이기도 하며, 타인의 상황이나 감정을 이해하는데 어려우며, 자신의 요구에 기계적인 반응을 기대한다. 무표정한 얼굴표정과 감정표현이 없으나 자신의 요구가 관철되지 않을 경우 고성을 지르거나 자해행동이나 공격적인 행동을 보이기도 한다. 또 관계 발전, 유지 및 관계에 대한 이해의 결함으로 다양한 사회적 상황에 직합한 적응적 행동의 어려움, 상상놀이를 공유하거나 친구 사귀기가 어려움, 동료들에 대한 관심 등의 결여로 발달수준에 적합한 또래관계를 맺는데 어려움을 가진다.

자폐스펙트럼장애아동도 만 3~4세 정도가 되면 부모, 형제, 가족 등을 인식하고 애착을 형성하며 자신 주변을 인식하고 이해하기도 한다. 그러나 제한적인 애착형성으로 형제·자매 그리고 또래 친구들에게는 전혀 관심을 보이지 않을 수도 있다.

우선 눈을 마주치지 않고, 안아 주어도 신체적인 접촉을 과히 좋아하지 않거나 싫어하는 경향이 있고, 엄마로부터 격리가 되어도 울고불고 야단하지 않으며, 엄마와 다른 사람을 구별하지 않는 듯 보인다. 다른 사람의 입장이나 감정을 이해하는 것 같지도 않고, 개의치 않으며, 다만 자기가 원하는 바를 기계적으로 해주기를 요구한다. 얼굴표정이 무표정하며, 즐겁다거나 행복하다는 감정이 없고, 다만 원하는 일이 안되었을 때 소리를 지른다거나 괴상한 행동을 보인다.

자페아동도 만 3~4세 이상이 되면 서서히 부모의 중요성을 인식함으로써 부모와 어느 정도의 애착이 이루어진다. 그러나 자기 형제나 자매 그리고 또래 친구들에게는 전혀 관심을 보이지 않는 수가 많다.

자폐아는 특정한 내용에 대한 기억력이 아주 좋아 가르쳐 주지 않았는데도 전철역의 순서나 부모가 대화하는 내용에서 나온 날짜나 시간, 생년월일이나 전화번호, 구구단 등은 쉽게 외우고 기억한다. 가끔 책을 혼자 읽는 등의 뛰어난 발달을 보이는 경우도 있지만, 대부분 가르쳐주면 읽고 쓰는 것은 쉽게 한다. 그러나 책의 내용을 이해하고 이야기의 내용을 파악하는 데에는 어려움이 많다. 자폐아동은 특히 수에 집착한다. 수를 일찍부터 좋아해서 숫자가 적혀있는 신문이나 전화번호부, 달력, 전자시계 보기를 매우 좋아한다. 숫자를 쓰거나 수 계산도 기계적으로 암기해서 쉽게 하기도 한다. 반면에 수 개념의 이해와 발달은 느리고 한계가 있으며, 수를 활용하거나 응용하여 사용하는 데에는 상당한 어려움이 따른다.

일부 자폐아동들은 과잉운동이 심하여 산만하고 부산하며, 아무거나 물건을 만지고, 일정한 활동에 집중하지 못하고, 자신의 머리를 벽이나 마루에 박거나 살갗을 계속적으로 뜯는 자해행위도 보인다. 그러나 자폐아는 공격적이거나 파괴적이지는 않다. 오히려 남들이 자기한테 해를 끼쳐도 이를 방어하지 못하고, 타인에 대한 공격적 행동이 결여된 경우가 많다. 이들은 또한 특이한 자세와 발끝으로 걷는 것, 혹은 손가락 돌리기 등을 보이고, 전체적인 운동에 있어서도 유연성이 결여됨을 볼 수 있다.

자폐아의 다른 특성은, 그들의 발달이 전반적으로 지연된 것은 사실이지만 일률적으로 지연된 것은 아니고, 일부는 발달이 매우 앞서 있을 수 있다. 예를 들어서 기계적인 기억, 어떠한 특정한 조작능력 등은 정상아보다 뛰어날 수가 있다. 여러 면에서 발달수준이 불규칙한 면을 보인다. 또 하나의 특성은 이들은 주위 환경으로부터 오는 자극이 여러 가지 있을 때 그 중 한 가지에만 집착함으로써 과잉반응을 보이고, 다른 자극은 무시하는 과소반응을 보이기도 한다.

지능은 25%의 자폐아동이 정상 및 경계선급 범위에 속하고, 나머지 75%는 정신지체 범위에 속한다. 자폐스펙트럼장애의 복합성으로 인해 35~40% 정도가 구어가 나타나지 않으며, 의사소통, 사회적 상호작용, 흥미 및 활동 범위에서의 일탈을 나타낸다. 3세 이전에 의사소통, 사회적 상호작용, 흥미 및 활동의 영역에서 반드시 비정상적인 행동을 보여야만 판별이 된다.

아울러 자폐스펙트럼인의 25~33%만이 평균 또는 평균 이상의 지적 능력을 보인다(Fonbonne, 1999). 자폐스펙트럼인들이 다양한 수준의 IQ 점수를 보이지만 대부분은 정신지체 범위의 발달지수(quotients)를 보인다(Chakrabarti & Fombonne, 2001; White, Oswald, Ollendick, & Scahill, 2009).

2) 레트장애

비교적 정상적 발달을 보이던 유아가 만 1살 내지 2살부터 심한 퇴행현상을 보이면서 여러 가지 자폐적인 증상을 보이며 언어도 못하게 되고 특히 상동적 손운동, 특징적으로 손을 씻는 듯한 운동과 입 속에 손가락을 집어넣는 등의 행동을 보인다. 이 장애의 예후는 매우 나쁘며 점진적으로 더 심각한 신경학적 장애를 보이는 수가 많다.

레트장애는 생후 약 5개월 동안의 정상적으로 발달하는 시기가 있는 것이 특징이다. 이 장애를 가진 아동은 정상적인 머리둘레를 가지고 태어나지만 생후 5~48개월 사이에 머리 성장이 감속한다. 또한 30~60개월 사이에는 과거에 습득한 손 기술을 상실하는 특성을 보이는데, 초기 증상으로 손을 비트는 동작이나 손을 씻는 듯한 비비는 동작이 흔히 나타난다(Tsai, 1998). 이들은 전형적으로 심한 정신지체를 동반하며, 여아에게서만 발견되는 것이 특징이다. 매우 드물게 발생하는 장애이다.

3) 소아기 붕괴성 장애

Heller에 의해 처음 보고된 아동기 붕괴성 장애는 보통 3세에서 4세까지 거의 정상적인 발달을 보이다가 심한 퇴행과 행동의 붕괴를 보인다. 이미 있었던 언어, 사회성, 놀이 등이 소실되고 심각한 퇴행을 보여 상동행동, 반복행동 등을 보이면서 분명한 신경학적인 증상과 소견을 보이는데 이들은 대뇌피질의 기질적인 변화가 있는 것으로 판명된 장애로 볼 수 있다.

소아기 붕괴성 장애는 생후 2년 동안 명백한 정상발달이 이루어지고, 그 후에 현저한 퇴행이 나타난다. 사회적 상호작용과 의사소통 기술의 지체를 보임과 동시에 대상과 환경에 대한 광범위성인 관심의 상실을 나타낸다. 이 장애는 매우 드물게 발생하는 장애로 여아보다 남아에게서 보다 많이 나타나는 것으로 알려져 있다.

4) 아스퍼거 장애

아스퍼거 장애는 3~4세까지 관찰되는 특이한 아동들을 Kanner와는 별도로 보고한 장애이다. 사회성과 대인관계의 문제가 두드러진 장애이고 일반적으로 지능과 언어발달은 비교적 정상이나 남을 생각하지 않고 남의 마음을 이해하지 못하는 그러면서 특이한 지식추구나 활동에 매여 있다고 이 장애의 특징을 보고한 논문들도 있다. 그러나 이들이 자폐의 한 아류인지 또는 지능이 높은 자폐아동인지에 대해서는 논란의 여지가 있다.

아스퍼거 장애는 자폐 장애와 공통된 특성을 보이지만 임상적으로 심각한 언어발달의 지연이 없는 것이 차이점이다. 이 장애를 가진 아동은 운동 지연 혹은 서투른 동작을 나타내기도 하는데, 발병시기는 자폐 장애와 비슷하나 학령기에 들어서면서 사회적 상호작용의 어려움을 뚜렷하게 나타낸다. 이들은 인지기능이 정상범위에 속하는 자폐 장애 아동과 구별하기가 쉽지 않지만, 지능검사상의 점수 분포가 고기능 자폐 장애 아동의 경우 언어성 검사와 비언어성 검사 간에 불균형을 나타내는 반면에 아스퍼거 장애 아동은 균형적인 점수 분포를 나타낸다.

3 가족관련 문제

1) 부부문제

전통적인 부자관계 중심의 수직적 가족관계가 부부관계 중심의 수평적 가족관계로 중심축이 옮겨 가면서 부부갈등에 따른 부부문제가 급증하고 있다. 부자중심의 수직적 가족관계에서는 남편이 경제활동을 하면서 경제권과 의사결정권을 독점하였으며, 아내는 가사와 육아를 전담하고 남편에게 경제적으로 의존하였다.

그러나 부부중심의 수평적 가족관계로 전환되면서 여성의 교육기회 확대와 경제활동 참여 증가로 경제권과 의사결정권이 강화되었다. 평등한 부부관계의 욕구는 높아지고 있으나, 역할분담은 전통적 관습에서 벗어나지 못하고 있다. 이러한 현상은 부모세대에게서 학습한 것이 지속되어 부부관계에 큰 문제로 대두되고 있다. 이와 같은 문제는 대화문제, 신뢰문제, 성문제, 재정문제 등 부부관계에 관련된 다양한 문제의 근원이 되고 있다.

2) 부모부양문제

전통적으로 우리나라 부모는 젊은 시기에는 자녀양육을 위해 희생하고, 노년기에는 자녀의 부양을 받으며 생활하는 것을 당연하게 생각해왔다. 그러나 기혼자녀가 부양에 대한 의무감이 감소하면서 자녀양육에 헌신한 부모세대와의 갈등이 사회문제로 대두하게 되었다.

최근에는 맞벌이부부의 증가로 자녀양육문제가 대두되자 딸이 부양하는 사례가 증가하면서 장모-사위 또는 장인-사위 관계도 불편해지는 일이 증가하고 있다. 또한 자녀 간 부모부양 책임문제가 형제자매 간의 갈등요인이 되어 가족문제의 현안으로 대두되기도 한다.

3) 자녀양육문제

혈통주의가 강함에 따라 학령전기의 자녀를 가정에서 양육하는 것을 절대시해왔으나, 기혼여성의 사회진출에 따른 자녀양육문제는 중요한 가족문제가 되었다. 많은 학자가 아동이 태어난 초기에 어머니와의 애착관계의 중요성을 강조하고 있으나, 기혼여성의 사회진출에 대한 제도적 인프라가 부족한 우리나라로서는 맞벌이부부에게 자녀양육문제는 매우 심각한 사회문제가 되고 있다.

핵가족화로 자녀양육에 대한 모델링의 경험이 부족한 젊은 부모에게 자녀양육에서 중요한 문제로 부각되고 있다. 아동 초기에 부모와 적절한 상호작용을 이루지 못한 자녀세대와 자녀양육에서 자신감을 갖지 못한 부모세대는 자녀의 사춘기에 들어서 극심한 갈등을 맞게 되고, 이는 자녀 가출의 요인이 되기도 한다. 또한 이 시기는 부모도 중년기에 들면서 자신의 인생에 대한 회의가 일어나는 때로서, 자기 관리가 부족하거나 사회적 실패를 경험하고 있는 부모는 자녀양육에의 자신감을 상실할 수도 있다. 그리고 성인자녀가 경제적, 정서적으로 독립하지 못하여 부모-자녀관계가 불편해지는 경우도 증가하고 있다.

4) 가정폭력문제

흔히 관심의 대상이 되는 것은 부부간 폭력문제이다. 폭력의 심각성에 관한 연구에서 피해자인 아내는 신체적으로 타박상에서부터 심각하게는 골절까지 당한다. 하지만 가끔 폭력 이후의 표현되는 남편의 사랑표현으로 인해 폭력의 심각성에 대해 심각성을 느끼지 못하는 '학습된 무기력' 상태에 이르게 되기도 한다.

아내에 대한 폭력은 일회성 사건이 아닌 장기간에 걸친 행태임에도 불구하고 경제적 자립에 대한 두려움과 여성의 인내를 미덕으로 요구하는 사회문화적 관념으로 인하여 매 맞는 관계를 떠나지 못하는 구조적 문제를 지니고 있다. 한편 최근에는 남편에 대한 아내의 폭력도 보고되고 있지만, 아직까지의 가정폭력의 최대피해자는 여성이다.

4 심리·사회·정서관련 문제

1) 불안

(1) 정의

불안장애는 다양한 형태의 비정상적, 병적인 불안과 공포로 인하여 일상생활에 장애를 일으키는 정신질환을 통칭한다. 불안과 공포는 정상적인 정서 반응이지만, 정상적 범위를 넘어서면 정신적 고통과 신체적 증상을 초래한다. 불안으로 교감신경이 흥분되어 두통, 심장 박동 증가, 호흡수 증가, 위장관계 이상 증상과 같은 신체적 증상이 나타나 불편하고 가정생활, 직장생활, 학업과 같은 일상활동을 수행하기 어려운 경우 불안장애로 진단할 수 있다. 이러한 불안장애에는 다양한 진단이 있으며, 각각 특징적인 정의와 진단기준이 마련되어 있다(이성진, 2007).

불안장애에 해당하는 질환으로는 공황장애(광장공포증을 동반하거나 하지 않는), 특정 공포증(고소 공포증, 혈액 공포증, 뱀 공포증 등), 사회 공포증, 강박장애, 외상 후 스트레스 장애, 범불안장애, 급성 스트레스 장애가 포함된다.

(2) 원인

불안장애에는 각기 다른 성격의 여러 정신질환(공황장애, 강박장애, 외상 후 스트레스 장애, 특정 공포증 등)이 속해 있어, 복합적이라 원인을 한마디로 규정하기는 어렵다. 일반적으로 불안이나 우울 등의 정서적인 부분을 담당하는 뇌신경 내의 신경전달물질의 부족 또는 과다, 유전적으로 타고난 소인, 뇌영상 연구에서 밝혀진 뇌의 기능적 또는 구조적 변화를 포함한다.

사회심리학적인 측면, 과거의 경험과 현재의 받아들인 정보를 해석하고 판단하는 인지행동적인 부분까지도 병적인 불안을 일으키는 원인이 될 수 있다. 특히 외상 후 스트레스 장애나 급성 스트레스 장애는 극심한 정신적 충격을 일으키는 사고나 재해 등이 원인으로 주로 발병한다.

(3) 종류

① 공황장애

공황 발작 시 호흡곤란, 가슴 답답함, 심장 박동 증가, 발한, 기절, 죽을 것 같은 생각 등과 같은 증상이 있을 수 있으며, 발작이 없을 때는 발작이 재발할 것에 대해 과도하게 걱정하고, 공황 발작과 관련되어 있다고 생각하는 장소(사람 많은 곳, 좁은 장소, 터널 등)나 교통수단(지하철, 비행기 등)을 회피하는 것이 주요 증상이다.

② 강박장애

자신의 손이 오염되었다는 생각, 집에 문을 잘 잠그고 왔는지에 대한 걱정, 주변 물건의 배치를 대칭적으로 해야겠다는 생각 등이 자꾸 머리 속에 떠올라 이를 행동으로 옮기지 않으면 불안감이 증가한다. 이러한 불안을 덜기 위해 손을 20~30분씩 자주 씻어 습진이 생기거나, 칫솔질을 오래 해 잇몸이 손상되거나, 문이 잘 잠겼는지 자꾸 확인하여 외출하는 데 시간이 오래 걸리는 등의 증상이 있다.

③ 외상 후 스트레스 장애

정신적 충격을 주는 사고나 재해 이후에 꿈이나 회상을 통해 사고나 재해를 반복적으로 재경험하게 되거나, 이와 관련된 장소나 교통수단을 회피하고, 각성, 흥분상태가 지속되어 불면, 감정 통제의 어려움 등을 느끼게 된다.

④ 범불안장애

과도한 불안과 걱정이 장기간 지속되며, 이를 통제하기 어렵고 불안과 연관된 다양한 신체 증상(불면, 근긴장도 증가 등)이 있다.

⑤ 특정 공포증

특정 조건에서 불안이 과도하게 상승하여 행동에 대한 통제가 되지 않는 것으로, 높은 곳, 뱀, 곤충, 혈액, 주사기 바늘 등을 접했을 때 울면서 주저앉거나 의식을 잃는 등의 행동이 나타난다.

⑥ 사회 공포증

특징적 증상은 다른 사람들 앞에서 말하거나 행동하는 것을 매우 힘들어하는 것이다.

2) ADHD

(1) 정의

주의력 결핍/과잉행동 장애(Attention Deficit/Hyperactivity Disorder, ADHD)는 아동기에 많이 나타나는 장애로, 지속적으로 주의력이 부족하여 산만하고 과다활동, 충동성을 보이는 상태를 말한다. 이러한 증상들을 치료하지 않고 방치할 경우 아동기 내내 여러 방면에서 어려움이 지속되고, 일부의 경우 청소년기와 성인기가 되어서도 증상이 남게 된다.

(2) 원인

이 질환의 정확한 원인은 현재까지 알려진 바가 없다. 뇌영상 촬영에서 정상인에 비해 활동과 주의집중을 조절하는 부위의 뇌 활성이 떨어지는 소견이 관찰되며, 이 부위의 구조적 차이도 발견되고 있다.

ADHD진단 받은 아이의 부모들은 자책과 비난에 노출되기 쉽다. 그러나 원인은 육아방법에 의하기보다는 유전적인 경향과 더 연관된 것으로 보인다. 이 질환은 가족력이 있으며 몇몇 유전자가 이 질환의 발병과 관련 있을 것으로 보인다. 특히, 카테콜아민 대사의 유전적인 불균형이 가장 중요한 역할을 하는 것으로 보인다.

특정 환경적 요인은 이 질환의 발병과 악화에 연관될 수도 있다. 아직 많은 부분이 잘 알려지지 않았지만 몇 가지 가능성 있는 요인은 다음과 같다.

① 흡연, 음주, 약물 : 환자 어머니의 산전 흡연 노출(직간접흡연)은 이 질환의 발병과 관련이 있다. 임신 중의 술과 약물은 태아의 신경세포의 활성을 줄이는 것으로 보인다.

② 학동기 이전의 특정 독소의 노출 : 특히 페인트나 오래된 건물의 수도관에서 발견되는 납의 노출은 이 질환뿐만 아니라 아이의 분열적이고 폭력적인 행동과도 관련 있다.

③ 음식첨가물 : 인공색소와 식품보존제와 같은 음식첨가물 또한 과잉행동을 유발하는 것으로 보인다. 설탕은 과잉행동의 유발물질로 흔히 의심되지만 아직까지 확실한 증거는 없다.

그리고 미숙아, 저체중아, 그리고 어릴 때의 머리부상 등은 이 질환과의 관련성이 불분명하다. 다양한 환경적인 요인이 이 질환의 원인으로 거론되고 있으나 아직 환경적 요인의 중요성은 논란의 여지가 많다.

(3) 증상

ADHD 아동들은 자극에 선택적으로 주의 집중하기 어렵고, 지적을 해도 잘 고쳐지지 않는다. 따라서 선생님의 말을 듣고 있다가도 다른 소리가 나면 금방 그곳으로 시선이 옮겨가고, 시험을 보더라도 문제를 끝까지 읽지 않고 문제를 풀다 틀리는 등 한 곳에 오래 집중하는 것을 어려워한다. ADHD 아동들은 허락 없이 자리에서 일어나고, 뛰어다니고, 팔과 다리를 끊임없이 움직이는 등 활동수준이 높다. 생각하기 전에 행동하는 경향이 있으며 말이나 행동이 많고, 규율을 이해하고 알고 있는 경우에도 급하게 행동하려는 욕구를 자제하지 못하기도 한다.

유아기에는 증상으로 표현되기보다는 일상적인 행동이나 습관으로 나타날 수 있다. 젖을 잘 빨지 못하거나 먹는 동안 칭얼거리고 소량씩 여러 번 나누어서 먹여야 하고, 잠을 아주 적게 자거나 자더라도 자주 깨며, 떼를 많이 쓰고 투정을 부리고 안절부절 못하거나, 과도하게 손가락을 빨거나 머리를 박고 몸을 앞뒤로 흔드는 행동을 하기도 한다. 기어다니기 시작하면 끊임없이 이리저리 헤집고 다니기도 하고 수면 및 수유 등 일과가 매우 불규칙적한 모습을 보이기도 한다. 흔히 학교 갈 나이가 되었을 때 ADHD 증상이 의심되는 경우, 과거 유아기의 행태를 참고해 봐야 한다.

3) 품행장애

파괴적인 행동문제들은 부주의, 과잉행동 및 충동성도 공격성, 반항적 행동 및 보다 심각한 품행문제로 구분된다. "품행장애(conduct disorder)"라는 용어는 심각한 정도의 공격적-반사회적 행동을 나타내기 위해 사용된다.

(1) 품행장애의 특징

품행장애의 증상은 타인의 기본적 권리를 침해하거나 사회적 규범이나 규칙을 위반하는 행동을 지속적이고 반복적으로 나타내는 것이다, 즉, 6개월 이상 지속적으로 도둑질, 강도행위, 방화, 만성적 무단결석, 물건 파괴, 혹은 빈번한 육체적 싸움과 같은 행동들 중 최소한 세 가지 이상을 행하는 경우이면 품행장애로 진단한다.

품행장애가 있는 아이들은 다른 사람들과 동감대가 전혀 없고, 다른 사람들의 감정, 소망, 안정에 관심이 전혀 없다. 이 장애가 있는 공격적인 아이들은 특히 애매모호한 상황에서 다른 사람의 의도를 실제보다 적대적이고 위협적인 것으로 오해하며, 이에 따라 공격적으로 반응하며, 그리고 나서는 자신이 정당하고 합리적이라고 느낀다. 또한 냉담하며 죄책감이 결여되어 있다. 이러한 아이들은 죄책감을 표현함으로써 처벌을 줄이거나 처벌을 모면할 수 있음을 알기 때문에, 그들이 표현하고 있는 죄의식이 진실한 것인지 아닌지를 평가하는 것은 어렵다. 그들은 계속적으로 친구를 괴롭히고 자신의 잘못을 다른 사람 탓으로 돌리려고 한다.

그들은 남에게 "강한 인상"을 주고자 하지만 흔히 자신감이 부족한 상태에 있다. 낮은 좌절, 인내력, 자극받기 쉬운 과민한 상태, 폭팔적인 기질, 무모함이 흔히 동반되는 양상이다. 품행장애는 흔히 어린나이에 성행위, 음주, 흡연, 불법 약물 사용, 무모하고 위험을 초래하는 행동이 동반된다. 불법 약물 사용으로 인해 품행장애가 지속될 위험성이 증가된다.

품행장애의 행동은 학교휴학 또는 퇴학, 직업 적응 문제, 법적 문제, 성병, 예기치 않은 임신, 사고나 싸움으로 인한 신체적 손상을 가져온다. 이러한 문제들은 정상적인 학교 출석을 못하게 하고 가정에서 살아가는 것을 불가능하게 만든다. 또한 품행장애는 평균 이하의 지능이 동반된다. 학업 수행, 특히 독서나 다른 의사소통장애를 진단 내릴 수 있다. 품행장애가 있는 소아에게 주의력결핍 및 과잉행동장애가 흔하다. 품행장애는 또한 학습장애, 불안장애, 기분장애, 물질관련 장애 가운데 1가지 이상의 장애를 동반한다.

아동기 발병형은 주로 남아에게 많고, 대개 타인에게 신체적 공격을 가하고, 또래관계에 문제가 있다. 또한 아동기에 발병한 경우가 청소년기에 발병하는 경우보다 더 지속적이고 이후 반사회적 성격장애로 이어질 가능성이 높다. 일반적으로 유아기에는 품행장애를 보이는 남아와 여아의 비율이 별로 차이를 보이지 않으나, 아동기에는 남아가 여아보다 신체적 공격성이나 그 외 외적인 행동문제를 나타내는 비율이 훨씬 높다.

(2) 품행장애의 원인

품행장애와 빈곤, 스트레스, 부부갈등, 아동학대와 같은 가정환경 간에 관련이 있는 것으로 나타났다. 품행장애를 일으키는 요인으로는 여러 가지가 있다.

부모의 거부와 무관심, 고약한 유아의 성질, 가혹하고 일관성 없는 양육방식, 신체적 학대나 성적 학대, 지도의 결여, 어린 시절 수용시설에서의 생활, 보호자의 잦은 교체, 대가족의 크기, 비행친구와의 접촉, 가족의 정신병리가 그러한 요인에 속한다. 특히 부모가 반사회적 인격장애이거나, 알코올 중독인 경우 특히 흔하다.

(3) 품행장애의 치료

치료는 예방적인 노력으로 가정환경의 변화, 교육과 지원을 통한 부모자녀관계 형성 등이 필요하나. 또한 이미 품행장애를 나타내는 아동들에게는 잘못된 행동에 대한 억압보다는 사회적 문제해결 기술과 사회적 능력을 증진시켜 주는 것이 중요하다.

많은 치료 형태가 품행장애 아동을 위해 시도되고 있지만 일부 치료의 효율성만이 조심스런 경험적 평가를 받았다. 부모훈련, 인지적 문제 기술 훈련, 기능적 가족치료, 지역사회에 기초를 둔 프로그램, 다체계적 치료 등이 효과를 보이거나 가능성 있어 보이는 치료법들이다.

4) 학습장애(learning disabilities)

(1) 학습장애의 특징

보통 부모들의 하소연에서 언급되는 학습부진 또는 학습지진과 구별되는데, 그 이유는 불량한 학업환경이나 낮은 지능, 교육기회의 상실 등의 결과로 생기는 학업수행의 저하가 아니라 어떤 특정 인지장애, 즉 주의집중, 지각, 기억, 사고 등에

장애가 있거나 혹은 대뇌신경학적으로 미소한 기능의 장애로 인한 전반적인 학습 수행 또는 특정 영역에서의 뒤떨어짐을 의미하며 특수 학습장애(Specific Learning Disorder; SLD)라고도 일컬어진다.

일반적으로 학습장애 증상을 보이는 대부분의 아동들은 특정 교과서에서 성적이 떨어지거나 또한 다른 아동보다 한층 더 노력하지만 성적이 좀처럼 향상되지 않는 경향을 보인다. 이러한 현상을 학교에서 뿐 아니라 가정에서도 일어나는데, 놀이의 규칙을 모르거나 사람과 이야기하는데 부끄러움을 느끼기도 한다. 외견상으로 정상아동과 같아 보여 학교나 사회에서 쉽게 간과해 버린다. 하지만 하려고 해도 할 수 없고, 아예 할 수 없을 것 같이 생각해 버리는 경향이 있어 이해할 수 없는 상태가 계속되는 것이 학습장애 아동의 또 다른 특징이다.

학습장애가 가장 흔하게 나타나는 학업 분야는 읽기, 쓰기 및 셈하기이다. 먼저 읽기장애는 개인의 생활연령, 측정된 지능, 나이에 비추어 기대되는 정도보다 읽기 성적이 현저하게 낮게 나타나는 경우이다. 이처럼 읽기 분야에서 어려움을 나타내는 경우를 '난독증(dyslexia)'이라고도 한다. 난독증인 아동들은 음운론적 기술에 문제가 있다. 즉, 읽거나 철자를 기억하는 능력이 심하게 손상된 경우이다. 난독증은 학습장애 중 가장 흔한 형태로, 학습장애 아동의 80%정도가 이에 해당된다. 난독증을 보이는 아동들은 쉽게 우울해자거나 학업 분야에서 자신감이 낮은 경향을 보인다. 또한 또래들에 비해 주의력결핍 과잉활동장애의 징후를 보이는 경향이 높다(이달엽, 2003).

쓰기장애는 일반적으로 문장 내의 문법이나 구두점의 잘못, 문단 구성의 빈약함, 철자법 실수, 지나치게 형편없는 필체 등으로 표현된다. 따라서 쓰기장애가 있는 아동들은 종종 글씨를 쓰거나 철자를 기억할 때 혹은 작문을 할 때 어려움을 느낀다.

셈하기 장애에는 여러 가지 다른 기능상 문제가 포함된다. 즉, '언어적' 기능, '지각적' 기능, '주의집중' 기능, 그리고 '산술적' 기능의 문제들이 있다.

학습장애아는 교내와 교외에서 여러 가지 문제에 직면한다. 학교에서는 주의집중력이 부족하고, 토론학습에 잘 참여하지 못하고, 숙제를 잘 해내지 못한다. 그리고 공부습관이 좋지 못하고, 숙제를 거의 안 하며, 시험을 치르는 기술도 없다. 또한 사회적 기술의 부족으로 인해 다른 사람의 기분을 제대로 파악하지 못하고, 부적절하게 반응하며, 자신의 행동이 다른 사람에게 어떤 영향을 미치는지 제대로 이해하지 못한다.

(2) 학습장애의 원인

학습장애의 원인은 다음과 같다(이효정 역, 2012).

첫째, 언어의 기능장애는 "가족안에서 계승"되는 것으로 알려졌고 철자장애를 가진 아동의 부모와 형제가 위험에 있다는 연구가 있다. 또한 쌍생아 연구에서는 이란성보다 일란성이 언어장애에서 보다 큰 일치도를 보였다. 읽기장애의 아동의 일촌 친척 중 35~40%가 읽기 문제를 보이는데, 이것은 일반 집단의 유병률보다 높은 숫자다.

〈표 13-1〉 학습장애의 포괄적 평가를 위한 Taylor의 모델

학습장애의 원인	
생물학적요인	• 신경학적 장애의 역사 • 만성적인 의학적 상태 • 약물치료
인지적/신경 심리적 기술	• 특정한 기술영역의 결함(예: 언어, 주의, 지각운동능력, 추상적 추론, 기억) • 집행기능의 결함(예: 계획, 조직, 학습 혹은 문제해결의 전략)
학업성취/학교 수행	• 손상된 학업기술 • 과제완성의 실패 • 능력에 비해 낮은 수행
심리사회적 적응/동기	• 품행이 나쁨, 불복종, 의존성 • 다른 행동문제(예: 위축, 우울, 신체화된 불평) • 손상된 사회적 기술과 사회적 오지각 • 낮은 자존감 • 주도성 혹은 참을성의 결여
환경적 요인	• 도움이 되지 않는 부모의 태도 • 비생산적인 아동 운영 실제 • 아동에 대한 지지나 격려의 결여 • 기대수준과 아동의 수행 능력간의 불일치 • 일반적 가정과 환경의 스트레스

둘째, 심리학적 요인과 환경적 요인의 역할이다. 언어장애에 대한 대부분의 생각들은 환경적 영향을 이차적 역할로 보지만 다른 이는 학업 성취를 방해하는 신경학적 기능장애를 가지고 있다는 주장을 하기도 한다. 여하튼 학습자 개인 간의 생물학적 차이는 인정하지만 사회적, 문화적, 정치적, 경제적 영향이 학습문제를 일으키거나 예방하는데 더 근본적인 요인이 된다고 보고 있다. 그러므로 아동, 교사, 학교에 영향을 주는 사회적, 경제적, 정치적 변인들을 확인하는 것이 중요하다.

(3) 학습장애의 치료

생물학적 요인이 학습장애를 일으키는 주요한 원인이라는 사실에도 불구하고 대부분의 치료적 접근은 학업 및 학습문제의 개선에 초점을 맞춘다. 아동과 개인은 치료, 가족상담, 그리고 보다 일반적 지지로부터 도움을 받을 수 있다. 때로 학습문제와 함께 나타나는 사회적, 행동적 문제에 대한 개입은 적절한 것이다. 각성제의 복용도 고려될 수 있다(정동영 외, 2010).

첫째, 초기 치료 접근은 심리 교육적 모델이 인기가 있었는데 이 모델에서는 여러 가지 기초적인 지각적, 인지적 과정의 향상을 목표로 하고 있다. 최고의 교육전문가가 눈과 손의 협응, 공간관계, 다른 지각운동 행동을 연습시키기는 훈련 프로그램을 제공하기도 한다.

둘째, 행동주의 접근, 직접적 지시, 인지적 접근이다. 전통적인 행동주의 접근은 학업 혹은 사회적 기술에서의 결함을 확인하고 유관성 관리, 피드백, 모델링을 통하여 이런 결함을 수정한다. 목표는 구체적으로 해결한 산술문제의 수를 증가시키고, 인쇄자료의 이해를 높이거나 손으로 쓰는 것을 향상시키는 것일 수 있다. 강화는 언어적 칭찬, 토큰, 원하는 활동 같은 것이다. 직접적 지시는 학습과제를 지적하고 가르치는 것이다. 만약 아동이 읽기에 문제가 있다면, 글자, 단어, 다른 식자물로 과제와 연습을 하도록 한다. 인지적 접근은 정보처리에서 상위인지와 집행기능의 치료를 강조한다. 학생에게 자신의 인지과정에 대한 이해를 높이고 인지 활동을 조정하도록 가르치며, 적극적인 문제해결자가 되도록 격려한다.

5) 틱장애

예민한 아이나 기질적으로 까다로운 아이를 둔 부모들은 가끔 아이들의 행동 가운데 단순한 버릇이라고 하기에는 이상한 행동을 하는 것을 본 경험들이 있을 것이다. 눈을 깜박거린다거나, 혹은 목을 움직거리는 등의 행동을 반복적으로 하는 이러한 행동들을 틱(tic)이라고 합니다. 이것은 적당한 번역이 없어서 흔히 영어로 된 용어를 그냥 사용하는데, 자주 반복해서 자기도 모르게 근육이 움직여지는 현상을 일컫는 의학용어이다.

(1) 틱장애의 특징

틱장애는 자기도 모르게 나타나는 것이지만 종종 참으려고 하면 없어지기도 하고, 잠을 자면 없어진다. 흔히 심리적으로 불안하거나 스트레스를 받으면 심해지기도 한다. 눈, 얼굴, 목 어깨 등을 움찍거리는 운동 틱(moter tic)이 제일 흔하고 심하면 팔, 다리, 몸통을 흔들어 대기도 한다. 그 외에 '킄킄 흥흥 퇘 푸푸 으으윽' 등 소리를 내어 마치 마른기침을 하는 것과 같은 음성틱(vocal tic)이 나타나기도 한다.

경과를 보면 이런 증상이 일시적으로 생겼다가 없어지기도 하고, 없어졌다가 다시 생기기도 하고, 또는 여러 가지 형태를 달리 하면서 오래도록 지속하기도 한다. 틱장애는 틱이 1년 이상 지속 여부에 따라 만성 틱장애와 일과성 틱장애로 구분 짓는다.

또한 틱의 종류에 따라 이를 종합적으로 세 가지로 분류하는데, 첫째는 일과성 틱장애로 일시적으로 눈을 깜박거리거나 입을 실룩거리거나 혹은 코를 계속 킁킁거리는 등의 틱증상이 1년 미만 지속하는 경우를 일컫는데 초등학교 저학년에서는 매우 흔하여 보통 10명 중 1명 정도에서 나타나는 것으로 조사되고 있다. 대개 몇 주에서 몇 달 간 지속하고 큰 문제를 동반하지는 않으나, 흥분, 긴장, 피곤상태에서 심해진다. 둘째, 만성 운동 및 음성틱은 1년 이상을 지속하고 틱 증상이 비교적 변하지 않는 특징을 갖는다. 마지막으로 뚜렛(Tourette disorder)이 있는데 가장 심하고 여러 문제행동을 수반한다. 약 100여 년 전 프랑스 의사 뚜렛(Gilles de la Tourette)이 처음 보고한 이후, 그 이름을 따서 붙인 병명으로 여러 가지 형태의 운동틱과 음성틱을 동시에 가지면서 여러 가지 행동상의 문제를 갖는 경우를 말한다.

하지만 1년 이상 지속되지 않는 일과성 틱장애는 더 심한 틱장애로 이행되지 않으며 부모가 틱에 무관심한 태도를 지속적으로 보이면 저절로 소실된다. 일생을 통하여 만성 틱장애의 경과를 보면, 대개는 중학교 무렵에 가장 심해지고 고등학교 무렵부터는 안정되고 호전되는 경과를 취해 약 3/4 가량의 아동들의 일상생활을 하는데 지장 없이 지내며, 한두 가지 경미한 틱증상만을 가지고 있게 된다. 다양한 운동틱과 하나 또는 그 이상의 음성틱이 1년 이상 지속되는 뚜렛 장애의 경우, 치료받지 않을 경우 만성적으로 이행될 가능성이 많다. 대개 한때 호전되었다가 악화되는 것을 반복하며, 장기화될 경우 심한 적응문제가 생길 수 있고 우울장애 및 정서장애가 나타날 수 있지만 증상이 계속됨에도 불구하고 적응을 잘 하는 경우도 많다.

(2) 틱장애의 원인

틱장애가 뇌기능의 이상이냐, 심리적인 문제냐 하는 논쟁은 오래전부터 있어 왔지만 아직 그에 대한 명확한 대답은 없다. 일부는 결막염이나 인후염으로 인한 자극이 눈 깜박이나 음성 틱과 같은 증상을 일으키는 원인인 된다고 하며, 어떤 학자들은 심리적인 불안이 틱을 일으킨다고도 주장한다. 최근에는 유전 연구와 약물치료와 연관하여 뇌 기능에서의 신경전달물질에 관한 연구가 급속히 진행됨에 따라 이들 물질의 대사과정 중의 이상이 중요한 원인으로 생각되고 있다.

(3) 틱장애의 치료

치료는 놀이치료와 함께 약물치료를 원칙적으로 하고 있다. 최근에는 부작용이 적고, 치료효과가 좋은 신약들이 개발되어 사용할 수 있는 약물의 폭이 다양해졌다. 하지만 치료의 경우, 틱을 완전히 없애는 것이 목표가 아니며, 장애를 최소화할 수 있도록 틱을 조절하는 것이 목표이다. 또한 틱과 관련 장애(주의력 결핍/과잉행동 장애 및 강박장애 등)들이 동반될 경우는 치료가 좀 더 까다로워지게 되지만, 역시 치료가 가능하다. 이때에는 어떠한 질환을 동시에 호전시킬 수 있는 약물을 선택하도록 한다.

중요한 것은 가족과 학교 선생님, 친구들이 아동의 틱장애를 이해하고 코가 높거나 쌍꺼풀이 있고 없는 것처럼 틱이 아동의 여러 가지 특징 중 일부라고 이해하며, 이를 받아들이는 태도이다. 주변에서 틱을 운동장애라고 이해하지 못하기 때문에 틱으로 인해 야단을 많이 맞거나 놀림을 받는 경우, 아동의 상태가 나빠지게 된다.

대부분 틱은 치료하지 않아도 많은 경우 저절로 좋아진다. 그러나 틱을 치료해 주어야 하는 경우인데도 방치했을 경우 아동의 상태가 나빠지게 되기도 한다. 틱으로 인해 심한 기능장애나 사회관계의 장애가 초래되거나 시해되어 나타나는 경우이다. 예를 들면, 눈을 너무 심하게 깜빡거려 눈이 짓무르거나 책을 읽을 수 없는 경우, 고개를 젖히는 틱 때문에 목에 만성적인 통증이 생기는 경우, 심한 음성 틱으로 인해 다른 학생들과 같이 교실애서 수업을 할 수 없는 경우 또는 자신의 눈을 때리거나 입안을 반복적으로 씹어 실명하거나 감염의 위험이 있는 경우들이다.

5 부적응문제

1) 개념

부적응은 개인이 사회생활을 해 나가는 데 있어서 다른 사람들과의 관계에 있어서나 그 사회의 질서 규범에 조화되지 못하여서 사회에 대하여 장애가 되며 개인의 발전에도 바람직하지 못한 개인의 상태를 부적응 또는 부당적응이라고 한다. 부적응 현상은 정서적 불안정으로서 인성내부 구조의 불균형 상태를 말한다. 좀 더 분석해서 주관적인 기술적 용어로 부적응 현상을 파악하면 생활감정으로서의 행복감, 사회적 공동감정, 현실의 여러 문제에 당면했을 때의 자기 신뢰감 등을 갖지 못한 것이라고 할 수 있다.

부적응 행동이란 일상생활에 적응을 못하거나 행동양식이 정상적 기준에서 벗어난 것을 일컫는데 이는 나라, 사회, 고장, 시대 등에 따라 일치되는 것은 아니다. 마찬가지로 아동기의 부적응 행동에 대한 정의도 시대와 문화에 따라 달라지는 사회 규범과 밀접하게 연관된다.

더우기 아동기는 빠른 속도로 발달하기 때문에 발달적인 규준을 참조하지 않고는 아동기의 부적응 행동을 정확히 평가할 수 없다. 따라서 아동기의 연령에 따른 신체적·지적 발달 그리고 성격과 사회성의 발달양상을 정확히 아는 것은 영유아의 부적응 행동의 이해와 지도에 있어서 매우 중요하다. 더불어 발달 정도가 평균의 범주에 속하는 아동기뿐만 아니라 평균의 양쪽에도 고루 분포되어 있는 수많은 아동기의 발달과정도 고려해야 한다.

아동기의 부적응 행동과 관련해서 중요한 점은 아동기 시기에 해결되지 않은 문제들은 아동이 성장함에 따라 더 큰 사회적 부적응이나 문제행동을 유발할 수 있다는 것이다. 따라서 아동의 부적응 행동이 발생하면 그 원인을 규명하여 근본적·개별적인 지도대책을 세우고 해결해 나가야 하며, 그 과정에는 질책이나 거부, 금지보다는 수용과 허용을 통한 공감적 이해가 바탕이 되어야 한다.

2) 부적응 행동의 원인

부적응 행동의 발생원인을 구체적이면서도 객관적으로 밝힌 연구는 부족한 실정이다. 그러나 어떤 요인이 부적응 현상을 일으키는 경향성을 지녔는가 혹은 어떤 요인이 부적응 행동의 촉진제가 되는가를 중심으로 살펴보면 다음과 같다(송영혜 외, 2000).

첫째, 학교에서의 실패 경험이나 좌절 등이다. 부모의 지나친 기대, 과도한 경쟁, 학업 실패로 인한 좌절감 등은 아동으로 하여금 부정적인 태도를 갖게 하기 쉽고 이것은 부적응 행동을 일으키는 원인이 된다는 것이다. 마지막으로 아동 주변의 물리적 환경으로서 복잡하고 소란한 환경, 협소한 주택에 의한 압박감, 항상 위험을 느끼게 하는 주거환경, 가정의 경제적 빈곤 등이 원인이 될 수 있다.

둘째, 유아기에 사회환경 문제이다. 부모로부터 학대를 받거나 방치되는 경우, 또한 빈곤가정에서 자라는 경우에는 지적 발달을 촉진하는 자극과 경험이 결여되어 심리적 발달과 사회적 발달에 문제를 가져온다. 즉, 부모가 가족을 부양하기 위해 바쁘거나 양육기술 부족으로 유아와 충분히 대화하지 않을 경우 언어발달이 지연될 수 있다. 또한 좁은 공간에서 방해받지 않을 만한 개인적 장소를 갖기 어려우며 이는 상상놀이의 기회를 제한한다. 그리고 부모가 거칠고 억압적인 경우 유아의 자기통제능력이 잘 발달되지 못한다. 반면에 양육방식이 무질서하고 일관성이 없거나 가정에서 분노와 공격성이 자주 표출되는 경우 유아는 사회적 행동을 체계적 방식으로 조직화하는 능력이 손상을 받게 된다.

셋째, 생물학적, 생리학적 요인이다. 생물학적 요인으로 부모로부터 전수받은 생물학적 특질이나 신체, 생리적 요인들이 부적응 행동의 원인이 될 수 있으며 질병이나 신체적 외상에 의한 영양, 기질, 내분비선의 기능, 영양실조, 피로, 질병 등이 적응능력에 영향을 미치거나 혹은 성격적 변화를 초래하여 부적응의 원인으로 작용한다. 그리고 성별에 따라 부적응 행동에 차이가 있다. 공격성, 과잉활동성은 남자가 여아보다 더 높았으나 불안, 우울 등의 정서문제와 정신신체 증상에서는 여아가 남아보다 오히려 더 높게 나타났다.

넷째, 영아기의 사회적 애착의 결핍이다. 영아기 사회적 발달을 위해서는 애착의 확립이 필요하다. 애착을 확립하지 못하면 문제가 될 수 있다. 지속적이고 책임 있는 양육과 보호가 결핍된 경우 영아는 반응이 없고 언어발달에서 늦으며 위축되고 주위 사람들에 무관심하며 불안한 관계를 형성하는 등의 문제를 보인다. 그리고 영아가 자신이 애착하는 대상으로부터 지속적으로 분리될 경우 심각한 심리적 손상이 초래된다. 뿐만 아니라 영아기의 사회적 애착의 결핍은 이후의 아동기, 청소년기에서도 자부심, 인지적 발달, 사회적 적응 등에서 지장을 가져올 수 있다.

다섯째, 가정환경적 요인이다. 가정의 조건이 여러 가지 사정으로 개인에게 안정이 아닌 불안정으로 나타나게 될 때에는 여러 가지 부적응 행동의 원인이 될 수 있다. 특히 가족 구성 간의 불화, 편애, 과잉보호, 정서나 애정적 유대 결여와 같은 부모의 양육태도나 지도방법 따위가 부적응의 원인이 되는 것이다.

3) 부적응 행동의 해결방안

일반적인 아동기 부적응 행동의 해결방안은 다음과 같다.

첫째, 대중적 지도와 더불어 근본적 치료를 실시하여야 한다. 금지나 질책, 벌과 같은 직접적 수단에 의하여 일시적인 증상을 변화시키는데 그칠 것이 아니라, 문제의 뿌리를 치료하는 방향으로 나가야 한다. 잡초를 뿌리 채 뽑지 않고, 줄기를 끊어 버린다 해도 다시 돋아나는 것과 같이 일시적인 변화는 무익한 것이 되기 때문이다. 근본적 치료방법으로는 개인의 인성이 변화되도록 하는 전문적 지도이다. 개인상담이나 집단 속에서의 경험 또는 환경의 변화 등으로 적극적, 긍정적인 자아개념이 발달되도록 도와주어야 한다. 보다 전문적인 치료방법으로는 놀이치료, 집단요법, 활동치료 등이 활용될 수 있다.

둘째, 외형적인 변화나 일시적인 개선보다 심리적인 변화가 일어나도록 힘써야 한다. 치료적인 지도를 할 경우에는 그것이 심리적 치료가 되도록 해야 한다는 것이다. 외형적 징후를 제거하기 위해서는 일시적인 위협이나 벌로도 당장의 효과를 기할 수 있다. 그러나 사람을 기피하거나 특정 개인을 수용, 배척하는 행동은 쉽게 교정되기 어렵다. 증상을 치료하기 위해서는 체계적인 노력이 필요하다. 예컨대, 행동상담을 통하여 집단이나 개인을 기피하거나 미워하는 행동을 수정할 수 있다.

셋째, 치료적인 지도보다는 예방적인 지도에 힘써야 한다. 문제가 심각해져서 표면으로 나타났을 때는 이미 지도하기 힘든 상태에 도달한 경우일 수 있다. 그러므로 문제가 표면화되기 전에 잠복상태에 있는 초기에 정확하게 발견하여 예방하도록 힘쓰는 것이 필요하다.

예방적 지도의 중심이 되는 것은 내인성을 길러 주는 일이다. 내인성이란 특히 일반적인 욕구불만에 대한 인내성을 가지게 하는 것인데, 욕구불만은 성격적 부적응의 원인이 된다. 그렇다고 모든 욕구불만이 곧 부적응을 초래하는 것은 아니다. 인간은 욕구불만을 견디어 내는 힘(내인성)을 가지고 있기 때문이다. 사람에 따라서는 인내성의 강도에 차이가 있고, 이 강도의 한계를 넘어서면 부적응이 생겨서 문제행동을 하게 된다.

그러나 이 내인성을 길러주면 문제행동을 미연에 방지할 수 있다. 영유아 시기에는 버릇들이기, 욕구충족의 연기 등이 도움이 되고, 청소년에게는 의지 훈련, 무용담, 역경을 이겨낸 사례 등을 통해서 내인성을 길러 줄 수 있다.

인간의 행동은 여러 각도에서 해석할 수가 있다. 그 이유는 어떤 방식으로 접근하느냐에 따라 그 행동에 대한 해석이 달라질 수가 있기 때문이다. A라는 아동이 B라는 아동에게 돌을 던지고 있다고 가정할 때 그 행동을 어떻게 보느냐에 따라 돌을 던지는 행동에 대한 해석은 달라진다. 즉, 돌을 던진다는 이 행동은 대뇌에 있는 신경계통에 자극이 주어져서 팔과 손을 움직이는 근육이 활동함으로써 이루어졌다고 볼 수가 있는가 하면 돌을 던지는 행동이 나타나기 전에 A가 B를 놀리거나 괴롭혔다는 사실이 자극이 되어 그에 대한 반응으로써 나타났다고도 볼 수도 있다. 또한 돌을 던지는 행동은 A가 B에 대한 생각, 즉 인지구조에 변화가 일어남으로써 나타났다고도 볼 수 있으며 A의 무의식 속에 잠재되어 있는 공격성의 표현이라고도 볼 수 있다. 또한 돌을 던지는 이 행동은 A가 B에 대하여 보복을 하겠다는 궁극적인 목적을 실천에 옮긴 것이라고도 볼 수 있다.

이와 같이 단순히 돌을 던지는 하나의 행동을 해석하는 데에도 접근에 따라 여러 가지의 해석이 나올 수가 있다.

따라서 아동의 행동을 이해하는 데는 어느 방법이 옳고 그르다는 단정이 있을 수 없다. 따라서 아동생활지도 및 상담에 임하는 교사와 부모는 어느 한 행동에 대한 종합적인 이해와 함께 그 행동이 발생한 당시의 주위상황을 잘 고려하여 절충적인 입장에서 그 행동을 이해하여야 한다.

제 14 장

부모상담

1 부모상담의 개념

아동상담을 하게 될 때 제일 먼저 만나게 되는 사람은 흔히 부모이다. 대부분 아동은 부모와 함께 상담에 의뢰된다. 물론 교사나 기타 성인에 의해 아동상담에 의뢰되는 경우도 있으나 이 모든 경우는 부모와의 협의를 통해 이루어진다. 따라서 아동상담에서 의미하는 부모상담이란 아동의 문제와 관련하여 부모로부터 정보를 얻고, 부모를 통해 아동상담의 효과를 증진시키며, 상담이 종료되어 아동이 돌아가게 될 가정환경을 변화시킴으로써 아동이 건강하게 기능하도록 하는 데 목적이 있다.

아버지와 어머니는 부모-자녀관계에서 비롯된 용어이다. 그러므로 아동상담에서 상담자가 부모를 상담한다는 것은 아동의 문제를 해결하기 위해 부모에게 아동에 대한 정확한 이해를 돕고, 아동의 문제해결에 적극적으로 협조하도록 촉진하며, 부모와의 관계에서 파생된 아동의 문제인 경우 부모의 변화를 통해 아동과 부모 모두를 변화시킨다는 것이다(김미경, 2010).

결론적으로 부모상담은 부모와 아동 및 가족이 환경에 보다 잘 대처해 나갈 수 있도록 부모와 가족의 능력을 길러 주는 것이며, 이를 통해 아동과 부모 및 가족의 행동변화를 촉진시킬 수 있도록 주위환경을 개선하도록 돕게 된다.

부모상담은 아동과 관련된 여러 현장에 사용되는 전문적 기술이다. 아동상담 및 치료현장은 물론, 유아교육기관에서 교사에 의해 이루어지는 부모교육과 상담, 그리고 아동관련 복지현장에서 이루어지는 부모상담 등 다양하다. 그런 의미에서 아동상담과 부모상담은 동시에 이루어지는 경우가 많다. 그러나 최근에는 인터넷의 발달로 아동상담과는 별도로 자녀의 문제를 상담하는 부모상담 기회가 많아졌다. 부모들은 사이버상담을 통해 자녀양육과 행동문제에 대한 상담을 받고, 이것을 계기로 실제 상담으로 연계되기도 한다.

여기에서는 부모상담이 이루어지는 다양한 현장을 개별적으로 다루기보다는 일반적인 의미의 부모상담만을 다루고자 한다. 상담이란 용어 자체는 매우 전문적인 이론과 방법 및 과정을 의미한다. 그러나 유아교육기관에서 이루어지는 부모상담은 전문적인 상담이라기보다는 부모교육에 가깝다. 물론 전문적인 상담이 이루어질 수도 있으나 이는 유아교육기관에서 전문적인 상담기관으로 의뢰되어 이루어지는 상담일 것이다.

2 부모상담의 유형

부모상담의 대표적인 유형은 면대면의 상담이다. 그러나 최근에는 인터넷의 발달로 인해 사이버상담이 부모상담의 유형으로 자리를 잡아가고 있다. 아울러 전화상담의 유형이 있다(고인숙 외, 2010).

1) 면대면에 의한 상담

면대면에 의한 상담은 전형적인 상담유형을 말한다. 대부분의 아동상담에서 부모상담은 아동상담이 이루어지는 회기를 중심으로 부모상담도 이루어진다. 물론 별도로 부모상담이 이루어지긴 하나 부모가 자녀를 데리고 상담장소에 오게 됨으로써 부모상담이 자연스럽게 이루어진다. 이러한 면대면의 상담은 일정한 장소와 일정한 시간에 전문상담자와 부모가 얼굴을 마주하며 이루어지는 밀착된 상담으로, 아주 구체적인 문제까지 심층적으로 다룸으로써 상담의 효과를 기대할 수 있는 장점이 있다. 반면에 상담자와 부모가 마주 대함으로써 발생하는 심리적 부담감 때문에 오히려 상담효과가 낮아질 수도 있다. 또한 시간·공간적으로 제약을 받는다는 점에서 맞벌이부모와 같이 상담시간을 지키기가 어려운 경우에는 부담이 된다.

2) 인터넷을 활용한 부모상담

면대면의 상담과 더불어 최근 부모상담의 유형으로 매우 중요한 자리를 잡게 된 것이 인터넷을 활용한 부모상담이다. 인터넷을 활용한 부모상담은 면대면의 상담과 달리 익명성과 개방성의 특징을 가지고 있다. 부모들은 쉽게 말하기 어려운 자녀의 문제를 익명성이라는 안전망을 통해 자연스럽게 질문하고 그 해답을 얻는다. 그리고 상담기관을 찾아가야 하는 번거로움과 심리적인 부담 그리고 경제적인 부담 등에서 자유롭다. 따라서 최근에는 대부분의 부모들이 인터넷을 통해 자녀의 문제에 대한 정보를 얻고 실제 상담을 받는다. 그런 다음에 상담기관을 직접 방문하는 경우가 많다.

그러나 면대면의 상담에 비해 상담이 매우 초보적인 수준에 머물러 있으며, 아동이나 부모 그리고 가족의 문제에 대해 정확하고 구체적인 정보를 얻을 수 없어 진단이나 상담 자체가 지극히 상식적인 수준의 정보제공에 지나지 않는다. 그리고 일회적인 상담에 그치는 것이 일반적이다.

인터넷을 활용한 부모상담의 구체적인 유형으로는 전자우편(e-mail)을 활용한 상담방법, 전자게시판(bulletin boa)포털을 활용한 상담방법, PC 통신대화(chatting)와 인터넷대화(IRC: Internet Relay Chat)를 통한 방법 등이 있다.

3) 전화상담

면대면의 상담과 더불어 전통적으로 많이 사용하던 방법은 전화상담이다. 전화상담은 주로 실제적인 부모상담이 이루어지기 전에 부모가 상담에 대해 문의하기 위해 이루어지는 초기의 상담에서 활용되거나, 인터넷이 보급되기 이전에 자녀의 문제를 상담하기 위해 개설한 전문적인 전화상담의 유형이 있다. 최근에는 전문적인 전화상담의 빈도는 감소하는 반면, 인터넷을 활용한 상담이 증가하는 추세이다. 그럼에도 불구하고 전화상담은 위기상담(예를 들어 학대아동을 위한 핫라인 등)을 위해 활용되고 있으며, 인터넷을 활용할 수 없는 다양한 계층(예를 들어 노인이나 장애인 등)의 상담에 활용되고 있다.

전화상담 역시 면대면의 상담에 비해 상담에 대한 심리적인 부담이나 비용부담은 적을 수 있으나, 인터넷을 활용한 상담과 마찬가지로 전문적인 상담이 이루어지기에는 한계가 있으며, 일회적일 가능성이 크다. 물론 일회적인 전화상담을 통해 유익한 정보를 제공하고 심리적인 스트레스를 해소하는 데 도움을 줄 수 있다. 아울러 전화상담을 통해 면대면의 장기적 상담으로 연계될 수도 있다.

이러한 전화상담의 장·단점은 부모상담에서 적절히 활용될 필요가 있다. 경우에 따라서 부모상담은 전화상담으로 진행될 경우가 있다. 정기적인 부모상담이 아닌 경우 아동상담과정에 간헐적으로 부모상담이 이루어질 수 있으며, 이 경우 전화상담이 이루어지는 경우가 많다. 아울러 아동에 관한 간단한 전화상담이 면대면의 부모상담의 필요성을 갖게 하여 실제적인 상담으로 이어지도록 하기도 한다.

3 부모상담자의 기능

상담자의 기능은 그가 활동하는 배경과 훈련 및 경험 등의 차이로 말미암아 다른 상담자의 기능과 다를 수 있다. 그러나 이런 개인적 활동의 다양성에도 불구하고 공통성을 발견할 수 있는데, 다음은 상담자의 기능에 대해 일반화된 정의이다. 위에서 열거한 부모상담의 기술들을 통해 상담자는 결과적으로 다음과 같은 기능을 수행하는 것이다(정순자 외, 2007).

1) 변화촉진자

변화촉진자로서의 상담자란 상담자가 부모의 변화를 개시하는 사람으로 기대되고 있음을 의미한다. 즉, 부모상담을 통해 상담자는 부모를 변화시키고, 이는 결국 아동의 변화와 적응에 기여하게 된다.

2) 행동과학자

행동과학자로서의 상담자란 부모들이 그들의 환경에 적응하여 행동하는 것을 배울 수 있게 부모들의 경험을 정돈하고 그들의 의사결정과 대인관계를 수정·확대시키도록 도와주는 기능을 말한다. 상담자는 때로는 부모들의 행동을 과학적으로 수정시키고 그러한 행동이 내면화되어 일상생활에서 지속적으로 적용되도록 돕는 기능을 하는 것이다

3) 갈등의 중재자

상담자는 부모의 갈등을 해결하도록 돕고 위기를 중재함으로써 부모·자녀관계나 가정의 안정을 위협하는 사건들을 조정하는 중재자의 기능을 수행하여야 한다. 갈등예방은 부모가 지닌 관계 속에서의 의견차를 중계시킴으로써 달성되고, 조언을 통해 부모가 겪는 갈등의 빈도를 감소시킨다.

상담자는 부모의 갈등을 직접 해결할 뿐 아니라 갈등의 빈도를 감소시키는 예방적 중재역할을 하게 된다. 부모가 겪는 갈등의 해소와 완화는 부모-자녀관계와 가족관계의 변화를 가져오게 함으로써 결과적으로는 아동·부모·가족 모두의 안정에 기여하게 된다.

4 부모상담의 기술

초임 교사들은 부모상담 기술에서 개별 상담의 부담감, 상담과정에 대한 이해와 학부모와의 관계에 대한 이해가 부족함이 있는 것으로 나타났다(모아라, 2017).

다음은 상담자가 알아 두어야 할 일반적인 부모상담의 기술들을 고찰한 것이다. 상담자들은 각 개인이 지닌 상담의 이론적 배경이나 경험 등에 의해 부모상담의 기술도 다양하게 나타난다. 따라서 부모상담에서 사용되는 방법이나 기술들이 정

해진 것은 아니다. 다만 여기서는 부모상담의 장면에서 상담자가 유념하여야 하는 사항이나 태도 및 구체적인 방법들을 묶어 부모상담의 기술로 표현하였다.

1) 편안한 분위기를 만든다.

상담자는 부모상담을 위한 별도의 상담공간을 만들고 편안한 상담분위기를 조성하여야 한다. 부모상담이 아동상담의 부수적인 과정으로 통과의례적으로 이루어져서는 안 되며, 부모상담 자체를 하나의 전문적인 상담과정으로 만들려면 먼저 상담에 적합한 공간구성과 배려가 필요하다. 이러한 편안한 분위기의 제공은 부모도 피상담자가 되어 상담자로 하여금 위로와 조언을 받고 자신의 감정과 사고를 표현하도록 한다.

2) 부모의 욕구를 읽어야 한다.

상담자는 부모에게 자연스러운 감정이나 사고 그리고 욕구를 표출하도록 하여야 한다. 부모와 상담자 간의 의사소통을 통해 상담자는 부모의 욕구를 읽을 수 있어야 한다. 그러한 욕구는 상담자에게 바라는 바일 수도 있으며, 아동의 문제해결을 위한 단서가 될 수도 있다. 따라서 부모의 욕구를 정확하게 파악하는 것은 부모는 물론, 아동과 전체가족의 욕구와 문제해결에 도움이 된다.

3) 바른 경청자세를 취하여야 한다.

부모를 만나 상담할 경우에 상담자는 경청하는 자세를 취하여야 한다. 부모로 하여금 부모의 말을 잘 듣고 있으며, 부모의 감정을 잘 수용하고 있다는 자세를 취할 수 있어야 한다.

4) 비언어적 표현을 주시하여야 한다.

상담자는 부모의 말 이외에 부모가 보여주는 비언어적인 표현에 주의를 기울여야 한다. 비언어적 표현은 때로 언어보다 더욱 명료할 수 있다. 얼굴표정·자세 등은 부모의 심리적 상태나 상담자에 대한 저항 등 다양한 측면을 알 수 있게 하는 중요한 단서가 된다.

5) 알아듣기 쉬운 언어로 대화하여야 한다.

상담자는 부모와 대화할 때, 부모의 위치에서 부모가 알아듣기 쉬운 일상적인 용어로 대화하여야 한다. 때로 전문적인 용어나 표현으로 부모를 긴장하게 하거나 상담자와의 거리감을 두게 하는 경우가 있다.

상담은 상담자의 전문성을 전문적인 용어로 표현하는 것이 아니다. 상담자에 대한 부모의 신뢰를 통해 부모와 자연스럽게 대화하면서도 전문적인 기술이 개입되는 것이 상담이다. 상담 같지 않으면서도 상담의 기술이 부모에게 적용되도록 하려면 상담자는 무수히 많은 상담의 경험이 필요한 것이다. 가장 쉬운 언어로 쉽게 상담하는 것 같아 보이는 상담자야말로 가장 노련한 상담자인 것이다.

6) 아동과 부모 및 가정상담에 대한 이해와 수용의 자세로 대화하여야 한다.

상담자는 부모를 위협하거나 비난하거나 지나치게 추켜세워서는 안 된다. 대신 아동과 부모 및 가정이 처한 상황을 정확하게 이해하고 이를 수용하는 자세를 취하여야 한다. 수용한다는 것은 용인한다거나 묵인한다는 것은 아니다. 부모가 처한 상황을 충분히 이해함을 표현하면서도 상담자로서의 태도를 취하여야 한다. 상담이 진전되기 위해서는 이러한 이해와 수용의 과정이 선행되어야 한다. 그래야 부모로 하여금 자신의 상황에 통찰력을 갖도록 할 수 있다.

7) 잘 알고 정확하게 알려 주어야 한다.

상담자는 부모가 처한 상황이나 자녀에 대해 정확하게 알고 있어야 하며, 문제의 해결방안이나 정보를 제공할 때에도 정확하여야 한다. 경우에 따라 다르기는 하지만 상담 초기에 부모는 상담자를 의심하거나 혹은 전적으로 신뢰할 수 있다. 상담자가 부모와 원활한 관계를 맺고 상담을 진전시키려면 신뢰관계를 형성하는 것이 무엇보다 중요하다. 따라서 상담자는 상담의 초기는 물론, 종료회기까지 항상 정확하게 알고 정확하게 알려 주어야 하는 책임이 있다.

8) 아동에 대해 구체적으로 대화하여야 한다.

부모와 아동에 대한 이야기를 나눌 때는 추상적인 내용이 아닌 구체적인 행동이나 상황·사건을 다루어야 한다. 그렇지 않으면 부모상담의 모든 회기가 진전이 없을 것이다. 매 회기마다 아동의 문제상황에 대한 구체적인 대화로서 아동을 이해하고 부모 및 가정을 정확하게 이해하여 상담자로서 도움을 줄 수 있는 전략이나 기술이 만들어져야 할 것이다.

9) 기관이나 상담자의 사정을 하소연하거나 핑계 대는 표현을 삼가야 한다.

간혹 부모는 상담기관이나 상담자에 대한 불만을 표현하거나 저항할 수 있다. 이럴 경우 상담자는 기관이나 상담자의 사정을 부모에게 설득시키려고 하소연하거나 핑계를 대는 경우가 있을 수 있다. 되도록 기관이나 상담자의 사정으로 상담에 차질이 발생하지 않도록 주의하여야 하나, 부득이한 경우에는 사전에 반드시 알리고 동의를 구하는 것이 바람직하다.

그와는 별도로 이유 없이 부모가 불만을 표현할 경우 이것도 역시 상담에서는 중요한 단서가 되니 이러한 행위에 대한 적절한 판단을 통해 상담에 임해야 할 것이다.

5 부모 유형에 따른 상담전략

1) 열악한 양육환경 및 스트레스를 가진 부모에 대한 상담전략

스트레스를 가진 어머니의 특징은 부정적, 소리지름, 불신임, 상호작용에서 말, 웃음, 인정을 덜 사용하는 것으로 나타난다. 또한 낮은 사회경제적 지위는 양육자의 정신적 문제와 반사회적 문제를 야기하는 행동을 낳고 결국 부적절한 지원제도를 가진 가족 속에서 아동의 스트레스는 증가한다. 이러한 부모유형에 대해 교사는 부모와 상담을 진행하면서 부모의 양육방식에 따라 아동의 행동발달 내역이 달라질 수 있음을 상기시켜야 한다. 특히 부모가 자신이 어떤 유형의 가족환경을 가지고 있는지 스스로 탐색하며 강점과 약점을 찾아 강점은 강화하고 약점은 수정할 자세를 갖추도록 도와주어야 한다.

2) 예민하게 반응하는 부모유형에 대한 상담전략

어떤 부모는 아동에게 잠재되어 있던 문제행동이 유아교육기관의 특성으로 말미암아 방출되었다기보다 유아교육기관의 방치로 말미암아 새로운 문제행동이 만들어졌다고 믿는 경향이 있다. 이러한 부모들에 대해서는 그들의 감정을 상하지 않도록 상담을 진행하는 것이 중요하다.

이러한 방법으로 '왜'라는 질문을 가능하면 하지 않는다. '왜'라는 질문은 원인이나 이유를 알기 위해 쓰는 말이다. 그러나 그것은 상대방에 대한 비난, 힐책, 불쾌감, 불찬성 등의 뜻을 포함하고 있는 경우가 많다. 예를 들어, 문제행동을 보이는 아동의 부모에게 '왜 아이가 그러한 행동을 하게 된 것일까요?' 등을 들 수 있다. '왜'라는 질문은 부모가 공격적인 태세를 취하도록 하는 경향이 있으므로 이유를 적당히 둘러대거나 변명을 하는 등 자신의 마음을 솔직히 표현하기보다는 오히려 자기를 방어하기 위한 대답을 하게 만든다.

3) 불평이 많은 부모유형에 대한 상담전략

불평이 많은 부모에 대해서는 듣는 기술이 중요하다. 어떤 교사는 부모의 이야기를 열심히 들어주다 보니까 본인 스스로 문제를 해결하고 상담을 마치고 돌아갔다고 하는 것처럼 부모 이야기를 진지하게 인내심을 가지고 들어준다는 것은 상담에서 매우 중요한 요인 가운데 하나이다. 이러한 듣는 기술로는 경청, 반영, 명료화, 지각 확인이 있다.

4) 상담기술에 의문을 갖는 부모유형에 대한 상담전략

많은 부모가 교사의 상담기술에 대해 의문을 갖는다. 사실 교사의 우선적 목표는 아동의 상담에 있는 것이 아니라 아동의 보호와 지도에 있는데 이러한 유아교육기관의 특성이 부모로 하여금 교사에게 상담기술이 부족하다고 보여지게 만든다.

이러한 오해를 배제하기 위해서 교사는 원아의 부모가 교사나 유아교육기관에 대해 어떻게 지각하고 있는지 잘 알고 있어야 한다. 그러한 준비 없이 영유아의 부모와 상담을 실시하게 되면 교사는 부모의 반응 때문에 좌절감을 느끼기 쉽다. 일반적으로 아동이 기관에 다니기 시작한 지 한 달 정도 경과한 후, 부모에게 검목표를 작성하도록 요구하는 것이 바람직하다. 이를 부모상담에 반영할 경우, 교사와 부모와의 관계를 긍정적으로 형성하는데 도움을 받을 수 있다.

5) 아동문제를 심각하게 생각하지 않는 부모유형에 대한 상담전략

부모 중에는 아동의 문제를 덜 심각하게 생각하는 사람들이 있다. 이들은 자녀의 문제행동을 단순하게 발달하는 과정에서 자연적으로 발생하는 일시적인 과정으로 간주한다. 이러한 부모들에 대해서는 명료화와 지각 확인 등의 전략이 필요하다. 명료화는 아동의 행동에 대해 두서없이 말하는 것이 아니라 분명하게 말하는 것이고, 지각 확인은 교사가 부모에게 말한 내용에 대해 지각하고 있는지 확인하는 것이다.

참고문헌

강갑원(2004). 알기 쉬운 상담이론과 실제. 교육과학사.

강다연(2011). 상담자활동 자기효능감 및 직무스트레스가 상담자의 심리적 소진에 미치는 영향. 명지대학교 대학원 석사학위논문.

강석영(2008). 상담자 자기효능감과 상담성과의 관계에서 상담자 역전이 행동 및내담자 협력관계의 매개효과. 단국대학교 대학원 박사학위논문.

강영삼 외(2007). 새로운 교직과정을 위한 교육학개론. 교육과학사.

강은주, 김광웅(2010). 놀이치료에서 부모의 상담욕구에 대한 조사연구. 놀이치료연구, 13(4), 59-74.

강정원. 홍기묵, 안지영(2009), 영유아교사를 위한 아동상담. 정민사,

강차연(2008). 미술치료 실행가의 발달수준 및 대인관계 성향과 역전이 관리능력과의 관계. 한국상담학회지 상담학연구. 9(3), 905-923.

강하영(2015). 모 사별 아동과의 상담 체험 연구. 숙명여자대학교 대학원 박사학위논문.

강현주, 이홍숙, 최한나(2016). 상담자의 자기 돌봄(self - care) 인식에 관한 개념도 연구. 상담학연구, 17(2), 25-45.

고인숙, 이숙희(2010). 아동상담. 동문사

권대훈(2006). 교육심리학의 이론과 실제. 학지사.

기채영(2006). 놀이치료에서 부모상담의 치료성과 요인 및 과정에 대한 질적 분석. 놀이치료연구, 9(2), 41-58.

김경옥(2003). 놀이치료자의 자아강도 및 대인관계 성향과 역전이 관리 능력과의 관계. 숙명여자대학교 대학원 석사학위논문.

김경희(2018). 아동상담 사례를 중심으로 한 아동생활지도. 창지사.

김계현 외(2009). 학교상담과 생활지도. 학지사.

김광웅(2009). 놀이치료에서의 부모상담 실태조사 연구. 한국놀이치료학회지, 12(1), 47-63.

김광웅, 강은주, 진화숙 역(2008). 놀이치료에서의 부모상담. McGuire,D.K., & McGuire, D.E.Linking Parentsto PlayTherapy. 시그마프레스.

김광웅, 유미숙, 유재령(2004). 놀이치료학. 학지사

김권영(2009). 상담자활동 자기효능감이 상담단계별 상담성과에 미치는 영향. 대구대학교 대학원 석사학위논문.

김금희(2009). 상담자 자기효능감과 경력이 역전이 활용에 미치는 영향. 아주대학교 교육대학원 석사학위논문.

김동일 역(2016). ADHD 학교상담. 학지사.

김동일 역(2018). **청소년이해를 위한 심리학: 성격5요인에기반한진로 · 학습상담지침서**. 학지사.

김동일(2017). **재난대응위기 상담자**. 학지사.

김동일, 고은영, 고혜정, 김병석, 김은향, 김혜숙, 박춘성, 이명경, 이은아, 이제경(2016). **특수아 상담**. 학지사.

김동주(2013). 부모-자녀 놀이치료에 참여한 어머니들의 부모역할 변화 경험 연구: 취학 전 자녀를 둔 어머니를 중심으로. 백석대학교 기독교전문대학원 기독교상담학 박사학위논문.

김미경(2010). **아동생활지도**. 교육아카데미.

김미경(2017). **장애아동상담 및 부모교육의 실제**. 박영사.

김미연(2010). 놀이치료자의 전문적 특성 및 대인관계성향과 내담아동의 치료저항의 관계. 숙명여자대학교 대학원 석사학위논문.

김민정, 박선영, 강향숙(2017). **아동상담**. 파워북.

김붕년, 이동수, 조수철(2000). 주의력결핍/과잉운동장애에서의 뇌혐류이상. **신경정신의학, 39**, 412-423,

김선현(2013). 와외상 후 스트레스 아동의 미술치료 사례연구: 정서조절과 자아개념 증진을 중심으로. 동국대학교 문화예술대학원 석사학위논문.

김수희(2017). **상담과 유형으로 알아보는 유아상담 사례집**. 벗나래.

김숙경(2010). 사례연구: 자녀와 정서적 유대가 어려운 어머니의 부모-자녀 놀이치료 참여 과정과 의미: 모자 관계를 중심으로. **놀이치료연구, 14**(3), 35-55.

김숙경(2011). 부모-자녀 놀이치료 참여에 관한 질적 연구. **한국생활과학회지, 20**(1), 21-38.

김순혜(2005). **현대 아동상담**. 학지사.

김양순(2002). 부모-자녀 관계 증진을 위한 부모-자녀 놀이치료 사례연구: 발달장애 아동과 형제자매를 중심으로. **놀이치료연구, 5**(2), 3-13.

김양순(2009). 가정폭력 피해 아동과 어머니를 위한 부모-자녀 관계치료 10-회기 모델의 효과. **놀이치료연구, 12**(2), 63-78.

김영숙(2017). **쉽게 배우는 아동상담**. 공동체.

김영천(2006). **질적 연구방법론 Ⅰ**. 문음사.

김옥경(2004). 미술치료가 선택적 함목증 아동의 표현언어 능력 향상에 미치는 효과 연구. **미술치료연구, 11**(3), 369-390.

김유진(2010). 놀이치료자의 자아탄력성 및 대인관계 성향과 심리적 소진의 관계. 숙명여자대학교 대학원 석사학위논문.

김은영, 최윤희(2017). **아동정신건강과 상담**. 수양재.

김은주(2014). 들뢰즈의 행동학(ethologie): 되기(devenir)개념과 실천적 의미. **시대와 철학, 25**(2), 71-110.

김의철, 박영신, 양계민(1999). **자기효능감과 인간행동**. 교육과학사.

김정일(2016). **아동·청소년을 위한 집단상담 프로그램 실제**. 양서원.

김준혜(2009). 상담자 발달수준, 마음챙김 및 역전이 관리능력과의 관계. 이화여자대학교 대학원 석사학위논문.

김진한(2007). **교사를 위한 교육학**. 학지사.

김태련, 이경숙, 이선우, 강우선(1994). **아동치료접근**. 이화여자대학교 출판부.

김헌수 외(2004). **상담의 이론과 실제**. 태영출판사.

김현주(2005). 놀이치료자의 자아탄력성 및 스트레스 대처 방식과 역전이 관리 능력. 숙명여자대학교 대학원 석사학위논문.

남궁은영(2011). 놀이치료자의 자기효능감과 역전이 감정 및 역전이 행동의 관계. 숙명여자대학교 사회교육대학원 석사학위논문.

류현수(2018). **아동상담**. 동문사.

모아라(2017). 어린이집 중간관리자가 인식한 초임교사에게 필요한 역할 수행능력 탐색, Vol. 26, No.4, 207~218. 한국아동교육학회.

박순길, 권순황, 김현진, 선애순, 한재금(2017). **아동상담**. 양서원.

박자영(2009). 아동상담자가 부모상담에서 경험하는 어려움. 숙명여자대학교 대학원 석사학위논문.

박현숙(2015). 놀이치료자의 자기 알아차림 체험에 관한 현상학적 연구. 숙명여자대학교 대학원 박사학위논문.

박희현(2008). 놀이치료자의 역전이 관리능력이 아동 및 부모와의 치료관계에 미치는 영향. **한국놀이치료학회지**, **11**(3), 1-12.

반건호, 이서경, 김봉수(20007). 주의력결핍-과잉행동장에 치료시 비중추신경흥분. **경희의학**, **23**(2). 83-89.

서울해바라기아동센터 http://ww. childabuse.or.kr.

송영혜, 김정선, 이경하(2001). 신체학대 받는 아동의 높이치료 접근방향, **놀이치료연구**, 5(1), 23-34.

송현종, 정광주(2016). **특수아동과 상담**. 전남대학교출판부.

신경림, 조명옥, 양진향(2004). **질적 연구 방법론**. 이화여자대학교 출판부.

신민섭. 김현미, 온싱글, 황준원, 김봉년, 조수철(200). 주의력 결립과잉행동장애, 아스퍼거장애, 학습장애아동의 실행기능 비교. **소아청소년정신의학**, 17. 131-140.

신숙재, 이영미, 한정원(2000). **아동중심놀이치료**. 동서문화원.

신현정(2007). 치료놀이 상호작용에 대한 질적 연구. 숙명여자대학교 대학원 박사학위논문.

심순혜(2004). **현대 아동상담**. 학지사.

안동현(2005). 주의력결립-과잉행동장애. 소아정신의학. 중앙문화사.

안영진(2015). **아동상담의 이론과 실제**. 동문사.

양명회, 김정희(2005). 선택적 함육아동 출현율, 특성, 또래관계에 관한 연구: 전주지역 초등학교 1학년을 중심으로. **정서 행동 장애연구**, 17(5), 57-7.

양선미(2005). 놀이중심의 인지행동치료 프로그램이 이혼가정 아동의 부모이혼에 대한 지각에 미치는 영향. **놀이치료연구, 9**(2). 9-91.

엄관용(2018). **놀이심리 상담사**: 쌍둥이 파파가 설명하는 놀이치료의 모든 것. 바른북스.

오승아, 황성원, 김경희, 조현주, 권정임(2018). **아동심리와 상담**. 창지사.

오인수 옮김(2016). **아동 및 청소년을 위한 학교상담**. 시그마프레스.

우지향, 박선환, 정덕희, 박숙희, 우수경, 권현용(2017). **아동상담**. 공동체.

위영희, 장현숙, 전숙영, 정윤주, 진미경, 한미현, 한유진(2016). **아동상담**. 학지사.

유미숙(1997). 놀이치료 이론과 실제. 상조사.

유미숙, 최명선, 정윤경 (2009). 숙련 놀이치료자의 수퍼비전 경험에 대한 질적 연구. **한국놀이치료학회지, 12**(4), 19-42.

유혜령(2014). 현상학적 글쓰기: '형언할 수 없는 그 무엇'이 살아나는 공간 만들기. **교육인류학연구, 17**(4), 1-34.

유혜령(2015). 현상학적 질적 연구의 논리와 방법: Max van Manen의 연구방법론을 중심으로. **가족과 상담, 5**(1), 1-20.

유혜령(2016). 질적 연구에서 의미해석 과정의 성격과 원리: 하이데거와 가다머 해석학에 기초하여. **교육인류학연구, 19**(4), 1-44.

윤미숙(2008). 부모-자녀 놀이치료가 아동과 어머니 상호작용 행동에 미치는 영향. 중앙대학교 박사학위논문.

윤혜성, 주은선(2010). 인간 중심 상담 수련자들의 경험에 대한 연구: 인간 중심 수련자들의 자기보고 중심으로. **인간이해, 31**(2), 141-166.

이근호(2007). 질적 연구 방법론으로서의 현상학: 독특성과 보편성 사이의 변증법적 탐구 양식. **교육인류학연구, 10**(2), 41-64.

이남인(2014). **현상학과 질적 연구**: 응용현상학의 한 지평. 도서출판 한길사.

이성한, 하연희, 이귀숙(2018). **아동상담**. 공동체.

이소은, 이완정(2019). **아동생활지도와 상담**. 양서원.

이수림, 조성호(2009). 상담자발달과 지혜에 관한 연구: 상담자발달수준에 따른 상담자의 지혜비교. 한국심리학회지. **상담 및 심리치료. 21**(1), 69-91.

이신동, 박성옥, 태진미(2016). **영재상담 이론과 적용**. 학지사.

이은수, 유재령, 유미숙(2015). 가정폭력을 경험한 가족에 대한 인간중심 놀이치료 사례연구: 형제놀이치료와 CPRT를 활용하여. **놀이치료연구, 18**(3), 179-207.

이은아, 민성원(2016). **고급놀이치료**: 아동상담 임상을 위한 필수조건, 지식 그리고 기술. 시그마프레스.

이은하(2006). 부모-자녀 놀이치료를 통한 어머니-자녀상호작용 증진과 자녀의 행동문제 감소에 관한 연구: 산후 우울증을 경험한 어머니와 그 자녀를 대상으로. **놀이치료연구, 10**(1), 49-66.

이은하, 정계숙(2006). 형제관계 개선을 위한 부모-자녀놀이치료 프로그램 효과 연구. 아동학회지, 27(1), 45-65.

이정숙, 전수경, 심은지, 김현영(2018). 아동·청소년상담을 위한 미술치료 핸드북. 파워북.

이지선(2014). 놀이치료 슈퍼비전에서 슈퍼바이저 체험에 관한 현상학적 연구. 숙명여자대학교 대학원 박사학위논문.

이진경(2013). 삶을 위한 철학수업: 자유를 위한 작은 용기. 문학동네.

이현림(2000). 상담 이론과 실제. 원미사.

이희영, 이지경 역(2017). 아동상담: 실제적 접근. 시그마프레스.

장선철(2015). 특수아동상담의 이해. 태영출판사.

정동희, 문은주, 차상희, 박진희(2016). 아동상담의 이해. 책과 세계.

정문자, 제경숙, 이혜란, 신숙재, 박진아(2016). 아동상담의 이해. 학지사.

정혜자(2018). 놀이의 언어: 어린이 마음을 읽는 놀이치료 언어의 이해. 교양인.

주영아, 안현미 역(2017). 아동·청소년 상담에서의 영적개입. 학지사.

중앙아동보호전문기관 hmp://www.krreal 501,ong.

채옥현(2017). 놀이와 아동상담. 바른북스.

초등상담나무(2018). 놀며 자라는 놀이집단상담. 학지사.

초록우산어린이 재단 htp://www.childfund.or.kr.

최영희, 김영희, 심희옥, 심미경(2016). 아동상담의 이론과 실제. 창지사.

최외선, 김갑숙, 서소희, 류미련, 강수현, 조효주, 박금채(2016). 부모코칭, 장애아동 부모상담으로 만나는 미술치료 열두 달 프로그램. 학지사.

하수연, 정재은, 김명지, 김연옥, 김보경(2017). 유아교사를 위한 생활지도 및 상담. 공동체.

허재홍 역(2016). 정서조절을 이용한 아동·청소년상담. 학지사.

Andronico, M., & Blake, I.(1999). The application offilial therapy to young children with stutteringproblems. *Journal of Speech and Hearing Disorder, 36*(30), 337-381.

Axline, V.(1969). *Play therapy(rev. ed.).* New York: Ballantine Books.

Baggerly, J., & Bratton, S. C.(2010). Building a firm foundation in play therapy research: Response to Phillips(2010). *International Journal of Play Therapy, 19*(1), 26-38.

Bandura, A.(1956). Psychotherapist's anxiety level, self-insight, and psychotherapeutic competence. *The Journal of Abnormal and Social Psychology, Vol, 52*(3), 333-337.

Bandura, A.(1977). Self-efficacy: Toward a unifying theory of behavioral change. *Psychological Review, 84*(2), 191-215.

Bandura, A.(1982).Self-Efficacy in Human agency. *American Psychologist, 37*(2), 122-147.

Bandura, A.(1997). S*elf-efficacy: The exercise of control.* New York: Freeman and Company.

Bandura, A., Lipsher, D. H., & Miller, P. E.(1960). Psychotherapist's approach-avoidance reaction to patients' expression of hostility. *Journal of Consulting Psychology, 24*(1), 1-8.

Baruch, D. W.(1949). *New Ways in discipline.* NY: McGraw Hill.

Bavin-Hoffman, R., Jennings, G., & Landreth, G. L.(1996). Filial therapy: Parental perceptions of the process. *International Journal of Play Therapy, 5*(1), 45-58.

Beery, J. W.(1970). Therapists' responses as a function of level of therapist experience and attitude ofthe patient. *Journal of Counseling and Clinical Psychology, 34*(2), 239-243.

Bernard, J. M, & Goodyear, R. K.(1998). *Fundamentals of clinicalsupervision*(2th ed.). Needham Heights. MA: Allyn & Bacon.

Blanck, G., & Blanck, R.(1979). *Ego psychology II : Psychoanalytic developmental psychology.* New York: Columbia University.

Bratton, S.(1993). *Filial therapy with single parents.* Unpublished doctorial dissertation. University of North Texas. Denton.

Brumer, H.(1969). *Symbolic interactionism: Perspective and method.* Englewood Cliffs. NJ: Prentie Hall.

Carnes-Holt, K., & Bratton, S.(2014). The efficacy of child parent relationship therapy for adopted children with attachment disruptions. *Journal of Counseling and Development, 92*(3), 328 - 337.

Corey, M. S., & Corey, G.(1989). *Becoming a helper.* Pacific Grove. CA: Brooks/Cole.

Costas, M., & Landreth, G.(1999). Filial therapy with nonoffending parents of children who have been sexually abused. *International Journal of Play Therapy, 8*(1), 43.

Creswell, J. W.(2010). *Qualitative Inquiry and research design: Choosing among five approaches*(2nd ed.). CA: Sage Publications, Inc. 조홍식, 정선욱, 김진숙, 권지성 역 (2012). **질적 연구방법론: 다섯가지 접근.** 학지사.

Dillman Taylor, D., Purswell, K., Lindo, N., Jayne, K., & Fernando, D.(2011). The impact of child parent relationship therapy on child behavior and parent-child relationships: An examination of parental divorce. *International Journal of Play Therapy, 20*(3), 124-37.

Eden, D., & Aviram, A.(1993). Self-Efficacy training to speed reemployment: Helping people to help themselves. *JournalofApplied Psychology, 78*(3), 352-360.

Edwards, N. A., Sullivan, J. M., Meany-Walen, K., & Kantor, K. R. (2010). Child parent relationship training: Parents' perceptions of process and outcome. *International Journal of Play Therapy, 19*(3), 159.

Fliess, R.(1953). Countertransference and Counteridentification. *Journal of American psycho-analysis Association, 1*, 268-284.

Freud(1909). Analysis of a phobia in a five-year-old boy. *Standard edition*, 10:5-149.

Freud, S.(1910). *The Future Prospects of Psychoanalytic Therapy. Essential papers on Countertransference.* New York and London: New York University Press,1998.

Freud, S.(1959). T*he dynamics of transference.* In J. Riviere(Ed. and trans.), Sigmund Freud: Collected Paper11. New York: Basic Book.

Friedlander, M. L., Keller, K. E., Peca-Baker, T. A., & Olk, M. E.(1986). Effects of role conflict on counselor trainees' self-estimate, anxiety level, and performance. *Journal of Counseling Psychology, 33*(1), 73-77.

Friedman, S. M., & Gelso, C. J.(2000). The development of the inventory of countertransference behavior. *Journal of Clinical Psychology, 56*(9), 1221-1235.

Fuchs, N. R.(1957). Play therapy at home. *Merril-Palmer Quarterly, 3*, 89-95.

Gabel, S., & Bemporad, J.(1994). Variations in countertransference reactions in psychotherapy with children. *American Journal of Psychotherapy, 48*(1),111-120.

Gadamer, H-G.(1960). *Wahrheit und methode.* 임홍배 역(2012). **진리와 방법 Ⅱ**. 문학동네.

Garza, Y., Kinsworthy, S., & Watts, R. E.(2009). Child - parent relationship training as experienced by Hispanic parents: A phenomenological study. *International Journal of Play Therapy, 18*(4), 217-228.

Geldard, K. & Geldard, D.(1997). *Counseling Children.* SAGE Publication Ltd.

Gelso, C. J., & Carter, J.(1985). The relationship in counseling and psychotherapy. *The Counseling Psychologist, 13*(2), 155-244.

Gelso, C. J., & Carter, J.(1994). Components of the psychotherapy relationship: Their interaction and unfolding during treatment. *Journal of Counseling psychology, 41*(3), 296-306.

Glazer-Waldman, H., Zimmerman, J., Landreth, G., & Norton, D.(1992). Filial therapy: An intervention for parents of children with chronic illness. *International Journal of Play Therapy, 1*(1), 31-42.

Glover, G. J., & Landreth, G. L.(2000). Filial Therapy with Nativr Americans on the Flathead Reservation. *International Journal of Play Therapy, 9*(2), 57-88.

Goodyear, R. K., & Guzzardo, C. R.(2000). Psychotherapy supervision and training. In S. D. Brown & R. W. Lent(Eds.), Handbook of counseling psychology (3rded., pp.83-108). New York: Wiley.

Guerney, B. G. Jr.(1964). Filial therapy; Description and rationale. *Journal of Consulting Psychology, 28*, 303-310.

Guerney, L. & Ryan, V.(2013). *Group Filial Therapy: The Complete Guide to teaching Parents to Play Therapeutically with their Children.* London, UK. Jessica Kingsley Publishers Ltd. 권윤정, 유민화, 이윤수, 임진영, 차효정 역(2017). **집단 부모 놀이치료**. 학지사.

Haccoun, C. M., & Lavigueur, H.(1979). Effects of clinical experience and client emotion on therapists' responses. *Journal of Counseling and Clinical Psychology, 47*(2), 416-418.

Harris, Z. L., & Landreth, G. L.(1997). Filial therapy with incarcerated mothers: A five week model. *International Journal of Play Therapy, 6*(2), 53.

Hayes, J. A., & Gelso, C. J.(2001). Clinical implication of research on countertransference: Science informing practice. *Journal of Clinical Psychology, 57*(8), 1041-1051.

Hayes, J. A., Riker, J. R., & Ingram, K. M.(1997). Countertransference behavior and management in brief counseling: A field study. *Psychotherapy Research, 7*(2), 145-153.

Hayes,J .A., & Gelso, C. J.(1991). Effects of therapist-trainees' anxiety and empathy on countertransference behavior. *Journal of Clinical Psychology, 47*(2), 284-290.

Heidegger, M.(1979). S*ein und Zeit*. 이기상 역(1998). **존재와 시간**. 까치.

Heider, F.(1964). *The Psychology of Interpersonal Relations*. New York: John Wiley.

Hicks, B., & Baggerly, J.(2017). The effectiveness of child parent relationship therapy in an online format. *International Journal of Play Therapy, 26*(3), 138-150.

Hill, E., & O'Brien, M.(1999). *Helping skills: Facilitating exploration, insight, and action*. Washington, DC, US: American Psychological Association.

Homeyer, L. E., Sweeney, D. S.(2011). *sandtray therapy: A practical manual*. New Yok: Routleedge Tayler & Francis.

Horney, K.(1968). *Self-analysis*. New Yok: Norton.

Hoyt, W. T. & Bhati, K. S.(2007). Principles and practice: An empirical examination of qualitative research in the Journal of ounseling Psychology. *Journal of Counseling Psychology, 54*(2), 201-10.

James, W.(1918). *Principles o fPsychology*. New York: H.Holt and Company.

Jang, M.(2000). Effectiveness of filial therapy for Korean parents. *International Journal of Play Therapy, 9*(2), 39.

Jensen-Hart, S. J., Christensen, J., Dutka, L., Leishman, J. C.(2012). Child Parent Relationship Training(CPRT): Enhancing Parent-child Relationships for Military Families. *Advances in Social Work. 13*(1); 51-66.

Johnson ,E., Baker, S. B., Kopala, M., Kiselica, M. S., & Thompson, E. C.(1989). Counseling self-efficacy and counseling competence in prepracticum training. *Counseling Educationand Supervision, 28*(3), 205-218.

Kale, A. L., & Landeth, G. L.(1999). Filial therapy with parents of children experiencing learning difficulties. *International Journal of play Therapy, 2*(8), 35-56.

Kernberg, O.(1965). Notes on countertransference. *Journal of the American Psychoanalytic Association, 13*, 38-56.

Krech, D., Crutchfield, R. S., & Ballachey, E. L.(1962). *Individual in society*. New York: McGraw-Hill.

Lahti, S. L.(1993). *An ethnographic study of the filial therapy process*(Doctorial dissertation, University of North Texas, 1992). Dissertation Abstracts International, A, 53(08), 2691.

Landreth, G. L.(1991). *Play therapy: The art of the relationship*. Muncie, IN: Accelerated Development.

Landreth, G. L.(2012). *Play therapy: The art of the relationship*(3rd ed.). New York: Brunner-Routledge. 유미숙 역(2015). **놀이치료: 치료관계의 기술**. 학지사.

Landreth, G. L., & Lobaugh, A. F.(1998). Filial therapy with incarcerated fathers: Effects on parental acceptance of child, parental stress, and child adjustment. *Journal of Counseling & Development, 76*(2), 157-165.

Landreth, G. L., Bratton, S.(2006). *Child parent relationship therappy(CPRT): A 10-session filial therapy model*. New York: Routledge. 김양순 역(2008). **놀이치료를 통한 부모-자녀 관계 치료 10회기 부모-자녀 놀이 치료 모델**. 학지사.

Landreth, G. L., Bratton, S., Kellam, T., & Blackard, S.(2006). Child Parent Relationship Therapy(CPRT). *Treatment Manual: A 10-Session Filial Therapy Model for Training Parent*. NY: Routledge.

Landreth, G.(2002). *Play therapy: The art ofthe relationship*(2nd ed.). New York: Brunner-Routledge.

Larson, L. M., & Daniels, J. A.(1998). Review of the Counseling Self-Efficacy Literature. *The Counseling Psychologist, 26*(2), 179-218.

Lee, M., & Landreth. G. L.(2003). Filial therapy with immigration Korean parents in the United States. *International Journal of play Therapy, 12*(2), 67-85.

Lent, R. W., Hill, C. E., & Hoffman, M. A.(2003). Developmentand validation of the counselor activity self-efficacy scales. *Journal of Counseling Psychology, 50*(1), 97-108.

Locke, E. A., & Latham, G. P.(1990). *A theory of goal setting and task performance*. Englewood Cliffs. NJ: Prentice-Hall.

McGuire, D. K. & McGuire, D. E.(2000). *Linking Parentsto Play Therapy: A Practical Guide With Applications, Interventions, and Case Studies*. London: Routledge.

Merleau-Ponty, M.(2002). *Phénoménologie de la perception*. Paris: Gallimard. 류의근 역(2002). **지각의 현상학**. 문학과 지성사,

Mills, H., & Abeles, N.(1965). Counselor needs for affiliation and nurturance as related to liking for clients and counseling process. *Journal of Counseling Psychology, 12*(4), 353-358.

Moran, D., & Mooney, T.(Eds.)(2002). *The phenomenology reader*. London & New York: Routledge.

Morrison, M.(2006). *An early mental health intervention for disadvantaged preschool children with behavior problems: The effectiveness of training Head Start teachers in child teacher relationship training*(CTRT). (Doctoral dissertation, University of North Texas).

Nalavany, B. A., Ryan, S. D., Gomory, T., Lacasse, J. R.(2005). Mapping the Characteristics of a 'Good' Play Therapist. *International Journal of Play Therapy, 14*(1), 27-50.

O'Connor, K. J., & Braverman, L. M.(1997). *Play therapy theory and practice: A comparative presentation.* John Wiley & Sons. 송영혜 역(2000). **놀이치료 입문**. 시그마프레스.

O'connor, K.(1991). *The play therapy primer: An Integration of Theories and Technique.* New York: John Wiley & Sons, Inc.

Peabody, S. A., & Gelso, C. J.(1982). Countertransference and empathy: The complex relationship between two divergent conceptsin counseling. *Journal of Counseling Psychology, 29*(3), 240-245.

Perryman, K. L., Christian, D. D., & Massengale, B. D.(2017). The impact of a two-day child parent relationship therapy training on attitude, knowledge, and skills. *International Journal of Play Therapy, 26*(4), 218-229.

Post, P., McAllister, M., Sheely, A., Hess, B., & Flowers, C.(2004). Child-Centered Kinder Training for Teachers of Pre-School Children Deemed At-Risk. *International Journal of Play Therapy, 13*(2), 53.

Ramey, S. L., & Ramey, C. T.(2000). *Securing the future: Investing in children from birth to college.* New York: Russel Sage Foundation, 122-150.

Ray, D. C.(2003). *The effect of filial therapy on parental acceptance and child adjustment.* Unpublished master's thesis, Emporia State university.

Ray, D. C.(2011). *Advanced Play Therapy: Essential Conditions, Knowledge, and Skills for Child Practice.* NY: Routledge. 이은아김, 민성원 역(2016). **고급 놀이치료**. 시그마프레스.

Reich, A. (1960). Further remarks on countertransference. *International Journal of Psycho-analysis, 41*, 389-395.

Richard S. Sharf 지음; 김진숙, 김정미, 서영숙 역(2016). **진로상담**: 아동기부터 성인기까지 진로 발달 이론의 적용. 박학사.

Robbins, S. B., & Jolkovski, M. P.(1987). Managing countertransference feelings: interactional model using awareness of feeling and theoretical framework. *Journal of Counseling Psychology, 34*(3), 276-282.

Rogers, C.(1951). *Client-centered therapy.* Boston: Houghton Mifflin.

Rønnestad, M. H. & Skovholt, T. M.(2003). The journey of the counselor and therapist: Research findings and perspectives on professional development. *Journal of Career Development: 30*, 5-44.

Rønnestad, M. H., Skovholt T. M.(2013). *The Developing practitioner.* London: Routledge.

Schowalter, J. E.(1985). Countertransference in work with children: Review of a neglected concept. *Journal of the American Academy of Child Psychiatry, 25*(1), 40-45.

Schuman, D.(1982). *Policy analysis, education and everyday life.* Lexington. MA: Health.

Schutz, W. C.(1958). *Firo: A three-dimensionaltheory of interpersonal behavior.* New York: Rinegart.

Seidman, I.(2008). *Interviewing as Qualitative Research*(Third Edition). 박혜준, 이승연 역(2009). 질적 연구방법으로서의 면담. 학지사.

Sharpley, C. F., & Ridgway, I. R.(1993). An evaluation of the effectiveness of self-efficacy as a predictoroftrainees' counseling skills. *British Journal of Guidance & Counselling, 21*(1), 73-81.

Silverman, W. K., & Hinshaw, S. P.(2008). The second special issue on evidence-based psychological treatments for children and adolescents: A 10-year update. *Journal of Clinical Child & Adolescent Psychology, 37*(1), 1-7.

Sipps, G. J., Sugden, G, J., & Faiver, C. M.(1988). Counselortraining leveland verbal response type: Their relationship to efficacy and outcome expectations. *Journal of Counseling Psychology, 35*(4), 397-401.

Skovholt, T. M.(2011). *The Resilient Practitioner: burnout prevention and self-care strategies for counselors, therapist, teachers, and health professionals*, 1 st edition. NY: Pearson education. 유성경, 유정이, 이윤주, 김선경 역(2003). 건강한 상담자만이 남을 도울 수 있다. 학지사.

Smith, N., & Landreth, G. L.(2003). Intensive filial therapy with child witnesses of domestic violence: A comparison with individual and sibling group. *International Journal of play Therapy, 12*(1), 67-88.

Socarras, K., Smith-Adcock, S., & Shin, S. M.(2015). A Qualitative Study of an Intensive Filial Intervention Using Child - Parent Relationship Therapy(CPRT). *The Family Journal: Counseling and Therapy for Couples and Families. 23*(4). 381-391,

Solomon, G.(1984). Television is "easy" and print is "tough": The differential investment of mentaleffortin learning as a function ofperceptions and attributions. *Journal of Educational Psychology, 76*(4), 647-658.

Spielberger, C.(1972). *Anxiety: Currenttrendsintheory and research.* New York: Academic Press.

Steen, R. L.(2005). *Adapting filial therapy for families who have a child with a life-threatening-illness*(Doctoral dissertation, University of North Texas, 2004). Dissertation Abstracts International, B, 65 (08), 4306.

Sullivan, H. S.(1953). *The interpersonal theory psychiatry*. New York: Norton.

Tew, K., Landreth, G. L., Joiner, K., & Solt, M.(2002). Filial therapy with parents of chronically ill children. *International Journal of play Therapy, 11*(1), 79-100.

The Substance Abuse and Mental Health Services Administration (SAMHSA)(2014). National Registry of Evidence-based Programs and Practices(NREPP).

Tyndall-Ling, A., Landreth, G. L. & Giordano, M.(2002). Intensive group play therapy with child witnesses of domestic violence. *International Journal of Play Therapy, 10*(1), 53.

Van Manen. M.(1990). *Researching lived experience: Human science for an action sensitive pedagogy*. New York: State University of New York. 신경림, 안규남 역(1994). **체험연구: 해석학적 현상학의 인간과학 연구방법론**. 동녘.

Van Manen. M.(2014). *Phenomenology of practice: Meaning-giving methods in phenomenological research and writing*. Walnut Creek. CA: Left Coast Press.

Van Wagoner, S. L., Gelso, C. J., Hayes, J. A., & Diemer, R. A.(1991). Countertransference and the reputedly excellent therapist. *Psychotherapy, 28*(3), 411-421.

Vanfleet, R.(1994). *Filial Therapy: Strengthening Parent-Child Relationship into Play Therapy*. Sarasota, FL: Professional Resource Press.

Walker, K. F.(2007). Filial therapy with parents court-referred for child maltreatment(Doctoral dissertation). Dissertations Abstracts International B, 39, 5597.

Watkins, C. E.(1985). Countertransference: Itsimpacton the counseling situation. *Journal of Counseling & Development, 63*(6), 356-359.

Yalom I. D., Leszcz M.(2005). *The Theory and practice of group psychotherapy*. Basic Books. 최해림, 장성숙 역(2008). **최신 집단정신치료의 이론과 실제**. 하나의학사.

Yoder, A. M., Carter, D., Way, B., Ward, B., Swan, A., & Allison, A.(2014). Child-senior relationship training: Adaptation of CPRT for kindergarten students. *International Journal of Play Therapy, 23*(4), 231-246.

Yuen, T., & Landreth, G., & Baggerly, J.(2002). Filial Therapy with immigrant Chinese families. *International Journal of play Therapy, 11*(2), 63-90.

Yulis,S ., & Kiesler , D. J.(1968). Countertransference response as a function of therapist anxiety and content of patient talk. *Journal of Consulting and Clinical Paychology, 32*(4), 413-419.

담당	시설장

개별아동 상담일지

아동성명		생년월일	
입소일자		상담자	
상담일시		상담장소	
상담제목			
상담사유			
상담내용			
조치내용			
슈퍼바이저			
슈퍼비전			

담당	시설장

연고자 상담

<table>
<tr><td>아동성명</td><td colspan="2"></td><td>생년월일</td><td colspan="3"></td></tr>
<tr><td>입소일자</td><td colspan="2"></td><td>입소사유</td><td colspan="3"></td></tr>
<tr><td>상담일시</td><td colspan="2"></td><td>상담자</td><td colspan="3"></td></tr>
<tr><td rowspan="3">연 고 자</td><td>성명</td><td></td><td>관계</td><td></td><td>상담방법</td><td></td></tr>
<tr><td>주소</td><td colspan="5"></td></tr>
<tr><td>전화번호</td><td></td><td>핸드폰번호</td><td colspan="3"></td></tr>
<tr><td>상담제목</td><td colspan="6"></td></tr>
<tr><td>상담사유</td><td colspan="6"></td></tr>
<tr><td>상담내용</td><td colspan="6"></td></tr>
<tr><td>조치내용</td><td colspan="6"></td></tr>
</table>

<table>
<tr><th colspan="7">미술치료회기보고서</th></tr>
<tr><td colspan="2">내담자</td><td></td><td>날짜</td><td></td><td>회기</td><td></td></tr>
<tr><td colspan="2">치료자</td><td></td><td>시간</td><td></td><td>장소</td><td></td></tr>
<tr><td colspan="2">주제</td><td colspan="5"></td></tr>
<tr><td colspan="2">회기목표</td><td colspan="5"></td></tr>
<tr><td colspan="2">재료</td><td colspan="5"></td></tr>
<tr><td rowspan="3">회기
과정</td><td>외모
및
행동
특징</td><td colspan="5"></td></tr>
<tr><td rowspan="2">작업
과정
및
작품</td><td colspan="5"></td></tr>
<tr><td colspan="5"></td></tr>
<tr><td colspan="2">소견</td><td colspan="5"></td></tr>
<tr><td colspan="2">향후계획</td><td colspan="5"></td></tr>
</table>

<table>
<tr><td colspan="8">(　　　월) 서비스제공 기록지</td></tr>
<tr><td colspan="3">제공기관명:</td><td colspan="3">서비스영역</td><td colspan="2">기간</td></tr>
<tr><td colspan="3"></td><td colspan="3"></td><td colspan="2"></td></tr>
<tr><td>○이용자 성명</td><td></td><td>○생년월일</td><td></td><td>○등급</td><td></td><td>○제공자</td><td></td></tr>
<tr><td>제공횟수
(월/일)
(시작/종료)</td><td colspan="6">서비스 내용</td><td>이용자
(서명)</td></tr>
<tr><td>1회차(/)
시작(:)
종료(:)</td><td colspan="6"></td><td></td></tr>
<tr><td>2회차(/)
시작(:)
종료(:)</td><td colspan="6"></td><td></td></tr>
<tr><td>3회차(/)
시작(:)
종료(:)</td><td colspan="6"></td><td></td></tr>
<tr><td>4회차(/)
시작(:)
종료(:)</td><td colspan="6"></td><td></td></tr>
<tr><td colspan="7">비 고 (종합의견)</td><td>제공인력
(서명)</td></tr>
<tr><td colspan="7"></td><td></td></tr>
</table>

비전형성 지원일지

결재	치료사		기관장	(인)

일 시		참여아동		
기 관 명				
장기 목표				
회기별목표				
주 제		준비물		
사진				
활동내용				
소 견				

비전형성지원 프로그램일지

담당	소장

프로그램명		담당	
일 시	20 년 월 일 요일	장소	
영 역			
목 적			
목 표			
기대효과			
참여아동			

실 행	프로그램 활동내용			
예산정산	예산 계획		집행 내역	
평 가				

담당	소장

비전형성지원 프로그램 운영결과

프로그램명		강사/담당	
일 시	20 년 월 일 요일	장소	
영 역			
만 족 도	■ 매우만족 □ 만족 □ 보통 □ 불만족 □ 매우불만족		
활동 결과			

비전일지

결재	치료사		기관장	

일 시		참여아동	
기 관 명			
장기 목표			
회기별목표			
주 제		준비물	
사진			
활동내용			
소 견			

○○ 심리상담 일지(초기)

상담차수	회기(총 회기)	내담자명		연락처	
학교명/회사명		성별/나이		/ 세	
상담일자	20 년 월 일( )	상담시간		시 ~ 시	
다음 상담일	20 년 월 일( ) 시 ~ 시				
상담사		상담기관		OOOOO센터	
상담방법	■ 내방 □ 순화 □ 전화 □ 팩스 □ E-mail				
결재일		결재 방법			
상담배경					
가족사항 및 관계					
인성/생활습관					
상담내용					

○○ 심리상담 일지

상담차수	회기(총 회기)	내담자명		연락처	
학교명/회사명		성별/나이	/ 세		
상담일자	20 년 월 일( )	상담시간	시 ~ 시		
다음 상담일	20 년 월 일( ) 시 ~ 시				
상담사		상담기관	OOOOO센터		
상담방법	■ 내방 □ 순화 □ 전화 □ 팩스 □ E-mail				
결재일		결재 방법			
회기목표					
회기주제					
상담내용	- 지난주 지낸 이야기 나눔.				
상담평가					

○○ 심리상담 일지	
상담내용	
상담자 견해	
상담계획	

찾아보기

자/자/약/력

■ 윤석주

단국대학교 일반대학원 상담심리전공 교육학박사
현, 한국열린사이버대학교 상담심리학과 학과장
〈저서〉 은퇴상담 외 다수

■ 김운삼

홍익대학교 대학원 교육심리전공 교육학박사
현, 강동대학교 유아교육과 교수
〈저서〉 정신건강론 외 다수

■ 모아라

숙명여자대학교 대학원 문학박사
현, 연성대학교 사회복지과 아동보육복지전공 교수
〈저서〉 보육교사인성론, 영유아발달 외 다수

■ 이정미

대구가톨릭대학교 대학원 이학박사
현, 성덕대학교 사회복지심리상담과 교수
〈저서〉 사회복지법제론 외 다수

■ 장기덕

계명대학교 대학원 교육학박사
현, 김천대학교 유아교육학과 교수
〈저서〉 학교폭력예방과 학생의 이해 외 다수

■ 조중현

경북대학교 일반대학원 교육학과 상담심리전공
현, 대경대학교 유아교육과 교수
〈저서〉 생활지도와 상담, 학교폭력 예방 및 학생의 이해 외 다수

아동상담

1판 1쇄 인쇄 — 2019년 9월 2일
1판 1쇄 발행 — 2019년 9월 6일
저 자 - 윤석주 김운삼 모아라 이정미 장기덕 조중현
발 행 인 - 강철원
발 행 처 - 양성원
주 소 - 경기도 파주시 검산로 173번길 29-20
전 화 - 031-946-3861(代)
팩 스 - 031-946-3864
이 메 일 - tnwpub@naver.com
홈페이지 - tnwpub.co.kr
출판등록 - 2015년 8월 31일 제 2015-000211 호

ISBN 979-11-6126-151-5

정가 19,000원